Jens Meyer-Odewald

HELMUT SCHMIDT

EIN HAMBURGER STAATSMANN | 1918–2015

INHALT

DER STAATSMANN
MIT DER LOTSENMÜTZE

Helmut Schmidt machte große Politik – weltweit,
grundsätzlich mit seiner Heimatstadt im Herzen.
Der Hanseat aus Hamburg-Langenhorn prägte
ein turbulentes Kapitel deutscher Geschichte.
Bis am 10. November 2015 ein langes, intensives
Leben friedlich ausklang.

Bundeskanzler Helmut Schmidt im Februar 1980 –
was waren das für Zeiten ...

F angen wir oben an: in Hamburg – und mit der Kopfbedeckung. Sie war Helmut Schmidts Markenzeichen, von der Filterzigarette Marke Reyno White und der gepflegten Prise Schnupftabak einmal abgesehen. Es war kein Staatsgeheimnis, aber eine Sache außerordentlichen öffentlichen Interesses, womit der Bundeskanzler und Privatmann Schmidt sein zuletzt silbergraues Haar denn nun zierte. Auch wenn mancher Diskussionsteilnehmer immer wieder und bis zum Schluss danebenlag, wussten Profis unter den Nordlichtern Bescheid.

Prinz-Heinrich-Mütze, meinten die einen, Elbsegler die anderen. Alles Kokolores, um im Schmidt-Jargon zu bleiben. Denn bei dem guten Stück handelte es sich um nichts anderes als um eine Helgoländer Lotsenmütze: Der Mützendeckel ist klein, um dem Wind wenig Angriffsfläche zu bieten. Um den hohen Steg windet sich ein Band mit Eichenlaub. Ursprünglich hatte die Mütze nur eine gedrehte Kordel, neuerdings sind es meist zwei. Bei Sturm, Schnee und Wind, ja selbst im Sommer pflegte Helmut Schmidt eine Kopfbedeckung eines dieser guten Stücke von der Küste zu tragen, die nicht nur im Inland jahrelang als inoffizielle Kanzlerkluft galten. Da sich jedoch auch Mützen-Gelehrte trefflich streiten können, sei hanseatischer Großgeist gepriesen: Elbsegler geht auch! Denn es gibt auch Experten, die schwören, dass es sich genau darum handele. Schwamm drüber.

Das erste Prachtexemplar kaufte sich Helmut Schmidt 1970 in Nortorf bei Neumünster. Weitere erwarb er bei Mützenmacher Walther Eisenberg an der Steinstraße. Dieser 1892 begründete Betrieb ist nach wie vor existent; die Geschäfte werden von Mützenmacher Lars Küntzel geführt, der das Handwerk beim Altmeister Claus Eisenberg erlernte. Ein Blick ins Internet beschert Details: Auf alten Nähmaschinen der 20er-Jahre werden maßgeschneiderte Kopfbedeckungen nach alten Originalschnittmustern gefertigt. Im Angebot sind 18 unterschiedliche Mützentypen, die dem Kopf des Trägers individuell angepasst werden.

Bundeskanzler Helmut Schmidt eröffnet den neuen Elbtunnel.

Helmut Schmidt und Valéry Giscard d'Estaing.

Ob sich Helmut Schmidt auch an die Tradition erfahrener Seebären hielt? Matrosen auf großer Fahrt, so heißt es, stecken die Mützen erst eine Nacht in einen Gummistiefel, damit sie so richtig passgenau sind. Auch Vater und Großvater des verstorbenen Altkanzlers pflegten sie zu tragen.

Europas Spitzenpolitiker staunten jedenfalls nicht schlecht, als der Deutsche zum Treffen der europäischen Staatschefs 1975 in Dublin erstmals hochoffiziell mit dieser Kopfbedeckung aufmarschierte. Erstmals, so wird zumindest behauptet, ließ sich der Politiker aus Hamburg-Langenhorn bei der Eröffnung des neuen Elbtunnels am 10. Januar 1975 mit der Helgoländer Lotsenmütze sehen. 1961, als Polizeisenator, hatte sich Schmidt einen klassischen Hut gekauft, doch der stand ihm nicht. Meinte er. Und Loki. Dass der »Elblotse«, wie die Mütze unter Fachmännern bezeichnet wird, einmal eine solche Karriere machen würde, war eigentlich gar nicht geplant. Am Anfang stand der praktische Nutzen, später kam das Markenzeichen hinzu.

Während Kanzler Konrad Adenauer seinen Kopf mit einem Boccia-Hut zierte und Schmidt eben Lotse war, verzichteten die späteren Amtsinhaber auf diese Art der »Krönung« und blieben zumeist oben ohne.

Zur Ehrenrettung all jener, die sich im Detail nicht auskennen und immer von einer Prinz-Heinrich-Mütze sprachen, sei angemerkt: Die Unterschiede sind minimal. Die von Prinz Heinrich von Preußen Anfang des 20. Jahrhunderts als salonfähig präsentierte Mütze mit dem blanken Lederschirm und dem Sturmriemen stammt ursprünglich von der Ostsee. Etwas ganz anderes ist der Elbsegler, die traditionelle Kopfbedeckung der Hamburger Hafenarbeiter. Er war schon früher Gegenstand von Verwechslungen: In der weltberühmten Karikatur »Der Lotse geht von Bord« hatte Englands Presse Otto von Bismarck irrtümlich einen Elbsegler verpasst. Tatsächlich hat ihn der »Eiserne Kanzler« niemals getragen.

Mit Helmut Schmidt geht eine weitere deutsche Persönlichkeit als Mützenträger in die Geschichte ein. Die Bezeichnung »Ewiger Kanzler« hat er sich in Jahrzehnten redlich verdient.

Der Mann mit der Mütze und früher gewiss auch der »Schnauze« machte große Politik: überall auf der Erde, in Europa, in Deutschland, ganz speziell in Langenhorn. Denn die Heimat, nicht nur im Herzen, war stets die Hansestadt Hamburg. Sein Hamburg. Von der Geburt an im Dezember 1918 im Krankenhaus an der Finkenau 35 bis zum Ende. Helmut Schmidt war eine Persönlichkeit besonderer Klasse, ein Mensch mit Charakter, Herzblut, Ecken und Kanten. Vor allem hatte er fast ein Jahrhundert, genau 96 Jahre und zehn Monate, festen Boden unter den Füßen – am liebsten in seiner Heimatstadt. Oder am Brahmsee in Schleswig-Holstein.

ABSCHIED IN EHREN

*Der Staatsdiener Helmut Schmidt hatte keine
Angst vor dem Tod. »Die Adresse wechseln«,
sagte er selbst in der ihm eigenen Art.
Im November 2015 war es so weit – und nicht
nur Hamburg trug Trauer. Denn Charisma,
Charakter und Chuzpe kann man nicht kaufen.*

Er hatte es kommen sehen. Natürlich. »Das Normale ist ja, dass man in diesem Alter längst auf den Friedhof gehört«, sagte Helmut Schmidt vor seinem Tod in unnachahmlich trockener Art. »Loki hatte keine Angst vor dem Tode. Ich auch nicht.« Und dann fügte er hinzu: »Wenn es keine Schmerzmittel gäbe, hätte ich Angst vor Schmerzen. Aber es gibt genug Schmerzmittel.« Um es weiter mit den eigenen Worten des Verstorbenen zu formulieren: »Irgendwann muss jeder die Adresse wechseln.«

So kann man es auch sagen.

Und nun ist das Unvermeidliche eingetreten. »Erträglich« habe er die letzte Zeit verbracht, meinte der Altkanzler wenige Wochen vor seinem Ende. Dies fand einer, der erst den Gehstock, dann den Rollstuhl ertrug, schließlich den Tod seiner Ehefrau und letztlich eine schwere Krankheit mit Verschluss eines Blutgefäßes im rechten Bein – und das alles mit hanseatischem Stolz und enormer Würde. Nach 14 Tagen im Krankenhaus St. Georg kam der betagte Patient am 17. September 2015 auf eigenen Wunsch wieder nach Hause. Wie man rückblickend weiß, um sein Leben daheim ausklingen zu lassen. Letztlich war es eine Infektion mit hohem Fieber, der sein Körper nicht mehr Paroli bieten konnte. Am Schluss hatte er keine Kraft mehr zum Kämpfen.

Die Trauerzeremonie in St. Michaelis am 23. November 2015, ein von Bundespräsident Joachim Gauck angeordneter Staatsakt mit militärischen Ehren 24 Stunden nach dem offiziellen Totensonntag, geriet zu einem Festakt, der bei aller Beklemmung und Trauer vor allem von Dankbarkeit und Respekt getragen war. Nicht nur der Erste Bürgermeister Olaf Scholz, sondern auch Bundeskanzlerin Angela Merkel hielten Ansprachen, die zu Herzen gingen. In den Tagen zuvor hatten sich Tausende Hamburger im Rathaus in Kondolenzbücher eingetragen, um ihr Mitgefühl und ihre Betroffenheit zum Ausdruck zu bringen. Manche standen stundenlang im November-Nieselregen, um sich von »ihrem« Helmut zu verabschieden. Als Erste trugen sich Bürgerschaftspräsidentin Carola Veit und die Zweite Bürgermeisterin Katharina Fegebank ein. Zu Beginn der Plenarsitzung am 11. November 2015 um 15 Uhr erhoben sich die Abgeordneten zu einer Schweigeminute.

Es war der friedliche, sanfte und letztlich harmonische Ausklang eines erfüllten Lebens – zu Hause im geliebten Langenhorner Doppelhaus und im kleinen Kreis vertrauter Menschen. Wenn schon Abschied nehmen, hatte er es sich früher gewünscht, dann so.

Als die Nachricht vom Tod Helmut Schmidts am 10. November 2015 um 15.20 Uhr im Rathaus eintraf, wurden die Flaggen unverzüglich auf Halbmast gesetzt. Sieben Tage blieb dies so, als Zeichen der Ehrerbietung und Wertschätzung. Dieses fröstelnde Gefühl, dass die Hansestadt einen ihrer hervorragendsten Bürger verloren hatte, hielt länger an. Hamburg trug Trauer, öffentlich, aber auch in den Herzen vieler Menschen. Irgendwie passte die graue, nasskalte, finstere Jahreszeit.

Passanten verharrten am Todestag, einem Dienstag, für einen Moment und gedachten eines wahrhaftig großen Hanseaten: in Langenhorn, rund ums Rathaus und anderswo. Am Neubergerweg legten Menschen Blumen nieder und zündeten Kerzen an. »Helmut Schmidt war ein Politiker, der entschieden zugepackt hat«, sagte Anwohnerin Gudrun Schuch-Nehrke. Und mit Bedacht fügte die 77-Jährige hinzu: »Er hatte Rückgrat und war für viele ein Vorbild.« Volkes Mund tut Wahrheit kund.

Gegenüber dem Schmidt'schen Doppelhaus mit dem kleinen Garten und der zur Polizeistation umgebauten Garage hatten sich Fernsehteams und Fotografen postiert. Viele Sender änderten ihr Programm und boten Sondersendungen an. Ein bisschen war es so wie früher, als Langenhorn die heimliche Hauptstadt Deutschlands war.

Auch das ist vorbei. Man hatte Helmut Schmidts Tod kommen sehen, keine Frage, und besonders nach den dramatisch schlechten Nachrichten der Tage zuvor. Die Gewissheit vom Ableben Helmut Schmidts indes hatte eine andere Dimension des inneren Schmerzes. Selbst wer ihn vielleicht nicht unbedingt mochte, achtete und respektierte den charismatischen, eigenwilligen Mann mit der Mütze. Fünf Jahre nach seiner Hannelore und rund sechs Wochen vor seinem 97. Geburtstag am 23. Dezember ging auch er.

»Er hat nicht gelitten«, bekräftige Professor Heiner Greten, nicht nur jahrzehntelanger »Leibarzt«, sondern auch Freund und Vertrauter des Verstorbenen. Der namhafte Internist sagte dies in Absprache mit Schmidts Tochter Susanne, die wenige Tage vor dem endgültigen Abschied aus Südengland nach Hamburg-Langenhorn gereist war. Und er sagte es, um die besorgte Öffentlichkeit zu beruhigen. In seinen letzten drei Tagen hatte der Altkanzler nur selten das Bewusstsein erlangt und war mit starken Schmerzmitteln behandelt worden. Noch am Todestag selbst war er einmal kurz ansprechbar gewesen und hatte sich von seinem polnischen Pflegerehepaar an seinen Schreibtisch manövrieren lassen. Alles war fast so wie immer, für wenige Minuten. Als der Sarg des verstorbenen Ehrenbürgers in einer schwarzen Limousine vom Grundstück transportiert wurde, salutierten Polizisten. Es war wahrlich nicht die einzige rührende Geste in diesen Tagen.

»Helmut Schmidt war ein bedeutender Hamburger«, sagte Bürgermeister Olaf Scholz – spürbar betroffen – während einer einwöchigen Dienstreise in Peking. In China hatte ihn die schlechte, indes zuletzt absehbare Botschaft ereilt. Er bezeichnete den ehemaligen Bundeskanzler und Hamburger Innensenator als »richtigen Staatsmann, den heute noch immer viele Menschen verehren«. Es sei »etwas sehr Bedrückendes, von seinem Tod zu erfahren«.

Hinter den Kulissen liefen schon vor dem Ableben Vorbereitungen für eine Trauerfeier in St. Michaelis. Dieser Ort war Schmidts ausdrücklicher Wunsch. Zu dem Staatsakt, dem größten der vergangenen Jahrzehnte in der Hansestadt, kamen Weggefährten aus der ganzen Welt.

Neben Tochter Susanne Schmidt-Kennedy und Lebensgefährtin Ruth Loah stand dem Dahinscheidenden in den letzten Minuten auch das schon erwähnte polnische Ehepaar zur Seite. Ein Pastor war nicht präsent. Susanne und Ruth befanden sich in der Sekunde des Ablebens nicht am Sterbebett, sondern im Nebenraum. Sie wurden von Heiner Greten sofort hereingerufen, damit sie in Stille Abschied nehmen konnten.

»Es herrschte eine sehr bewusste, andächtige Atmosphäre«, berichtete Professor Greten. Alle Anwesenden seien sehr gefasst gewesen, auch weil sich das Ende seit der dramatischen Verschlechterung des Gesundheitszustands drei Tage zuvor bereits angebahnt hatte. »Im Moment des Todeseintritts spürte ich sogar so etwas wie eine Erleichterung«, verriet der Internist, »weil es für Herrn Schmidt so gut und letztlich schmerzfrei ausgeklungen ist.« Anschließend habe dann die Trauer eingesetzt.

Dieses schmerzfreie, friedliche Hinübergleiten in eine andere Ebene war der große Wunsch des Verstorbenen gewesen. Und als die Glocken von St. Michaelis 13 Tage später zum letzten Geleit läuteten, verneigte sich die politische Welt vor einem Menschen und Staatsmann, der sich selbst vor allem als leitenden Angestellten der Bundesrepublik Deutschland begriffen hatte. Die da oben hegten Respekt, die Bürger schätzten ihren »Schmidt Schnauze«. Sie mochten ihn, ganz einfach. Auch weil er bis zum Ende auf dem Boden blieb, Rückgrat wahrte und ein anständiger Mann war. Durch und durch.

Helmut Schmidt wurde alt. Er war Senior, aber niemals Greis. Er hatte eine scharfe Zunge und konnte in jüngeren Jahren durchaus flegelhaft sein, aber er achtete den Gegner. Und selbst bei seinen wortgewaltigsten Reden s-tolperte er so wunderbar über den s-pitzen S-tein. Mit der Heimat im Tonfall und im Herzen die Welt umfassen – auch auf diesem Gebiet war der

Die Mitglieder des Hamburger Trägerzugs tragen den Sarg aus dem Michel.

Großes militärisches Ehrengeleit vor dem Michel am 23. November 2015 für einen großen Hanseaten.

Ein Blumenmeer und viele Kerzen vor Helmut Schmidts Haus in Langenhorn.

Mehr als zwei Stunden standen Bürger – im passenden Novembernieselregen –
vor dem Rathaus Schlange, um dem Verstorbenen die Ehre zu erweisen.

gebürtige Barmbeker Spitzenklasse. Hinzu kam ein Geschenk des Himmels: Helmut Schmidt blieb sich selbst treu. Bis zum letzten Atemzug.

Und er bewies: Charisma kann man nicht kaufen. Natürlich kennt ein Pragmatiker wie Schmidt das Schicksal und wusste, was eines Tages kommen musste. Nun ist es so weit. »Ihr habt den Nachruf über mich doch schon in der Schublade«, scherzte er in seinem Büro am Speersort. 2012 war das. Und Helmut Schmidt musste erleben, wie vertraute Weggefährten vor ihm gingen: Egon Bahr, Siegfried Lenz oder Peter Schulz zum Beispiel. Bahr starb am 19. August 2015 im Alter von 93 Jahren. Unter der Überschrift »Der Wegbereiter« schrieb Schmidt am 27. August 2015 in der »Zeit« einen Nachruf auf seinen Freund. Das war keine drei Monate vor seinem eigenen Ende.

Eine Menge ist vorbereitet. Nicht nur die Grabstelle in Ohlsdorf, in der auch Ehefrau Hannelore nach ihrem Tod am 21. Oktober 2010 bestattet wurde. Mit Vertrauten wurde der Inhalt der Trauerfeier abgesprochen. Auch hier wusste Helmut Schmidt ganz genau, was er wollte. Es tat seiner Seele gut, dass Tochter Susanne aus der Grafschaft Kent in ihre Heimatstadt gereist war, um ihrem Vater zur Seite zu stehen. Während dieser bitteren, irgendwie indes auch erfüllten Zeit wohnte sie – natürlich – in ihrem Elternhaus.

Die politische Erbschaft wurde gleichfalls bis ins Detail geregelt. Die Loki und Helmut Schmidt Stiftung war und ist hervorragend ausgestattet. Der frühere Kanzler verdiente gut mit seinen Büchern und Vorträgen. Da er jedoch selbst ein bescheidenes Leben führte, auf Luxus und Pomp aus Prinzip verzichtete, war ein ansehnliches Vermögen zusammengekommen. Die Stiftung, so ist es Helmut Schmidts letzter Wille, soll nicht nur das Archiv im Anbau des Privathauses am Neubergerweg am Leben erhalten. Zum Vermächtnis zählte der Wunsch, das berühmte Doppelhaus in Langenhorn als Museum fortzuführen. Die Umsetzung hatte er eigentlich in die Hände seines Freundes Dr. Peter Schulz gelegt, doch war der frühere Hamburger Bürgermeister und Rechtsanwalt vor ihm gestorben. Dessen Sohn Olaf übernahm die ehrenvolle Aufgabe.

Wo einst die Staatsoberhäupter der Welt einkehrten, um große Politik zu machen, sollen sich fortan die Hamburger und auswärtige Besucher ein Bild machen vom Lebensumfeld eines Mannes, der auf manche arrogant wirkte, der indes seine Nase niemals hoch trug. »Warum sollte ich?«, pflegte er bei entsprechenden Nachfragen so herrlich kiebig zu knurren. Und warum, Herr Schmidt, behielten Sie lebenslang Bodenhaftung? »Wat mutt, dat mutt«, sagte er dann. Typisch. Was auch für die Anrede galt. Bundeskanzler verbat er sich. »Herr Schmidt«, so sollte es sein und nicht anders.

Viele werden auch in Zukunft voller Wehmut an Zeiten zurückdenken, in denen ein Freigeist mit weißem Haar im Fernsehstudio saß, sich eine Mentholzigarette nach der anderen anzündete, davon daheim aus Furcht vor Mangel zig Stangen bunkerte, genüsslich inhalierte, den Qualm schweifen ließ – und dann das Wort ergriff. Bevor er eine Prise Schnupftabak nahm. Wie sagte sein Freund und Weggefährte Henry Kissinger bei Schmidts 90. Geburtstag am 23. Dezember 2008 so treffend: »Kettenrauchen und Cola-Trinken sind anscheinend Schlüssel zur Langlebigkeit.« Sei's drum. Fast 97 Jahre muss man erst einmal schaffen.

Wer das Politorakel daheim in Langenhorn besuchte, stieß auf einen sanften, bedächtigen und warmherzigen Menschen. »Altersmilde« nannte er diese Charakterzüge selbst. Auch wenn das Hören immer schwererfiel und zum Schluss nur noch mit massiver technischer Hilfe gelang, setzte sich der Hausherr im Wohnzimmer mit Vorliebe an den schwarzen Flügel und ließ die Finger tanzen. »Das ist keine Frage der Ohren, sondern des Gefühls«, meinte er.

»Werdet ihr erst mal über 90«, sagte er bei einem Besuch zum Fotografen Stephan Wallocha und dem Buchautor.

Schenkte sich Tee ein, nahm reichlich Zucker und griff zum versilberten Zigarettendöschen. Dann erzählte er von früher. Keinesfalls langatmig, sondern fesselnd und von einem erstaunlichen Gedächtnis geprägt. Selbst Details hatte er noch nach Jahrzehnten in bester Erinnerung.

Und Weltpolitik faszinierte ihn fast bis zum letzten Tag.

Zwar wurde die von ihm begründete, berühmte Freitagsgesellschaft – auch mangels Nachfolger – nach drei Jahrzehnten intensiver Diskussion im Frühjahr 2015 eingestellt (als hätte er etwas geahnt), dennoch erstaunte Schmidt Besucher selbst im hohen Alter mit der Wissbegierde und der Debattierlust eines jungen Menschen.

Auch nach Lokis Tod blieb sein Umfeld liebevoll: Ruth Loah, seine neue Lebensgefährtin, letztlich mehr Gesellschaftsdame und ruhender Pol, stützte ihren Helmut auf den letzten Metern eines sehr, sehr langen Lebens und gab ihm Kraft.

Bücher von ihm und über ihn gibt es viele, eine Autobiografie jedoch nicht. »Wenn jemand über sein eigenes Leben schreibt, ist er der Versuchung ausgesetzt, sich ein bisschen schöner zu malen, als er in Wirklichkeit ist«, sagte Schmidt einmal. »Deswegen halte ich von Autobiografien nicht sehr viel. Die letzte, die ich sorgfältig studiert habe, war die von Bismarck.« Und da war der Mann 20 Jahre alt.

Über den Tod hatte er sich immer wieder Gedanken gemacht – nicht nur als Soldat im Zweiten Weltkrieg. »Ich finde das Alter von 96 Jahren ziemlich lästig«, philosophierte er auf seine typische Art, »aber verhindern kann ich es nicht.« Trost im Jenseits brauche er nicht, und ein Leben nach dem Tod schließe er aus.

Er sinnierte auch über die Wirkung seiner Worte auf die Nachwelt: »Das, was man eines Tages vermutlich über dich denken, sagen oder schreiben wird, darf das, was du heute zu tun hast, nicht beeinflussen.« Auch an dieses Prinzip hat sich Helmut Schmidt gehalten.

Sommer 1974: trautes Glück in Langenhorn.

Im Oktober 2010 ging Loki voraus.

Was unterm Strich bleibt, ist die Erinnerung an ein Jahrhundert voller Höhen und Tiefen. Bei einem Besuch des Autors dieses Buches in seinem Privathaus in Langenhorn trug der Kanzler a. D. Trainingsanzug und Sportlatschen, paffte wie ein Schlot und strahlte eine Gelassenheit und Würde aus, von der andere nur träumen können.

Dann deutete er auf einen goldfarbenen Kasten im zweiten Regalfach von unten, direkt neben seinem Schreibtisch. Eine Uhr stand darin, ein Geschenk des weit vor Schmidt verstorbenen Industriellen und Mäzens Kurt Körber. Das gute Stück ist alt und geht auf die Sekunde pünktlich. Nach wie vor. Ein kleines Wunderwerk aus Genf, das mit einem gasgefüllten Metallzylinder arbeitet. Die Kunstfertigkeit begeisterte ihn wie ein kleines Kind, ebenso die Mechanik und die Zuverlässigkeit. Praktisch immer im Dienst, das gefiel ihm. Diese Präzisionsuhr im Hause Schmidt wird weiterticken. Und sie ist wahrlich nicht das Einzige, das bleibt.

Eine Persönlichkeit seines Formates mit originellem Geist und individuellem Verhalten wird fehlen. Vorbei die Sonderrollen, die sich kein anderer herausnehmen konnte. Wer sonst darf sogar auf einem Chirurgenkongress einen Aschenbecher vor sich stehen haben und ihn dann auch benutzen? Wenn Schmidt, stets hanseatisch bedeckt gekleidet, in blütenweißer Hose in der »Zeit«-Redaktion erschien, war auch dem Letzten klar: Jetzt ist Sommer!

Wie kann man dem vielleicht berühmtesten Hamburger aller Zeiten ein gebührendes Andenken verschaffen? 2011 schon wurde eine Straße auf dem Airbus-Werksgelände nach ihm benannt. Immerhin saß der Sozialdemokrat zwischen 1990 und 1996 im Aufsichtsrat des Unternehmens. Doch das kann es nicht gewesen sein. Ob der Rathausmarkt bald zu Ehren des verstorbenen Langenhorners umbenannt wird? Andere brachten eine alternative Idee ins Spiel: Helmut-Schmidt-Flughafen sollte der Airport in Fuhlsbüttel genannt werden – nicht nur wegen der Nähe zu Langenhorn. In etwa so wie der Flughafen Charles de Gaulle in Paris oder der John F. Kennedy Airport in New York. Denkbar ist alles.

Während es um politische Koryphäen vergangener Jahrzehnte wie Helmut Kohl, Hans-Dietrich Genscher oder Walter Scheel im Laufe der Zeit immer ruhiger wurde, behielt Helmut Schmidts Wort Gewicht. Der Großteil der Nation spitzte die Ohren, wenn der Grande aus der Hansestadt seine Meinung kundtat. Sogar als er 2011 seinen Parteifreund Peer Steinbrück »Zug um Zug« als Kanzlerkandidaten in Stellung brachte, zeigte er die Klasse eines Meisters. Auch dieser Coup lief unter dem Strich nach Plan: Im Dezember 2012 war die Nominierung für die Bundestagswahl perfekt. Ein Hamburger hatte den anderen Hamburger zum Kronprinzen der SPD erklärt – praktisch im Alleingang. Dass der Coup nicht gelang, steht auf einem anderen Blatt.

Gut fand das nicht jeder, aber jeder nahm ihn ernst. Letztlich bekannten auch die politischen Gegner: Schmidt war schlau. Nicht immer unbedingt weise, auf keinen Fall wortkarg, in jedem Fall beredt und von Grundsätzen geleitet. Unbeugsam, bisweilen besserwisserisch, stets intelligent. Der »Ewige Kanzler« hieß es. Und da war was dran.

Vielleicht mochten ihn die Hamburger auch deswegen so ungemein, weil er Weltökonom und gleichzeitig Hanseat war. Weil er es verstand, sowohl mit Pfeffersäcken als auch mit Sozis auszukommen. Der Mann konnte polarisieren, aber auch Brücken bauen. Dabei dachte, sagte und tat er, was er wollte.

Der frühere christdemokratische Bürgermeister Ole von Beust erzählte einmal von einem kleinen Geheimnis des Sozialdemokraten Schmidt. Die Schwerhörigkeit habe durchaus ihre Vorteile und sei eigentlich gar kein Problem, habe dieser verraten. Viel schwerer falle es, bei den Reden anderer Politiker ein schlaues Gesicht zu machen – auch wenn man kein Wort verstehe.

Solche Eigenarten und Erinnerungen sind Kernpunkte dieses Buches. Mit Konzentration auf Hamburg, angereichert mit der Tragödie des Zweiten Weltkriegs, Erlebnissen aus der Kanzler-Ära in Bonn und Reisen in die große weite Welt der Politik. Ganz bewusst handelt es sich nicht um eine Biografie, auch nicht um die Chronik eines einmaligen Lebens. Vielmehr werden, ohne Anspruch auf Vollzähligkeit, Stationen eines langen Lebens gezeigt, die unterm Strich das Bild einer Persönlichkeit mit hanseatischem Charakter und aufrechtem Wesen ergeben. Wie schon beim Bildband »Ein Leben – Helmut und Hannelore Schmidt« aus dem Jahr 2011 tragen Besuche bei Helmut Schmidt – im Büro und privat in Langenhorn – dazu bei, der Seele des Staatsmanns nahezukommen.

Es passt ins Bild eines großen Hamburgers, dass er sich unmittelbar nach dem Tod seiner Ehefrau Loki wieder in sein eher karges Dienstzimmer im »Zeit«-Verlag am Speersort in der Innenstadt fahren ließ. Und Weihnachten 2010 wurde so wie immer verbracht – mit Würstchen, Kartoffelsalat und ein paar Tannenzweigen. Klassisch geschmückte Christbäume mochten die Schmidts nicht so sehr. An seinem 92. Geburtstag, dem Tag vor Heiligabend, hatte Helmut Schmidt einen kleinen Kreis der Vertrautesten versammelt. In seiner guten Stube, wie er das Wohnzimmer nannte, saßen Siegfried Lenz, der bald darauf verstorbene Hans Apel mitsamt Ehefrau Ingrid sowie Annerose und Henning Voscherau beisammen. Gemeinsam versuchte man, zwei Monate nach Lokis Ende das Beste aus der Situation zu machen. Und im Kontor am Speersort stapelten sich Waschkörbe voller persönlicher Beileidsbekundungen unbekannter Mitmenschen. Das wird jetzt nicht anders sein. Nur an wen soll man schreiben? Vielleicht an Tochter Susanne.

Loki ging voraus, Helmut folgte ihr – fünf Jahre später. Und man mag den beiden posthum nicht zu nahe treten, wenn die Rede auf Ruth Loah kommt. Beide kannten und mochten die 1933 in Hannover geborene Norddeutsche mit dem gleichfalls herzhaften, couragierten Wesen. Mancher im Umfeld des Altkanzlers hatte sich seine Gedanken gemacht, doch nur die engsten Freunde wussten anfangs von der neuen Frau an Helmut Schmidts Seite. Diese liebenswerte Tatsache bestätigte der Hamburger Ehrenbürger Mitte 2012 offiziell dem »Zeit-Magazin«. Auf die Frage nach einer neuen Lebensgefährtin antwortet der 93-Jährige auf seine typische, schnörkellose Art: »Ja.«

Dabei handelt es sich um seine frühere Mitarbeiterin und Vertraute Ruth Loah, die einstmals den Nachnamen Wilhelm trug und mit dem weit vor Schmidt verstorbenen Wolf Loah verheiratet war. 1952 stritten die beiden Sozialdemokraten (vergebens) für einen Großflughafen in Kaltenkirchen nördlich von Hamburg. Ruth Loah entstammt ärmlichen Verhältnissen, war drittes von acht Kindern und musste sich 1942 als Neunjährige der sexuellen Übergriffe eines Verwandten erwehren. Mit 15 war sie »Laufmädchen« bei der Arbeiterwohlfahrt, und als Au-pair lernte sie Englisch.

Knapp zwei Jahre nach dem Tod seiner Ehefrau Loki am 21. Oktober 2010 war Helmut Schmidt nicht mehr allein. Zwar hatte die Niedersächsin Ruth Loah im Nordosten Hamburgs eine eigene Wohnung, doch hielt sie sich zumeist im Schmidt'schen Doppelhaus in Langenhorn auf – als Organisationsfee, guter Geist und Seelenverwandte. Überflüssige Worte und schwülstiges Gerede waren Fehlanzeige. So wie es beider Naturell war.

Im Gespräch mit dem »Zeit-Magazin« bestätigte Helmut Schmidt am Anfang der neuen Beziehung, »praktisch täglich« an seine verstorbene Loki zu denken. Mit ihr war er 68 Jahre verheiratet, und Loki zu Ehren trug er ihren Ehering am kleinen Finger. Unabhängig von dieser Verbundenheit empfand der ehemalige Bundeskanzler zu seiner zweiten Lebensgefährtin intensives Vertrauen. »Beinahe täglich denke ich an meine Freundin Ruth Loah«, sagte er. »Ich kenne sie seit 1955. Sie war mal meine Mitarbeiterin, auch hier bei der ›Zeit‹. Sie ist eine große Hilfe.«

Freunde wissen, dass sich beide seit mehr als fünf Jahrzehnten nahestehen – politisch wie menschlich. Schon 1962, als Polizeisenator Helmut Schmidt die Sturmflutkatastrophe meisterte, saß die junge Sozialdemokratin in seinem Büro. Sie bestritt die Wahlkämpfe 1957 und 1961 an Schmidts Seite und betreute zeitweilig neben Schmidt auch die Geschäfte seines (Partei-)Freundes Willi Berkhan. Genossin Ruth war zudem an mehreren Buchprojekten von Loki und Helmut Schmidt beteiligt. Der verstorbene Altkanzler war Herausgeber des Buches »Kindheit und Jugend unter Hitler«, in dem Ruth Loah ihr Trauma aus den Kriegsjahren zu verarbeiten versuchte.

Beide Ehepaare, die Loahs und die Schmidts, waren eng befreundet und verbrachten viel freie Zeit miteinander. Auch nach dem Tod ihres Mannes wurde die Beziehung aufrechterhalten – und nach Lokis Beerdigung weiter intensiviert. Neben Helmut Schmidts Haushälterin, die das Doppelhaus in Schuss hielt und dem Altkanzler das Essen bereitete, kümmerte sich Ruth Loah in rührender Art und Weise um ihn. Dazu zählte auch die Vorbereitung der legendären Freitagsgesellschaft, die es ja auch nicht mehr gibt.

»Beide verstanden sich ohne viele Worte«, berichtete ein Vertrauter Helmut Schmidts. »Ruth gehörte von jeher praktisch zur Familie. Es handelte sich um ein perfekt eingespieltes Team.« Ruth Loah, die auch mehrere Jahre in Schmidts Privatarchiv im eigens auf dem Grundstück erbauten Archivgebäude wirkte und die private Buchhaltung des Chefs erledigte, organisierte die Termine ihres alten Freundes, arrangierte Kontakte außerhalb des Hauses und betreute Gäste. Im Arbeitszimmer im Hochparterre servierte die vitale, lebensfrohe Dame mit der Kurzhaarfrisur Schmidt Tee mit viel Zucker sowie die geliebten Butterkekse. Zudem hatte Frau Loah auch ein Auge darauf, dass ausreichend Mentholzigaretten in dem kleinen Silberdöschen bereitlagen. Und Schnupftabak der Sorte Gletscherprise ebenso. Schließlich war die »Neue« selbst Raucherin.

Neben dem anpackenden, positiven Naturell, so hieß es 2012 aus vertrauter Quelle, schätzte Schmidt besonders die warmherzige Note und die bedingungslose Verschwiegenheit seiner neuen Lebensgefährtin. »Früher hätte man Ruths Status wahrscheinlich als Gesellschaftsdame bezeichnet«, verriet ein Freund des Hauses. »Die zwei kannten sich Jahrzehnte und wussten genau, wie der andere tickt.« Tiefes Vertrauen ohne viele Worte hatte Schmidt offensichtlich dazu bewogen, auf die Frage nach einer Lebensgefährtin schlicht und ergreifend »Ja« zu sagen. Ein Mann mit Schmidts Erfahrung wusste genau, welches Echo eine solche, quasi in der »eigenen Zeitung« abgedruckte Aussage haben würde. Und so kam es dann auch: Deutschlands Medien berichteten intensiv und passend gefühlvoll, sogar »Spiegel« und »Stern«.

Anfang Juli 2012 saß Ruth in der zweiten Reihe, als der Altkanzler eine Rede im Rahmen des 60-jährigen Bestehens der »Atlantik-Brücke« im Deutschen Historischen Museum zu Berlin hielt. Dort erhielt Schmidt den Eric-M.-Warburg-Preis und muss darob gütig gestimmt gewesen sein: In aller Öffentlichkeit lobte er die CDU-Kanzlerin Angela Merkel. Im November des Jahres davor war Ruth Loah bereits an der Seite des Witwers nach Wiesbaden gereist. Dort nahm Helmut Schmidt den »Millenium-Bambi« entgegen und hielt vom Rollstuhl aus eine lange Rede, die nicht wenige zu Tränen rührte. Dass beide quasi »ein Paar« waren, ahnte in dem Moment allerdings kaum einer.

Ohnehin ist es rückblickend erstaunlich, mit welcher Bravour der Altkanzler nach Lokis Tod einen offiziellen Termin nach dem anderen absolvierte. »Wenn ich nicht arbeiten würde, wäre ich tot!« – auch diese Aussage stammt von Schmidt persönlich.

Ganz bewusst, dezent in der »Zeit« platziert, ließ der Senior Schmidt ein paar Monate vor seinem Ende eine pikante Botschaft abdrucken, eine Art später »Liebesbeichte«. Frank und frei bekannte er, in jungen Ehejahren ein Verhältnis mit einer anderen Hamburgerin gepflegt haben – intensiv und lange. Gemeinsam mit Loki war damals sogar über eine mögliche Scheidung gesprochen worden. Doch beschlossen beide, weiterhin zusammenzuhalten. Nur wenige Freunde wussten von dieser Liaison. Unisono lobten sie die Geduld, die Strapazierfähigkeit und die Stärke der Hannelore Schmidt. Weil ihr die Beziehung zu ihrem Helmut unter dem Strich wichtiger war, stand sie zu ihm. Ihr Ehemann machte in hohem Alter unmissverständlich klar: »Ich habe Loki immer geliebt – wie keinen zweiten Menschen auf der Welt.«

Erster öffentlicher Auftritt nach Lokis Tod war der 17. Jahrestag der Deutschen Nationalstiftung in der Ullstein-Halle des Verlagshauses Axel Springer in der Hauptstadt. Wenige Tage später nahm Schmidt an einem Treffen mit Unternehmern im Michel teil, bevor der damals 91-Jährige sich in der Adventszeit 2010 dem Gespräch mit seinem Herausgeber-Kollegen Theo Sommer stellte. Im Thalia-Theater in der Hamburger Innenstadt stand Sommers Buch »Unser Schmidt« im Mittelpunkt – und der Werdegang der Hauptperson vom Kanzleramt ins Pressehaus.

Das Jahr 2011 war ebenfalls gespickt mit Terminen. Im Januar war Helmut Schmidt Festredner beim 100. Geburtstag der Kaiser-Wilhelm-Gesellschaft, dem Vorgänger der Max-Planck-Gesellschaft. Im Hamburger Bürgerschaftswahlkampf unterstützte er Olaf Scholz, der mit absoluter Mehrheit gewann. Und im Dezember 2011 feierte er einen triumphalen Auftritt beim Bundesparteitag der SPD in Berlin mit seiner Rede, der ersten auf einer solchen Veranstaltung seit 1998. Der Diplomvolkswirt mit den grauen Augen, Kleidergröße 25 und Schuhen des Formats 43 war in seinem Element – und obenauf. Schmidt hielt den Genossen eine Geschichtsstunde wie aus dem Lehrbuch und erntete, erstaunlich, aber wahr, minutenlange Ovationen. Wer hätte das nach seinem Rückzug aus dem Kanzleramt 1982 und dem Streit um die Nachrüstung gedacht?

2012 war ebenfalls gespickt mit offiziellen Terminen. Die Bundeswehr-Universität trägt schon seit 2003 den Namen des Hauptmanns der Reserve. Am 1. November 2012 wurde auch das Gymnasium Kirchdorf/Wilhelmsburg in Helmut-Schmidt-Gymnasium umgetauft. Zuvor hatten die Schule Othmarscher Kirchenweg, an der Loki einst 13 Jahre mit viel Engagement lehrte, und der Botanische Garten in Klein Flottbek den Namen der ehemaligen Kanzlergattin und renommierten Naturforscherin adoptiert. In der Schule übrigens präsentierte sich der seinerzeit 93-Jährige, der ausnahmsweise rauchfrei blieb, in geradezu jugendlicher Verfassung. Das Hamburger Abendblatt druckte auf seiner Titelseite ein großformatiges Foto vom Altkanzler, der Mätzchen mit den Kindern machte: Grimassen, Wackelohren, eine lange Nase. Ein Bild für Götter.

Schmidt traf sich zum öffentlichen Diskurs mit dem türkischstämmigen Filmemacher Fatih Akin, erhielt für sein Europa-Engagement in Münster den Preis des Westfälischen Friedens, debattierte im Volkstheater München mit SPD-Oberbürgermeister Christian Uhde über Gott und die Welt und nahm an einem Kongress zum 50. Jahrestag der »Spiegel«-Affäre teil. Anno 1963 war Hamburgs Innensenator ins Visier der Bundesanwaltschaft geraten und tatsächlich des »Landesverrats« verdächtigt worden. Dass 49 Jahre später die Nichtraucherinitiative Forum Rauchfrei wegen Schmidts Pafferei in der ARD-Sendung »Menschen bei Maischberger« Anzeige erstattete, trug der weise, alte Mann mit Humor. »Affenkram!«, wird er sich gedacht haben.

Klare Sache, um in Schmidts Idiom zu bleiben, dass nicht jedermann an seinen Lippen hing und begeistert applaudierte. »Schmidt gibt seinen Senf zu allem hinzu« und fungiere mehr denn je als Besserwisser und Oberlehrer der Nation, lautete der Hauptvorwurf. Nicht nur der internationale Schriftstellerverband PEN kritisierte den umtriebigen Altpolitiker wegen dessen Verständnis für Chinas Machthaber, die den Volksauf-

Ruth Loah, eine alte Vertraute an seiner Seite.

Feuer frei! Auch in der ARD-Talkshow
»Menschen bei Maischberger«.

Die Kinder in Lokis früherer Schule in Othmarschen begeistert
der Senior 2012 mit Mätzchen.

Weggefährte Henry Kissinger gratuliert zum 90. Geburtstag
seines Freundes Helmut.

stand auf dem Platz des Himmlischen Friedens 1989 so brutal niedergeschlagen und Oppositionelle reihenweise ermorden ließen. Selbst Sympathisanten Schmidts waren angesichts dieser Einschätzung bestürzt.

Die »Inthronisierung« von Peer Steinbrück als SPD-Kanzlerkandidat quasi im Handstreich fand ebenfalls nicht nur Zustimmung. Lustiger war da schon der Werbefeldzug für das gemeinsame Buch »Zug um Zug« im November 2011, dessen Cover ein Schachbrett mit verkehrt aufgestellten Figuren als Motiv hatte. Helmut Schmidt schwieg genervt – und veranstaltete lieber sein eigenes Theater. Daheim in Langenhorn servierte ihm der Thalia-Schauspieler Philipp Hochmair ein Solostück: »Amerika« nach dem Roman von Franz Kafka. Im zweiten Akt des Heimspiels wurden Schnittchen, Bier und ein Schnaps gereicht. Das schmeckte nicht nur Schmidt.

In Begleitung eines Arztes und einer Pflegerin brach der agile Altkanzler im Mai 2012 sogar zu einer Asientour auf – und das mit 93 Jahren. Gut drei Jahre vor seinem Tod war es die letzte ganz große Weltreise. Ein halbes Jahr zuvor hatte er sich im Hamburger Krankenhaus St. Georg tagelang wegen einer Thrombose behandeln lassen müssen. Bester Dinge ging es dennoch auf nach Singapur und China. Dass er seit Jahrzehnten einen Herzschrittmacher trug, hatte der Mann ohnehin längst verdrängt.

Als das Magazin »Stern« 2012 die Deutschen vom Meinungsforschungsinstitut Forsa nach ihrem »größten Vorbild« befragen ließ, kam die Antwort wenig überraschend: 76 Prozent der Befragten bescheinigten Helmut Schmidt einen »vorbildlichen Charakter«. Kleine Eskapaden des eigenwilligen Seniors taten dieser Haltung keinen Abbruch – im Gegenteil.

»Viel Rauch um Schmidt« bemerkte das Hamburger Abendblatt am 24. Januar 2013 in einer Überschrift. Anlass war ein Schreiben des Bezirksamtes Hamburg-Mitte an die Handelskammer der Hansestadt, das einer Verwarnung gleichkam. Angeblich hatte der Altkanzler bei einer Preisverleihung in den Räumen dieser ehrwürdigen Institution öffentlich zum Glimmstängel gegriffen. Über diesen „Skandal« amüsierten sich die meisten eher.

Zwei Monate später erhielt der nunmehr 94-Jährige den Hanns-Martin-Schleyer-Preis – in Erinnerung an den 1977 von der Roten Armee Fraktion ermordeten Arbeitgeberpräsidenten. Als Bundeskanzler hatte Schmidt die erpresste Freilassung anderer Terroristen notgedrungen verweigert. Daraufhin war Schleyer ermordet worden. Im Mai 2013 reiste der betagte Hanseat letztmals nach Paris, um seinen Freund Valéry Giscard d'Estaing zu treffen. Zweieinhalb Jahre vor seinem Tod war dies so etwas wie ein Abschied von der internationalen Weltbühne – zumindest im Ausland. Am 3. Juni 2013 hielt Helmut Schmidt in der Hauptkirche St. Katharinen eine bewegende Trauerrede für den verstorbenen Peter Schulz. Sein Freund, der frühere Bürgermeister, war im Alter von 83 Jahren vorausgegangen.

Schmidts 95. Geburtstag am 23. Dezember 2013, den der NDR mit einer umfangreichen Dokumentation würdigte, feierten fast 1000 Gäste einen Monat später im Thalia-Theater. Unter den Besuchern waren Henry Kissinger, Richard von Weizsäcker (der ehemalige Bundespräsident sollte am 31. Januar 2015 sterben), Hans-Dietrich Genscher und Gerhard Schröder. Mitte März würdigte der amtierende Bundespräsident Joachim Gauck den Hamburger Schmidt mit einem Abendessen für 50 Personen im Schloss Bellevue. Und im Oktober 2014 wurde dem Langenhorner von der Universität Athen seine 24. Ehrendoktorwürde verliehen.

Um es im Sinne Schmidts flapsig zu formulieren: Je oller, je doller. Ihm selbst gefiel dieser Satz zu aktiven Zeiten ungemein. Letztlich lebte er danach.

SO FING EINE GROSSE GESCHICHTE AN

Kaum ist der Erste Weltkrieg verloren, kommt an der Finkenau Helmut Heinrich Waldemar Schmidt zur Welt. Der Buttje wächst in kleinbürgerlichen, behüteten Verhältnissen auf. Es ist eine Kindheit zwischen Liebe und Rohrstock, dennoch geht es der Familie in Barmbek besser als vielen anderen in Hamburg.

Familie Schmidt anno 1924: die Eltern Ludovica und Gustav mit ihren Kindern Helmut (l.) und Wolfgang.

Manchmal liegt das Glück tatsächlich nahe – auch wenn es in diesem Fall ein spätes ist: In Barmbek kommt Helmut, in Hammerbrook Hannelore zur Welt. Bald ein Jahrhundert ist seitdem vergangen. Und selbst wenn beide mittlerweile verstorben sind, bleibt die Erinnerung wach – auch wenn sich viele aus der jüngeren Generation die Lebensverhältnisse um 1920 kaum vorstellen können.

Die Zeiten sind rau und von großer Not geprägt, dennoch wachsen die Deern und der Buttje in weitestgehend herzlichen und behüteten Verhältnissen auf. Die beiden trennen zehn Wochen, wenige Kilometer – und doch Welten.

Es ist der Tag vor Weihnachten 1918, doch nicht allen Hamburgern ist zum Feiern zumute. Der Erste Weltkrieg hat die Hansestadt ausgeblutet, nicht nur wirtschaftlich; die Kapitulation ist gerade erst sechs Wochen her. Die Menschen versuchen zaghaft, wieder Fuß zu fassen. Vom Dach des Alsterpavillons haben Revolutionäre das Hotel Vier Jahreszeiten am Neuen Jungfernstieg unter Beschuss genommen, und im Rathaus regiert ein provisorischer Arbeiter- und Soldatenrat. Viele hungern und haben nicht den Hauch einer Ahnung, was die Zukunft bringen wird.

Niemand rechnet damit, dass der Gründung der Weimarer Republik und den nur für wenige Goldenen Zwanzigern das deutsche Desaster des Jahrtausends folgen wird. An diesem Tag vor dem Heiligen Abend anno 1918, es ist ein Montag, kommt im Süden Barmbeks ein Junge mit dem Namen Helmut Heinrich Waldemar zur Welt. Die Frauenklinik an der Finkenau 35, von älteren Hanseaten auch Jahrzehnte später noch »Institut für Geburtshilfe« genannt, ist vier Jahre zuvor eingeweiht worden. Das Eingangsportal mit den vier Säulen, den hohen Türen, dem für Hamburg typischen Rotklinker und der Grünanlage wurde vom Architekten und Stadtplaner Fritz Schumacher entworfen, der auch an anderen Stellen Hamburgs Ansehnliches schafft. Mehr als 250.000 Babys gaben in dem Gebäude ihren ersten Schrei von sich, bevor es 1979 Bestandteil des

Krankenhauses St. Georg und 2000 geschlossen wurde. Heute residiert an der Finkenau 35 die Hamburg Media School.

Dem im Wendekreis des Steinbocks geborenen Helmut Heinrich Waldemar ergeht es besser als vielen Gleichaltrigen in der Stadt: Zwar kann in seinem Elternhaus von Wohlstand keine Rede sein, doch gibt es keine existenzielle Not – anders als im Elternhaus der kleinen Hannelore Glaser ein paar Kilometer entfernt in Hammerbrook.

Helmuts Mutter Ludovica und Vater Gustav können ihren Erstgeborenen in bürgerlichen Verhältnissen aufwachsen lassen. Das erste Foto des jungen Hanseaten zeigt einen wonnigen Sprössling mit Pausbäckchen, nackten Füßen und einem weißen Kleidchen mit Rüschen. Alles sauber und ordentlich, behütet und umsorgt. Dass in damaliger Zeit dennoch ein Geheimnis wie ein Damoklesschwert über dem Vater schwebt, sollten Helmut und sein gut zwei Jahre jüngerer Bruder Wolfgang, ein 2006 verstorbener Pädagoge, erst Jahre später erfahren. Und dass es Hamburger gibt, die unter weit schlechteren Umständen leben müssen, wird der junge Helmut erst so richtig bei einem Besuch seiner Schulfreundin Loki in deren elterlicher Wohnung ein paar Jahre später bemerken.

Äußerlich ist um 1920 alles in Ordnung im Hause Schmidt an der Richardstraße 65 zu Barmbek. Die Familie wohnt in einem schmucken Stadthaus aus der Gründerzeit. Mutter Ludovica, eine geborene Koch, ist eine hingebungsvolle Frau, die alles für ihre beiden Söhne tut, vortrefflich kocht und ein intaktes Familienumfeld in unruhigen Zeiten beschert. Ein Teil der Vorfahren stammt aus dem Rheinhessischen, und es gehört zum guten Ton, mit Inbrunst den schönen Künsten zu huldigen. Zudem verhält sie sich entsprechend den Sitten der Zeit, indem sie die Autorität des Hausherrn keinesfalls in Zweifel zieht.

Wenn die Buttjes vom Spiel auf der Straße mit lädierter Kleidung oder blutigen Knien nach Hause kommen und es dafür vom Vater Ohrfeigen setzt, leidet Ludovica still, schweigt

Hier kam Helmut Schmidt zur Welt: Frauenklinik Finkenau.

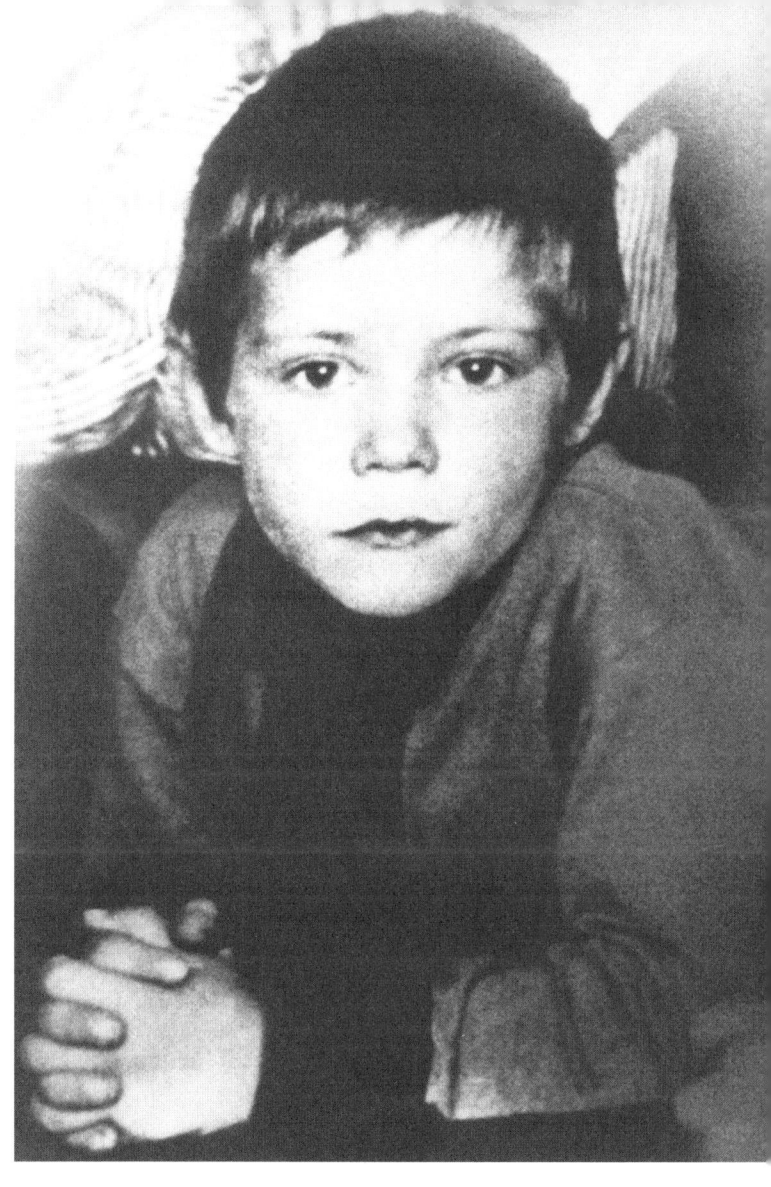

Die Welt ist groß: Helmut als Siebenjähriger.

jedoch. Auch wenn es Helmut Schmidt zu Lebzeiten herunterzuspielen versuchte: Das Familienoberhaupt, und dieser Begriff stimmt in dieser Beziehung absolut, ist zwar Lehrer, aber einer mit rigiden Methoden – zumindest in den eigenen vier Wänden. Schläge gehören für die beiden Brüder zum Alltag. Oft setzt es »den Gelben«, einen Rohrstock. Als Jugendlicher reagiert der ältere Helmut auf eine solche Strafaktion gegen seinen jüngeren Bruder Wolfgang mit der Frage an seinen Vater: »Und was machst du, wenn er eines Tages zurückschlägt?« Die Antwort ist nicht überliefert.

Gustav Schmidt führt ein strenges Regiment, mit dem Ziel, seine Söhne für das Leben zu stählen. Auch im Winter, früher nicht unüblich, müssen die beiden kurze Hosen tragen. Und: Ein Hamburger Junge weint nicht! Der Vater ist keinesfalls ein Tyrann, sondern wohl insgesamt ein wohlmeinender, strenger Familienchef, der sich hochgearbeitet und es aus dem Hafenarbeitermilieu seines Vaters zu Ansehnlichem gebracht hat. Von der Ausbildung in einer Anwaltskanzlei, für ein Mitglied der Arbeiterschicht seinerzeit schon etwas ganz Besonderes, schulte Gustav Schmidt zum Pädagogen um. Der Erste Weltkrieg in einem preußischen Infanterieregiment kam dazwischen, doch wurde der junge Soldat zum Glück im Unglück früh an der Front verwundet. Nach der Genesung wurde er in den relativ ruhigen Garnisonsstandort Schleswig versetzt. Über ein Abendstudium bildete er sich zum Handelsschullehrer weiter, gefolgt von den Stationen Studienrat und Direktor. Letzteres als angesehener Diplom-Handelslehrer einer Hamburger Handelsschule. 1933 wurde er von den Nazis abgesetzt. Warum, ist nicht bekannt, indes war politische Renitenz wohl kaum der Grund.

Zurück zu Helmut Schmidts Kindheit. Das Auskommen stimmt also, und bei den vier Schmidts in Barmbek kommt ausreichend auf den Tisch. Nichts Üppiges, aber es reicht. Verkürztes Motto: Wer immer nur Braten isst, Geselchtes und Kaldaunen, der weiß ja nicht, wann Sonntag ist, der kennt nur schlechte Launen. Dass es zum Geburtstag unmittelbar vor dem Weihnachtsfest immer nur ein kleines Geschenk gibt, begreift der kleine Helmut rasch als Vorteil. Damit nicht alle Feiern verschmelzen, werden beide Kindergeburtstage im Sommer abgehalten. Während Wolfgang tatsächlich im Juni zur Welt kam und passgenau feierte, durfte Helmut zweimal profitieren – einmal ein bisschen, das andere Mal ein bisschen mehr. Denn nicht alle Verwandten hielten sich an die Geburtstagsordnung der Schmidts und beschenkten Helmut auch am 23. Dezember.

1925 kommt Helmut Schmidt in die Volksschule an der Wallstraße. Die »Anstalt«, so heißt es damals, verfügt über einen guten Ruf – die reine Ausbildung betreffend. Auch wenn sie für Grundschüler von sechs Jahren weiter weg war als andere Volksschulen in der Nähe, gibt der Vater der Wallstraße den Vorzug. Wahrscheinlich, weil er ebendort einen Teil seiner Lehrerausbildung absolvierte. Auch hier zählen Schläge zum Alltag, nichts Ungewöhnliches damals. Zum »pädagogischen« Repertoire gehören Rohrstöcke, Lineale und mit aufgenähten Knöpfen versehene Lederhandschuhe, die den Kindern um die Ohren gehauen werden.

So weit, so schlecht. Die Einschulung ist ein wichtiger Tag, natürlich mit Schultüte und allem, was hinein- und dazugehört. Der Buttje zeigt sich als intelligenter und interessierter, indes nicht als allzu fleißiger Schüler. Wenn die Burschen über die Stränge schlagen, ist Helmut mittenmang. Er spielt Verstecken, Räuber und Gendarm oder kickt mit dem Ball. Im Vergleich zur heutigen Zeit ist nichts los auf den Straßen. Ein Paradies. Das Größte für Helmut ist ein Blockwagen, ein hölzernes Gefährt mit einer kleinen Deichsel, der auch die Nachbarskinder fasziniert. Rückblickend, so erinnert sich Helmut Schmidt, ist es eine glückliche Kindheit. Sorgsam abgeschirmt vor dem politischen Chaos der Weimarer Republik und dem sich androhenden Unheil. Wenn sich die Erwachsenen über gesellschaftliche Probleme oder Politik unterhalten, müssen

1929 genießen die Schmidt-Brüder Helmut und Wolfgang gemeinsam mit Vater Gustav den Sommer an der Ostsee bei Hohwacht.

Spielerisch Taktik und Raffinesse fürs Leben lernen. Helmut und Bruder Wolfgang 1927 beim Schach.

die Kleinen den Raum verlassen. Gängige Praxis seinerzeit in deutschen Landen. Fernsehen gibt es nicht, Radio kaum, und Zeitungen sind nichts für Kinder. Meinte Gustav Schmidt.

20 Pfennig Taschengeld erhält der kleine Helmut. Monatlich. Dennoch schafft es der spätere Finanzminister, ein bisschen anzusparen. Einmal im Jahr geht's raus aus dem vertrauten und für Helmut und Wolfgang intakten Barmbek. Ab in die »Stadt«, in die große weite Welt. Dann fahren Vater Gustav und die beiden Söhne mit der Straßenbahn, der Tram, zum Dom auf dem Heiligengeistfeld. Dann werden 20 Pfennig extra für die beiden spendiert und genüsslich in Zuckerstangen oder Bonsche umgesetzt. Als Krönung des Bummels durch eine zauberhafte Welt stehen Karussellfahrten auf dem Programm.

Auch der Sonntag bringt Spannung. Nach der Mittagsruhe, das ist ein festes Ritual, pflegen Gustav, Ludovica, Helmut und Wolfgang Schmidt zum Besuch bei Gustavs Vater aufzubrechen. Zu Fuß geht's von der Richard- in die Hufnerstraße. Dort leben Helmuts Großeltern in einfachsten Verhältnissen. Dicht an dicht mit den Nachbarn wohnen beide in einer Kate, einem Verschlag ohne fließend Wasser und Toilette. Vier Familien teilen sich ein Plumpsklosett, das sich hinter den Buden befindet.

Trotz ärmlicher Verhältnisse ist der Opa ein Organisationstalent. Er schuftet als Hafenarbeiter, mithin als eine Art Gelegenheitsarbeiter, im Freihafen. Geld wird nur bezahlt, wenn es Arbeit gibt. Dann jedoch wird in die Hände gespuckt und kräftig angepackt. Dabei, so lernen die Kinder früh, »fällt manchmal ein bisschen Ware hinunter«, wenn die Ladung nicht korrekt am Kranhaken befestigt ist oder einer der Männer ungeschickt hantiert. Die Vorgesetzten sehen über solche Kleinigkeiten hinweg. Gilt es doch, die für kargen Lohn knüppelhart malochenden Arbeiter bei Laune zu halten. Mit der für die Familie angenehmen Folge, dass »Großvadder« Schmidt bisweilen mit prall gefüllter Tüte heimwärts geht. In diesem »Zampelbüdel« befinden sich mitunter Schätze wie Bier, Dauerwurst oder sogar Apfelsinen.

Helmut mag sie gern, diese sonntäglichen Familienausflüge. »Mein Großvater sprach meist Platt«, berichtete er kurz vor seinem Tod, »und schreiben konnte er ganz gewiss nicht.« Die Erwachsenen trinken Kaffeeersatz, essen Butter- oder Streuselkuchen und halten Klönschnack. Wobei sich die Frauen dem damaligen Usus gemäß heraushalten, wenn es um Ernsthaftes geht. In politischen Belangen empfiehlt es sich für die Damenwelt, gar keine Meinung zu haben.

Derweil tollen Helmut und Wolfgang mit den Deerns und Buttjes vor der Tür. Denn was die Älteren zu bereden haben, ist für Kinderohren nicht bestimmt. Nicht selten dreht es sich dabei um jenes bereits erwähnte Geheimnis, das Gustav Schmidt enorme Sorgen bereitet und ihn später zum gebrochenen Mann macht. Den Grund soll Helmut erst nach 1933, nach Hitlers Machtübernahme, erfahren.

Manchmal gibt es ein Kontrastprogramm: Besuche bei den Großeltern mütterlicherseits, der Familie Koch. Opa Heinrich ist das Gegenteil des rauen, indes außerordentlich herzlichen Hafenarbeiters aus der Kate an der Hufnerstraße. Heinrich Koch, eine gestandene Persönlichkeit mit weißem Bart und autoritärem Verhalten besonders Kindern gegenüber, hat es geschafft. Zumindest wirtschaftlich. Der Mann ist, wie man seinerzeit respektvoll sagt, »Arbeiter-Aristokrat«. Opa Heinrich verfügt als Drucker und Setzer beim »Hamburger Correspondent« über ein regelmäßiges und ordentliches Einkommen. Zuvor hatte er im selben Beruf bei anderen bürgerlichen Zeitungen gearbeitet und sich im Familien- und Freundeskreis allein schon dadurch einen ehrbaren Ruf erworben. Als gut ausgebildeter Drucker und Setzer zählt er zur sogenannten Arbeiterintelligenz. Dieser ist es gelungen, die starren Gesellschaftsschranken zu überwinden und ein materiell anständiges Leben zu führen. Fast alle diese »Emporkömmlinge« im guten Sinne haben ihre Wurzeln dennoch nicht vergessen und sympathisieren mit der Sozialdemokratie und den Gewerkschaften.

Parallel betreibt Opa Heinrich gemeinsam mit seiner Frau und Verwandten einen kleinen Weißwarenladen an der Mundsburg, der sich nach und nach in ein Spezialgeschäft für Damenwäsche verwandelt und reelle Umsätze aufweist. Helmut Schmidts Großmutter, Amelie Koch, ist die Tochter eines Korbmachermeisters aus Mecklenburg, den es schon in jungen Jahren in die Hansestadt Hamburg zog. Sie arbeitete vor ihrer Ehe vorübergehend als Köchin in England und widmete sich später dem Geschäft am Mundsburger Damm. Auch im hohen Alter, nicht lange vor seinem Tod, erzählte Helmut Schmidt von seiner Zuneigung dieser warmherzigen, gutmütigen Dame gegenüber. Vielleicht bot ihm die Großfamilie Koch jene Geborgenheit, die er zu Hause zwar auch hatte, die jedoch vom strengen Regiment seines Vaters getrübt wurde.

Vor allem gibt es Tante Rosi und Onkel Heinz, den jüngeren Bruder seiner Mutter Ludovica. Der Mann ist eine Klasse für sich, ihm kann sich der kleine Helmut anvertrauen, ohne »verpetzt« zu werden. Helmut beschreibt seinen Onkel als eine Art älteren »Seelenverwandten«, der stets ein offenes Ohr für den von Natur aus forschen Schüler hat. Und wenn die Hosen oder Pullover nach fidelen Nachmittagen mit den Kumpels auf der Straße Löcher haben und es daheim Prügel setzen könnte, flicken die Verwandten die Kleidungsstücke – und schweigen.

Onkel Heinz Koch und Großvater Heinrich Koch gelten etwas. Nicht nur in Barmbek basch. Vor allem verfügt Letzterer, ein politisch liberal denkender Hanseat, über erstklassige Kontakte und ein, wie man heute sagt, gutes Netzwerk. Friedrich Naumann, den Vorsitzenden der Deutschen Demokratischen Partei, kannte er seinerzeit höchstpersönlich, und nicht wenige suchen seinen Rat und seine Beziehungen. Mit den immer stärker aufkommenden Nationalsozialisten hat Heinrich Koch nichts am Hut. Da er 1932 stirbt, wusste er nichts vom Anfang vom Ende. Geahnt haben wird er es.

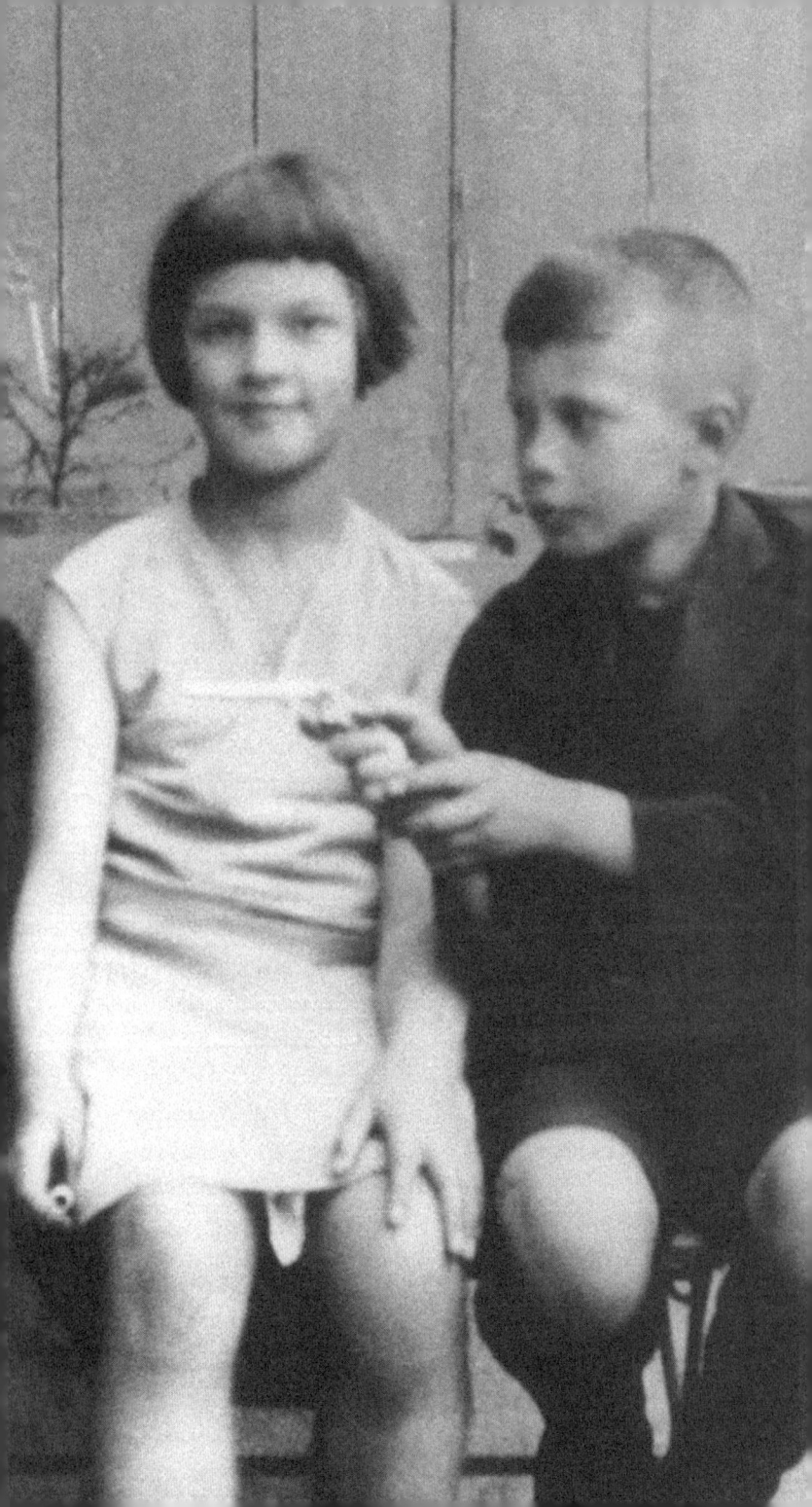

SCHMIDDEL & SCHMELING

Im Abstand von zehn Wochen kommen Hannelore und Helmut zur Welt – sie in Hammerbrook, er in Barmbek. Trotz der Nachbarschaft trennen beide Elternhäuser Welten. Und doch kommt man sich schon in jungen Jahren näher.

Schulfreunde Hannelore und Helmut.
Wer konnte damals ahnen, was daraus erwachsen würde?

Wenn man so will, nimmt das Schmidt'sche Schicksal schon unmittelbar nach dem Ersten Weltkrieg seinen Lauf – unter dem Strich bekanntlich im sehr Guten. Denn wer kann zu der Zeit ahnen, dass beide Wirren wie Schicksalsschläge, Not oder Trennungen kraftvoll überwanden und über so viele Jahrzehnte verbunden und nunmehr in anderen, höheren Sphären wieder vereint sind? Bis dass der Tod euch scheidet.

Eine Geschichte, die ihresgleichen sucht, beginnt im östlichen Teil der Hansestadt. Während in Barmbek Helmut Schmidt von der Mutter gestillt wird und zehn Wochen alt ist, kommt am 3. März 1919 wenige Kilometer entfernt in der Schleusenstraße zu Hammerbrook ein Mädchen namens Hannelore zur Welt. Ihre Eltern, Gertrud und Hermann Glaser, haben keine eigene Wohnung, sodass Hannelore in den Zimmern der Großeltern aufwächst. Mit bis zu zwölf Personen auf wenigen Quadratmetern unter heutzutage unvorstellbaren Bedingungen. Dennoch sind die Glasers von ihrem Nachwuchs ebenso erfüllt und beseelt wie das Ehepaar Schmidt quasi um die Ecke. Mit dem Unterschied, dass bei den Schmidts ein raueres Regiment herrscht.

So etwas gibt es in Lokis Elternhaus nicht. Rührend sind die Glasers bemüht, ihrer Tochter trotz großer Armut einen behüteten Lebensstart zu ermöglichen. Mit Erfolg. Denn wann immer sich Hannelore später über ihre Kindheit äußert, spricht sie von immenser Dankbarkeit und wunderschönen Erinnerungen an geborgene Zeiten. Dass sie in selbst für das frühe 20. Jahrhundert einfachsten Verhältnissen aufwächst, fällt Hannelore Glaser nicht auf. Sie kennt es ja nicht anders.

Eine Situation bleibt ihr bis zum Tod im Oktober 2010 haften. Es ist ein besonderer Tag, wohl im Jahr 1923, und es ist aufregend wie am Heiligen Abend. Hibbelig und mit geröteten Wangen warten Hannelore, Christoph und Linde auf dem dunklen Flur, bis sie endlich die Tür zum Kinderschlafzimmer öffnen dürfen: Da sitzt doch tatsächlich ein Pfefferfresser inmitten eines Urwalds. Ganz schön groß, bunt gefiedert, mit prächtigem Schnabel in Schwarz und Dunkelrot. Der Vater hat den Tukan an die Wand gemalt, um den Kindern Farbe in die finstere Wohnung in Borgfelde zu zaubern.

Und auf jedem der drei Bettchen liegt eine Banane. »Die hat euch der Pfefferfresser mitgebracht«, sagt Hermann Glaser. Hannelore, schon damals von allen ausschließlich Loki genannt, und ihre beiden jüngeren Geschwister glauben das, ein bisschen zumindest. Ist ihr Vater, hauptberuflich Elektriker, doch vor dem Ersten Weltkrieg mit der Marine nach Westafrika gefahren und weiß wundersame Dinge zu erzählen. Von schillernden Märkten, geheimnisvollen Ritualen. Der Pfefferfresser – und dann noch für jeden eine Banane (ohne teilen zu müssen!), das vergisst Loki Schmidt ihr Leben lang nicht: »Es war wie Weihnachten, Ostern und Silvester auf einmal.«

Auch andere Details aus der Dekade zwischen Erstem Weltkrieg, Weltwirtschaftskrise und der Hitlerzeit bleiben allzeit präsent. Wie die 28 Quadratmeter große Wohnung in Borgfelde. In einigen Quellen wird auch der Nachbarstadtteil Hamm angegeben, doch sprach Loki Schmidt selbst meist von Borgfelde. Daher bleibt es in diesem Buch dabei. Die winzigen Zimmer, das schwarz-grün gestreifte Sofa, das Bücherbord, wie alle Möbel selbst gezimmert. Die Nähmaschine am Fenster, der eiserne Bollerofen. Die Kaffeemühle aus Steingut, das dunkle Plumpsklo draußen auf dem Flur, die Gasfunzel. Strom? Fehlanzeige.

Sonnabends ist Badetag: Nacheinander steigen die drei Sprösslinge in den Zinkbottich. Was aus heutiger Sicht so bitter arm wirkt, ist damals ganz normal in den Arbeitervierteln. Die Eltern sind mit vollem Einsatz bemüht, ihre Kinder den alltäglichen Kampf wider die materielle Not so wenig wie möglich spüren zu lassen. Notfalls muss übertüncht werden. Wie im Fall des Pfefferfressers. Eigene vier Wände, wenn auch auf kleinstem Raum, sind für Loki und ihre Geschwister ein Traum, der erst spät realisiert werden kann.

Die Wohnung der Großeltern an der Schleusenstraße in Hammerbrook, in der Loki das Licht der Welt erblickt, ist anfangs ihr kleines, turbulentes Reich. In dieser Wohnung leben Lokis Großeltern gemeinsam mit ihren vier Töchtern und deren Anhang. Im Vergleich leben die Schmidts im nahe gelegenen Barmbek in herrschaftlichen Verhältnissen. Einen Tag vor Lokis Geburt beziehen Gertrud und Hermann Glaser zwei der sechs Zimmer und richten sich den Umständen entsprechend ein. Die Hebamme, eine ebenso erfahrene wie gutmütige Frau namens Backhaus, unterstützt die junge Familie nach Kräften.

Frau Backhaus ist auch zur Stelle, als Lokis jüngere Geschwister Christoph im Jahr darauf und die kleine Linde 1922 geboren werden. Rose kommt erst sieben Jahre später als Nesthäkchen zur Welt. Die Wohnung der Großeltern am Hafen ist typisch für Arbeiterfamilien vor einem Jahrhundert. Gründerzeithaus mit vier Stockwerken in hochwassergefährdetem Gebiet. Mit einer Kanone wird vor der Flut gewarnt. An der Straße steht kein Baum; dafür herrscht reges Treiben mit Schwarzhändlern und fliegenden Hökern. Hartes Leben für die Erwachsenen, ein Traum für Kinder. Als auch die Schwestern der Mutter Gertrud heiraten und weitere Kinder ins Haus stehen, wird die mit mehr als zwölf Personen belegte Sechszimmerwohnung selbst für bescheidenste Ansprüche zu eng.

Der Umzug Ende 1922 ist ein Fortschritt. Zu Fuß, von Hammerbrook in die Baustraße nach Borgfelde. Den Straßennamen gibt es dort nicht mehr (heute Hinrichsenstraße). Indes weiß Helmut Schmidt, dass beider Elternhäuser im Krieg zerstört wurden. Die Habseligkeiten finden komplett auf einer Schottschen Karre Platz, einer hölzernen Plattform mit zwei Rädern und zwei Holmen zum Ziehen. Die dreijährige Loki marschiert nebenher. Und hoch oben auf dem Gepäck thront Bruder Christoph – mit einer Laterne in der Hand. Als Warnung für andere Gefährte auf den in der Regel unbeleuchteten Straßen. Die neue, ob ihrer kargen Ausstattung vom Wohnungsamt nicht vermittelbare Wohnung kostet 27 Mark im Monat, etwa ein Viertel des Monatsgehalts des Vaters Hermann. Die Glasers haben nicht das Glück und Geld, in eine der modernen Wohnungen in den Fritz-Schumacher-Bauten ziehen zu können, wie sie in diesen Jahren etwa in Dulsberg, der Jarrestadt, auf der Veddel und in Langenhorn gebaut wurden.

Mutter Gertrud, eine gelernte Schneiderin, verdient ein paar Groschen hinzu. 1923, ein Jahr nach dem Umzug der Glasers, kommt es zur Hyperinflation: Im Oktober kostet ein Pfund Brot in Hamburg 800 Millionen, die gleiche Menge Butter 20 Milliarden Mark. Trotzdem schafft es die Familie Glaser irgendwie, wirtschaftlich über die Runden zu kommen. Es gibt einfaches, aber genug Essen. Mutter Gertrud macht aus der Not eine Tugend, besucht in der Volkshochschule Kurse über Ernährungslehre, setzt gezielt auf Gemüse und Milchprodukte. Fleisch kommt, wenn überhaupt, nur einmal in der Woche auf den Tisch. Doch wenn die Kinder Geburtstag haben, werden Wünsche erfüllt.

»Mein Lieblingsessen, das höchste der Gefühle, waren Schneidebohnen in einer leichten Milchsoße mit viel Petersilie und ein kleines Stück Beefsteak«, schrieb Hannelore Schmidt in ihrem 2008 erschienenen Buch »Erzähl doch mal von früher«. Umso erstaunlicher, dass der Existenzkampf Geld und Zeit für kulturelle Aktivitäten lässt. Zwei- bis dreimal in der Woche lernen die Eltern in der Volkshochschule. Themen sind Frühgeschichte, Architektur, französischer Im- und deutscher Expressionismus. Wie viele Arbeiter legen die Glasers allergrößten Wert auf die Bildung ihrer Kinder, um ihnen später ein besseres Leben zu ermöglichen. Dass Kultur zum Leben gehört, erfährt Hannelore schon von ihrer Großmutter. Die gelernte Köchin versteht es, Goethes »Faust« auswendig zu rezitieren. Gemeinsam mit ihrem Ehemann, einem Kontorboten, hat sie es geschafft, allen vier Töchtern zu einer anständigen Ausbildung zu verhelfen. Diese Saat trägt Früchte. Mit

Freuden und Freunden wird in der winzigen Glaser-Wohnung musiziert. Der Vater malt und spielt Geige. Loki folgt seinem Beispiel. »Ihr seid die am besten gebildete Proletarierfamilie, die ich kenne«, stellt ein Freund fest.

Ebenso wie Helmut Schmidt besucht Hannelore Glaser nach den ersten vier Grundschuljahren nun die höhere Lichtwarkschule: 1929, im Alter von zehn Jahren. Für Hannelore wie Helmut ist es ein Gefühl der großen Schulwelt mit einem zuvor nicht gekannten Maß an Freiheit. Ganz selbstverständlich sind Mädchen und Jungs in einer Klassengemeinschaft. Auch das ist eine Ausnahme – nicht nur in Hamburg. Außerdem gibt es keine Schulbänke in Reih und Glied, sondern einzeln stehende Tische mit Stühlen. Kunst und Sport werden unterrichtet, Charakterbildung und selbstständiges Arbeiten ebenso. Der »Nürnberger Trichter« gehört in diesem Fall der Vergangenheit an. Beide berichten ihren Eltern daheim ganz begeistert von dem persönlichen Fortschritt.

Zuvor haben sich die jeweiligen Eltern ausführlich mit verschiedenen pädagogischen Modellen beschäftigt und die Reformschule gewählt. Im Falle Glaser wirkt die Entscheidung pro Lichtwarkschule im Nachhinein plausibel, im Falle Schmidt scheint sie ein wenig überraschend. Warum wählt Vater Gustav, der in seiner Familie die Pädagogik der »schlagkräftigen Argumente« favorisiert, ausgerechnet ein Gymnasium, in dem Reformen großgeschrieben werden und ein liberaler Geist dominiert? Wahrscheinlich sind es persönliche Beziehungen zu einem Teil des Kollegiums, die zu diesem Schritt führen. Vielleicht hat auch Ehefrau Ludovica ihren warmherzigen Einfluss geltend gemacht.

Als Hannelore Glasers Vater 1931 arbeitslos wird, baut er an der Seite anderer, ebenfalls arbeitsloser Eltern eine Bühne in die Schulaula. Kultur und schöne Künste sollen nicht unter der Weltwirtschaftskrise leiden. 1932 haben 165.000 Menschen in Hamburg keine Arbeit. Bei 1,14 Millionen Einwohnern entspricht dies rund 15 Prozent der Gesamtbevölkerung. Loki beobachtet manchmal heimlich ihre Mutter, wie diese spätabends weinend am Küchentisch sitzt, ihren Kopf in den Händen vergraben. Nicht ein Pfennig ist in der Familienkasse. Probleme und Nöte türmen sich. Zumal die sechsköpfige Familie nach Roses Geburt 1929 in eine Neubausiedlung nach Horn ziehen und 77 Mark Miete zahlen muss. Vater Hermann übernimmt alle möglichen Nebenjobs, Mutter Gertrud näht bei wohlhabenden Familien. Dafür gibt es ein wenig Bargeld, meist fünf Mark am Tag, vor allem jedoch Lebensmittel als heiß begehrte Zugabe. Und abgetragene Kleidung; denn für neue hatten die Glasers kein Geld. Den ersten Mantel ihres Lebens bekommt Loki zur Verlobung – von Helmut Schmidt.

Der materiellen Misere zum Trotz wahrt die Familie Glaser stets ihre Würde: Praktisch aus nichts wird eine Menge gemacht. Umso mehr wert sind Herzenswärme und familiärer Zusammenhalt. Fraglos trug diese Erfahrung dazu bei, dass Loki niemals im Leben die Bodenhaftung verlor und allzeit offene Ohren auch für die vermeintlich Kleinen hatte. Ihr bescheidenes, positives Naturell trug ihr eine Sympathie ein, die andere Kanzlergattinnen (Entschuldigung; denn dieses Wort hasste Loki Schmidt wie die Pest!) niemals erreichten.

In den Sommerferien fährt die Familie mit Tanten, Cousins und Cousinen auf das Parzellengrundstück der Großeltern bei Neugraben. Man muss sich das mal vorstellen: Lokis Eltern hatten das heute zu Hamburg zählende Areal zum Quadratmeterpreis von zwei Pfennig erworben. Ein bisschen trug auch Loki zum Kauf des Naturparadieses bei. Durch Aushilfsarbeiten in der Nachbarschaft verdiente das Mädchen manchmal fünf Pfennig oder gar einen Groschen. Diese Einnahmen wanderten ganz selbstverständlich in den meist leeren Familientopf. Die Frage nach Taschengeld stellte sich bei den Glasers gar nicht erst.

Es existiert ein herrliches Foto der Großfamilie, die sich mit einem Gespann auf den Weg macht – mit Kind und Kegel. Im Hamburger Abendblatt vom 17. August 1985, also rund ein

Vierteljahrhundert vor ihrem Tod, erinnert sich Loki an die fidelen Ausflüge von damals: »In die Heide war es immer ein richtiger, großer Ausflug.« Man fährt mit dem Zug nach Harburg; von dort geht es zu Fuß nach Neugraben. Jedes Familienmitglied hat seinen Rucksack geschultert. Schon lange zuvor hatten die Erwachsenen Vorkehrungen für diese Zeit getroffen, Nahrungsmittel gebunkert und Spiele eingepackt. Wasser gab es nicht aus der Leitung, sondern aus einer Pumpe – ein großer Spaß für die Kleineren.

Zu den sommerlichen Ritualen gehört eine Einladung des Großvaters an sämtliche Kinder und Enkel. Mit Pferd und Wagen geht es hinaus. An eine Einkehr in Gastwirtschaften war nicht zu denken, das gibt der Etat nicht her. Umso besser schmecken die mitgebrachten Butterstullen, und die hochgewachsene Loki langt besonders herzhaft zu. Kulinarische Krönung, wenn man so will, ist die abendliche Heimkehr in die Hütte: Oft hat die Großmutter einen Riesentopf Saure Suppe gekocht, eine heutzutage nur noch wenigen bekannte norddeutsche Spezialität. Und zum Nachtisch wird Rote Grütze serviert. »Wir haben uns lustvoll darüber hergemacht«, schildert Hannelore den süßsauren Abschluss des Festmahls.

Hermann Glaser errichtet auf dem Grundstück in der Fischbeker Heide eine kleine Bretterbude – ohne Strom, Wasser und Toilette. Freunde helfen, und für die Kinder sind es aufregende Erlebnisse. Jeder Tag ist ein Abenteuer. Auch wenn es karger kaum geht.

Dennoch berichtet Loki Freunden später von paradiesischen Zeiten in der Natur: gelbe Lupinienfelder, Buchweizen, Knöteriche, Birken und Kiefern, so weit das Auge reicht. An einem Wasserloch hinter einer Kiesgrube treibt Hannelore ihre ersten botanischen Studien. Sie sammelt Pflanzen, beobachtet das Wachstum, kann sich nicht sattsehen an den Wundern der Umgebung. Beseelt von 15 Bänden »Flora von Deutschland«, von den Eltern für wenig Geld in einem Antiquariat erstanden.

Diese Buchreihe hält Loki Schmidt heilig – bis zu ihrem Tod. Darin enthalten sind auch Lokis erste Schreibversuche. Die Bücher stehen noch heute in einem Regal am Neubergerweg 80 – 82. Und werden jetzt, nach Helmut Schmidts Ableben, der Öffentlichkeit zur Verfügung gestellt.

Dass dieses Kapitel Hamburger Zeit- und Sittengeschichte im Falle der Familien Schmidt und Glaser nicht in Vergessenheit gerät, ist auch ein Verdienst des Journalisten und Fernsehmoderators Reinhold Beckmann. In zahlreichen, ebenso feinfühlig wie geschickt geführten Gesprächen glückte ihm ein Meisterstück historischer Dokumentation, das auf große Worte verzichtet und deshalb besonders intensiv wirkt. »Es ist beeindruckend, mit wie viel Souveränität und Menschlichkeit Loki Schmidt an der Seite ihres Mannes ein eigenständiges Leben führte und ihm doch stets nahe geblieben ist«, fasst Autor Beckmann seine Eindrücke zusammen. »Insgesamt ergibt sich das Lebensbild einer selbstbewussten, engagierten Frau, die vielen ein Vorbild war und ist.«

»Es waren sehr persönliche, zu Herzen gehende Unterhaltungen«, sagte Reinhold Beckmann nach Lokis, aber noch vor Helmut Schmidts Tod. »Wir mochten uns von Beginn an.« Über dem braunen Ledersofa in seinem Büro hängt ein großformatiges, bestimmt einen Quadratmeter großes Foto mit historischem Bezug. Es zeigt Helmut Schmidt bei einer Konferenz für Sicherheit und Zusammenarbeit in Helsinki 1975. Der Kanzler der Bundesrepublik Deutschland beugt sich über den Gang des Tagungssaals, um mit Erich Honecker, dem Staats- und Parteichef der DDR, einige Worte zu wechseln. Helmut Schmidt hat dieses symbolträchtige Foto für Reinhold Beckmann signiert.

Das Band der Sympathie zwischen dem Journalisten und dem Ehepaar Schmidt beruht wahrscheinlich auch auf Beckmanns Gespür und intelligenter Art, interessanten Themen ohne großes Brimborium auf den Grund zu gehen. Viele Fragen

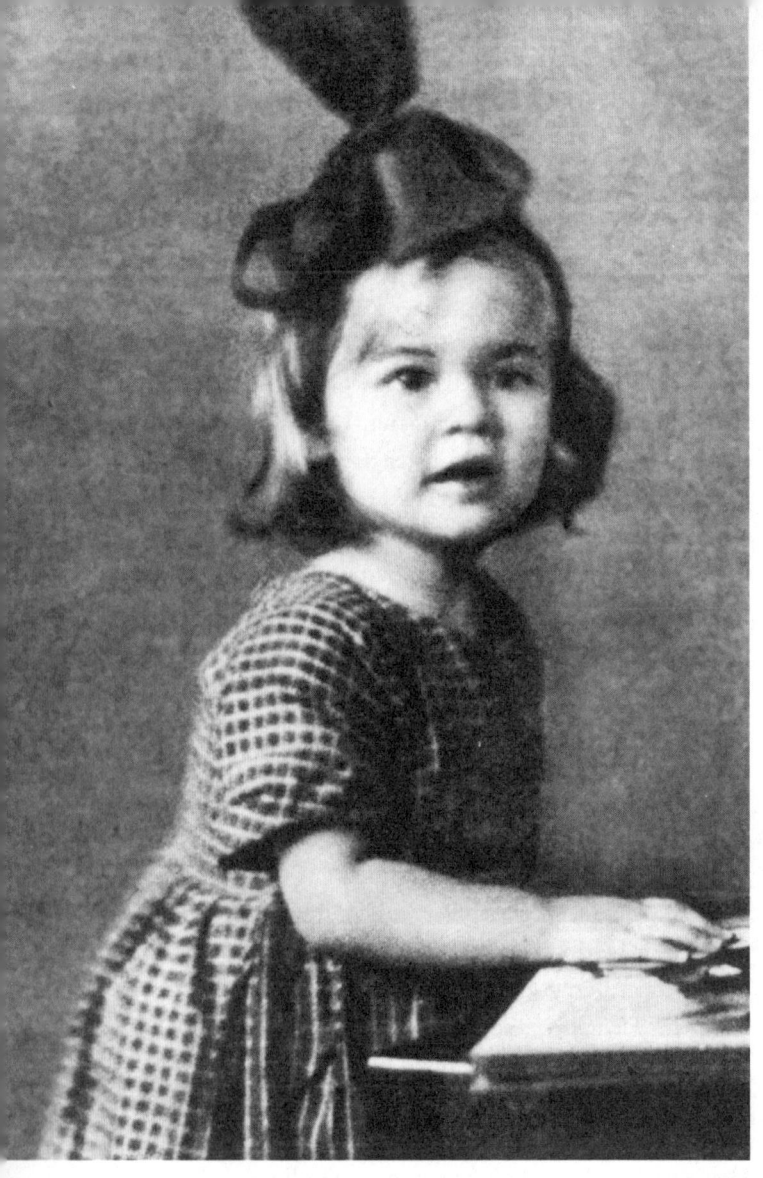

Hannelore als Kind, 1922.

Trotz turbulenter Zeiten hoffnungsvoll in die Zukunft:
Helmut Schmidt steht ganz rechts.

1931 unternahmen Loki und Helmut mit ihrer Klasse einen Schulausflug.

Profis, die sich verstanden: Helmut Schmidt mit Reinhold Beckmann.

in seinem Bestseller »Erzähl doch mal von früher« sind dezente Vorlagen, um Spannendes und Aufschlussreiches zu entlocken. Hinzu kommen Beckmanns norddeutsche Seele und sein Sinn für hanseatische Verhaltensweisen. Natürlich wurde in seinem Elternhaus in Twistringen in Niedersachsen Plattdeutsch gesprochen. Ein Grund mehr, sich zu verstehen.

Mehrfach waren die Schmidts Ehrengäste in der ARD-Sendung »Beckmann«. Jedes Mal, und dies ist typisch für die beiden, hatten sie eine Menge Faszinierendes aus prall gefüllten Jahrzehnten zu berichten. Kein Wunder, dass sich ein Vertrauensverhältnis aufbaute, das auch auf zahlreichen privaten Treffen basierte. Eigentlich war gar kein Buch geplant; man wollte »nur so« ein wenig klönen. Bis eines Tages beiderseitig die Idee geboren wurde: »Komm, wir setzen uns mal hin!« Zwischen diesen Arbeitstreffen im Hause Schmidt in Langenhorn, die sich über viele Wochen hinzogen, kam es immer wieder zu rein privaten Begegnungen.

Unter dem Strich ergab sich für Reinhold Beckmann ein einmaliges Bild des alltäglichen Hamburger Lebens vor bald einem Jahrhundert. Angereichert wurden diese Eindrücke durch Unterhaltungen mit seinem 95 Jahre alten Vater daheim in Twistringen. Eines Tages nahm Beckmann sein Herz in die Hand: »Herr Schmidt, ich muss Ihnen mal was sagen.« Und dann erzählte der Jüngere dem Älteren von seinen Demonstrationen gegen Nato-Doppelbeschluss und Pershing-Raketen früher auf der Hofwiese in Bonn. Schmidts trockener Konter: »Herr Beckmann, jeder macht mal Fehler.« Diese Antwort ließ Spielraum für Interpretationen.

Ohnehin war Beckmann immer wieder überrascht vom sanften Verhalten des Kanzlers a. D. ihm gegenüber: »Bekanntlich konnte Helmut Schmidt auch unwirsch und bockig sein – mir gegenüber war er dies nie.« Immerhin stimmte Schmidt einem Film anlässlich seines 90. Geburtstag zu, der im Hotel Atlantic an der Außenalster gedreht wurde.

Zu diesen Erinnerungen des Altkanzlers zählt ein Stück finsterer Vergangenheit. Doch wird dieses dunkle Geheimnis, das Helmut Schmidts Vater Gustav schlaflose Nächte bereitet, erst 1933 enthüllt, nach der Machtübernahme durch die Nationalsozialisten.

Noch also kann der kleine Helmut lustvoll und unbeschwert durch das Leben toben. Was er auch ausgiebig macht. »Onkel Toms Hütte«, ein Sklavendrama aus den amerikanischen Südstaaten, zählt zu Helmuts Lieblingsbüchern. Ohnehin ist er eine Leseratte. Mit zehn Jahren entdeckt er die Öffentlichen Bücherhallen und leiht sich regelmäßig mehrere Bände aus. Eigentlich müssen diese erst nach drei Wochen zurückgebracht werden, doch hat er sie meist schon nach sieben Tagen durch. Auch Mutter Ludovica pflegt im Wohnzimmer einen Bücherschrank, der dem jungen Helmut und seinem Bruder wie eine Schatzkammer vorkommt.

Zwar drängen die Eltern auf eine solide Ausbildung, doch geht es in der Grundschule an der Wallstraße in St. Georg harmlos zu: Das Lernen fällt dem Buttje mit den kurzen Hosen und dem schon früh ausgeprägten Faible für Mützen in den Schoß. Doch die Sitten in der Grundschule sind streng, nicht nur in Hamburg. Es wird Wert auf gerade Sitzhaltung gelegt. Widerworte sind tabu, es regieren Ohrfeigen und Rohrstöcke. Geredet wird nur, wenn jemand gefragt wird. Wenn die Lehrkraft den Klassenraum betritt, ist Aufstehen Pflicht. Und natürlich müssen die Kinder nach der Pause in Reih und Glied zurück.

Das Schönste für Helmut, so erzählte er vor seinem Ende, sind die Pausen. Er spielt fast nur mit Jungs: »Mädchen waren nicht so spannend, und meine Cousine habe ich meist nur von Weitem gesehen.« Der altbackene Charakter der Grundschule Wallstraße wird auch durch einen selbst für damalige Zeiten ungewöhnlichen Festakt deutlich: Mit einer Zeremonie, an der Lehrer wie Schüler teilnehmen müssen, wird der »Sedantag«

gefeiert: zu Ehren des deutschen Sieges 1870 im Krieg gegen den »Erbfeind«Frankreich.

Der Spaß an der Schule allerdings ändert sich für Helmut auch beim Wechsel auf die Oberschule nicht. »Insgesamt war ich recht faul«, bekennt er eines späteren Tages. Wie schon erwähnt, haben sich die Eltern überraschend für ein Reformmodell entschieden mit seinerzeit fast revolutionärem Charakter. Denn in der Lichtwarkschule, nicht zufällig nach dem vormaligen Kunsthallendirektor Alfred Lichtwark benannt, wird großer Wert auf schöne Künste gelegt. Für manchen Altvorderen äußerst dubios, dürfen Mädchen und Jungen zusammen und nicht strikt getrennt lernen. Zudem sind die Prügelstrafe und Noten im Zeugnis abgeschafft.

Die Lichtwarkschule war der NSDAP von Anfang an ein Dorn im Auge. »Wir wurden zum Denken erzogen«, erinnerte sich Helmut Schmidt an sorglose Tage. »Es wurde großes Gewicht auf musische Fächer, Musik- und Kunsterziehung gelegt.« Dabei sei es weniger um Theorie, sondern um Praxis gegangen. So gibt es zwei Orchester und zwei Chöre. Auch Sport ist wichtig. Jedes Jahr wird eine Klassenreise unternommen. Es geht an die Ostsee, in die Heide oder ins Elbsandsteingebirge. Was sich die Eltern Schmidt bequem leisten können. Parallel findet Kulturkundeunterricht statt, eine Kombination aus Deutsch und Geschichte. Ziele sind die Erziehung zu Toleranz und eigenständigem Denken. Das Individuum soll sich entwickeln, mit eigenen Vorstellungen und Ideen, sich aber dennoch dem Gemeinwesen anpassen. Dagegen werden Naturwissenschaften sowie Fremdsprachen eher vernachlässigt.

Mit der Folge, dass Helmut und die anderen außer Englisch nur ein wenig Latein lernen. Non scholae sed vitae discimus – wohl nirgendwo sonst in Hamburg wird dieses Prinzip derart virtuos umgesetzt wie in dem roten Backsteingebäude am Grasweg direkt am Stadtpark. Dort ist heute die Heinrich-Hertz-Schule zu Hause, eine Gesamtschule mit hervorragendem Ruf. Helmut

Schmidt ließ es sich nicht nehmen, die frühere Wirkungsstätte zu besuchen und mit den Schülern über Gott und die Welt zu schnacken. Irgendwie traf der Altkanzler den richtigen Ton und freute sich wie ein Kind über die teilweise ungenierten Fragen der Kleinen. Journalisten wären barsch abgekanzelt worden.

Gut 80 Jahre zurück. Helmut Schmidt genießt die relative Freiheit des Lernens, als er Ostern 1929 als Zehnjähriger in die Sexta kommt; heute wäre das die fünfte Klasse. Vor allem freut er sich über das muntere Miteinander Bank an Bank mit den Deerns. Anfangs fällt dem Pennäler gar nicht so recht auf, dass es eine Mitschülerin namens Hannelore Glaser gibt, die von allen nur Loki genannt wird und über Größe verfügt – in jeder Beziehung. Sie überragt die Klassenkameraden in der Regel um mindestens einen Kopf, aber sie hat auch Mumm und einen starken Gerechtigkeitssinn. Wenn übermütige Jungs körperlich eher schwächere Mädchen allzu sehr drangsalieren, pflegt Loki leidenschaftlich dazwischenzugehen.

Nicht immer bleibt es nur bei Rangeleien. Wie besonders Hermann Paasch schmerzhaft zu spüren kriegt: Bei einer deftigen Prügelei mit Loki ziehen sich beide blutige Nasen zu, doch schafft es Hannelore, den Rabauken zu besiegen. Nach drei oder vier ähnlichen Klarstellungen mittels schlagkräftiger Argumente sind die Fronten in der Sexta geklärt. Wer Mädchen ärgert oder mit Gewalt Schwächeren zu Leibe rückt, so der Lehrsatz außerhalb des Unterrichts, bekommt es mit Hannelore Glaser zu tun. In Anspielung auf den Hamburger Boxmeister erhält sie den Spitznamen »Schmeling«. Das ist wie ein Ritterschlag.

Helmut wird »Schmiddel« genannt. Anfangs einer der Kleinsten in der Klasse, wächst er im Laufe der Zeit. Unabhängig davon muss er in späteren Jahren für manchen Mitschüler so eine Art Chef gewesen sein. Er selbst will davon wenig wissen, doch erinnern sich die Schulfreunde von einst sehr wohl daran. Die drei großen »K« sind manchem haften geblieben: Kodderschnauze, Klassenprimus, Kumpel. Wenn irgendwo Blödsinn verzapft oder heimlich auf der Toilette geraucht wurde, steckte nicht selten »Schmiddel« dahinter.

Ein anderer vergisst seine Hausaufgaben und wird von Helmut, wohlgemerkt nicht vom Lehrer, zum Papieraufsammeln auf dem Schulhof verdonnert. Das Erstaunliche: Der Junge gehorcht. »Helmut war selbstbewusst und äußerst redegewandt«, wusste Chemielehrer Dr. Helmut Hein später zu berichten. Zustimmung kam von Helmut Pless. Der spätere Chefredakteur der Lüneburger »Landeszeitung« saß jahrelang neben Helmut auf der Schulbank und beschrieb den späteren Bundeskanzler als kameradschaftlichen Typ, der für jeden Spaß zu haben war, allerdings allergisch auf Dummschwätzer und Duckmäuser reagierte.

Pless und andere Mitschüler sahen »ihren« Helmut anlässlich der Feier »40 Jahre Abitur« im März 1977. Übereinstimmend erzählten die Mitstreiter von früher vom Mut ihres nun verstorbenen Klassenkameraden, von dessen Chuzpe und gradlinigem Naturell. »Auffallend intelligent, blitzgescheit und alles andere als auf den Mund gefallen«, gab Helmut Pless über seinen Vornamensvetter zu Protokoll. »Er war kein Streber und hatte Mumm.«

Unvergessen war ihm auch mehr als vier Jahrzehnte später eine typisch Schmidt'sche Episode aus dem Mathematikunterricht. Der forsche Jugendliche hatte seine Mathe-Hausaufgaben nicht gemacht und prahlte damit auch noch: »Weil ich das sowieso kenn!« Konsequenz: Helmut Schmidt wurde zum Beweis an die Tafel zitiert. Ihm wurde eine besonders schwere Rechnung serviert. Schmidt schaffte es. Für den Kameraden Pless hatten die Fähigkeiten des Freundes, der nur in Sport wenig überzeugen konnte (Zeugnis-Beurteilung: »Helmut ist wenig athletisch.«), eine unangenehme Begleiterscheinung: »Immer wenn ich mal gute Mathe-Zensuren aufweisen konnte, kam der Verdacht auf, ich hätte vom anderen Helmut abgeschrieben.«

»Schnackfäss« nennen sie ihn ob seiner Eloquenz und seines Wortwitzes. Sieh an!

DEM UNTERGANG GEWEIHT

Das Deutsche Reich steht vor dem Zusammenbruch. Dennoch verlebt Helmut Schmidt eine glückliche Schulzeit. Sein Jugendtraum wird wahr: Die Hitlerjugend ernennt ihn zum Kameradschaftsführer. Doch seine Eltern beichten ihm ein Familiengeheimnis. Helmuts Vater ist »Halbjude« und somit von den Nazis bedroht.

In der Lichtwarkschule lernten Loki und Helmut fürs Leben.

N ach Lokis Ableben und vor seinem eigenen Tod ließ Helmut Schmidt so gern die Schulzeit aufleben. Es war eine Ära, in der er die ersten Weichen für seine berufliche Zukunft stellte, durch Intelligenz, Chuzpe und Redegewandtheit überragte, aber auch Gefallen an einer Mitschülerin namens Hannelore Glaser fand, die anders war als andere. Damals schon.

Die acht Oberschuljahre zwischen 1929 und 1937 vergehen wie im Fluge. Und im Laufe der Zeit fällt ihm das Mädchen mit den dunklen Haaren, den markanten Gesichtszügen, dem unbeugsamen Charakter, dem Gerechtigkeitssinn und der bodenständigen Lebenseinstellung namens Loki immer mehr auf. Schon zu seinem zehnten Geburtstag lädt er sie ein. Keine Selbstverständlichkeit, halten es Jungs in diesem Alter doch für unter ihrer Würde, mit Mädchen zu spielen. Damals wie heute. Dieser Geburtstag, wir erinnern uns, wird erst so richtig im Sommer zusammen mit Bruder Wolfgang gefeiert, also rund ein halbes Jahr nach Helmuts eigentlichem Wiegenfest am 23. Dezember. Dass diese Feier eine ganz besondere ist mit enormen Auswirkungen auf das gesamte Leben, ahnen Loki und Helmut zu diesem Zeitpunkt natürlich nicht.

Es ist ein herrlicher Sommertag bei den Schmidts in der Richardstraße. Ihren Hochzeitstag (30. August 1914) begehen Ludovica und Gustav erst im Spätsommer. Zunächst einmal sind die Kinder dran. Loki weiß die Ehre durchaus zu schätzen, zwischen den Jungs zu sitzen. Ludovica Schmidt organisiert Topfschlagen, Blindekuh sowie die »Reise nach Jerusalem« (diese wird Helmut Schmidt später mit ganz anderer Bedeutung nicht nur einmal unternehmen!). Es gibt Kaffee und Kuchen; denn die Schmidts leiden im Gegensatz zu den Glasers keinen Mangel. Anschließend stellt die Hausfrau eine große Schüssel mit Kirschen aus dem Alten Land auf den Tisch. Spontan entwickelt sich ein Wettessen. Am Ende siegt Loki, sie hat die meisten Kerne auf dem Teller. Die Deern hat Kondition, außerdem zählt dieses Obst bei ihr zu Hause zu den seltenen Delikatessen – es sei denn, die Familie fährt raus aufs Land nach Neugraben.

Nach einem fidelen Nachmittag verabschieden sich die Kinder frohen Herzens. Bei aller Betriebsamkeit und Aufregung lässt Loki ihre Mütze in Helmuts Wohnung liegen. Wahrscheinlich sind gerade Ferien, sodass sich die beiden am nächsten Tag nicht in der Lichtwarkschule sehen. Folglich bittet Ludovica Schmidt ihren Sohn, Loki das gute Stück nach Hause zu bringen. Leichter gesagt als getan; denn von der Richardstraße in Barmbek zur Baustraße nach Borgfelde ist es ein strammer Fußmarsch von fast einer Stunde. Helmut gehorcht, stapft los, geht über die Wandsbeker Chaussee, überkreuzt an der Landwehr die S-Bahn-Gleise. Am Ziel überreicht er der verdutzten Loki die Baskenmütze.

Stopp und Atem geholt. Denn aus zwei Gründen ist dieser Fußweg im Sommer 1929 ein einschneidendes Ereignis. Für beide.

Zum einen kamen sich Loki und Helmut näher, im wahrsten Sinn des Wortes. Ob es der Schlüsselmoment für eine innige Beziehung oder gar der Startschuss einer großen Liebe ist, weiß niemand. Auf jeden Fall ist dieser Augenblick den beiden derart intensiv im Gedächtnis haften geblieben, dass sie immer wieder darauf zu sprechen kamen. Zumal Helmut Schmidt ohnehin der Meinung ist, dass älteren Menschen Erlebnisse aus der Kindheit stärker präsent sind als Augenblicke aus jüngerer Vergangenheit. Wir wollen das an dieser Stelle so stehen lassen ... Grund zwei für die tragende Bedeutung dieser Begebenheit sind die Lebensverhältnisse der Familie Glaser. Sie wohnen in einer winzigen Zweizimmerwohnung in einem finsteren Hinterhof ohne Strom und Toilette. Beleuchtet wird, wenn überhaupt, mit Gas. Was dazu führt, dass die von Lokis Vater gelegentlich vom Großmarkt mitgebrachten Blumen schon nach zwei Tagen die Köpfe hängen lassen. Weil Gas ausströmt.

Zu allem Überfluss ist es in den beiden kleinen Zimmern auch tagsüber dunkel, weil kaum Licht durch die Fenster fällt. Die nächste Hausmauer ist höchstens vier Meter entfernt. Trotzdem ist die Wohnung liebevoll eingerichtet.

Der zehnjährige Helmut, in bürgerlichem Umfeld aufgewachsen, ist zutiefst schockiert, lässt sich dies indes natürlich nicht anmerken. »Ich hätte nicht gedacht, dass Menschen in Hamburg so einfach leben«, gibt er später zu Protokoll. Und zum ersten Mal bemerkt er an sich einen Wesenszug, den er schon damals mit Loki gemein hat: Gerechtigkeitssinn. »In meinem Inneren regte sich Widerspruch.« Ganz zart keimt der Wunsch, dass man daran etwas ändern müsse. Daraus wurde später ein Wille. Dabei hat Helmut eigentlich gar nicht vor, in die Politik zu gehen. Malerei, Architektur und Geschichte sind seine Steckenpferde. Mit fortschreitendem Alter wächst in ihm die Vorstellung, Städtebauer und Planer zu werden.

Auch wenn Armut und Arbeitslosigkeit des Vaters Hermann Glaser Sorgen bereiten, kümmern sich die Eltern rührend um Loki und ihre Geschwister. Es zeugt von Mumm und Vertrauen in die Zukunft, dass, trotz widriger wirtschaftlicher und politischer Lage, 1929 das vierte Kind zur Welt kommt: Zu der jetzt zehnjährigen Loki, dem ein Jahr jüngeren Christoph und der sieben Jahre alten Linde stößt die kleine Rose. Wohlgemerkt: Es herrscht die Weltwirtschaftskrise. Da 28 Quadratmeter für sechs Personen nun wirklich absolut untragbar sind, nehmen die Glasers einen weiteren Wohnungswechsel vor: Erneut mit Leiterwagen, Sack und Pack geht es in eine Wohnsiedlung in Horn.

Im Gegensatz zum letzten Mal kann der Umzug diesmal tagsüber erfolgen. Damals standen die helfenden Freunde noch in Lohn und Brot; jetzt sind viele arbeitslos oder nur stundenweise beschäftigt. Was übrigens auch dazu führt, dass die Eltern ausreichend Zeit haben, in der Lichtwarkschule Hand anzulegen. So wie vorher auch in der Grundschule.

Für Loki ergibt sich nun ein weiterer Weg zum Unterricht, den sie nach wie vor mit Begeisterung besucht. Sieben Kilometer Luftlinie sind es vom neuen Zuhause zur Lichtwarkschule am Grasweg. Die Strecke führt durch verlassene Schrebergärten in Horn, die wegen des Baus der mehrspurigen Sievekingsallee aufgegeben werden mussten, zum Bahnhof Hasselbrook. Dort pflegt Loki in die Vorortbahn zu steigen und bis zur Haltestelle Alte Wöhr zu fahren. Es folgt der schönste Teil des Weges, die Passage des Stadtparks, morgens früh fast immer in Eile zurückgelegt.

Meist an der Seite ihrer Freundin Gesine, Spitzname Gesa, marschiert sie am See vorbei, an der Grüninsel, genießt den Blick auf den Wasserturm, passiert die beiden Muschelkalkskulpturen des Künstlers Georg Kolbe. »Handelt es sich um Badende oder um Windbräute?«, fragt sie sich immer wieder. Gespendet worden sind diese Kunstwerke von der gebürtigen Hamburgerin Emma Budge gut drei Jahre zuvor. Die Hanseatin war in die USA ausgewandert und hatte den Bankier Henry Budge geheiratet. Sie war sehr wohlhabend und eine Freundin der Kultur. Ihre Villa in Harvestehude wurde von den Nazis später ebenso zwangsweise in Besitz genommen wie zahlreiche Kunstschätze von unermesslichem Wert. Darunter befand sich auch ein riesiger flämischer Gobelin, der später von der Familie Haerlin gekauft und im Restaurant des Hotels Vier Jahreszeiten aufgehängt wurde. Als das Hotel im Januar 2010 von der Herkunft des Wandteppichs erfuhr, übergab es diesen umgehend und ohne Gegenleistung an die Erben Emma Budges. Doch dies nur am Rande.

Vom drohenden Unheil und den ungeheuren Verbrechen an den Juden auch in Hamburg ahnt Loki nichts in diesen trotz Armut glücklichen Kindertagen. Umso mehr wächst und gedeiht ihre Liebe zum Stadtpark im Norden ihrer Geburtsstadt. Auch im Alleingang unternimmt sie intensive Spaziergänge abseits der angestammten Wege. Eine Praxis übrigens, die sie auch in hohem Alter beibehält. Als Schülerin hat sie dort ihre ersten Rendezvous mit der Pflanzen- und Tierwelt. Seite an Seite mit ihrer Lehrerin Ida Eberhardt sucht und sammelt Loki Blumen, Kräuter, aber auch Käfer, Spinnen, Kaulquappen und Köderfliegenlarven. Im grünen »Freilicht-Volkshaus«, wie so vieles in Hamburg angelegt von Fritz Schumacher, lernt sie die Botanik lieben. »Dort fand ich die Eingangstür zur Welt der Natur«, schreibt sie ein paar Jahre vor ihrem Tod im Hamburger Abendblatt. »Ich habe diese Welt nie mehr verlassen.«

Trotz der Begeisterung für alles Grüne gibt es jede Menge Sorgen in ihrem jugendlichen Leben. Zum Beispiel, beim Zigarettenrauchen erwischt zu werden. Diesem Laster huldigt sie seit ihrem zehnten Lebensjahr. Bis zum Ende, wie man weiß. Die ersten Glimmstängel der Marke Greiling Schwarz-Weiß zu zweieinhalb Pfennig das Stück pafft Loki hinter einem Baum im Stadtpark. Die Sorte Ernst-August schmeckt ihr besser, doch kosteten drei dieser Zigaretten dreieindrittel Pfennig. Das ist unerschwinglich viel für eine Deern, für die Taschengeld ein Fremdwort ist. Gut für sie, dass auf dem Schulhof kleine Schätze gegen Tabak eingetauscht werden. Und bisweilen findet sich ein jugendlicher Kavalier, der eine oder zwei Zigaretten spendiert.

Der spätere Kettenraucher »Schmiddel« kann kaum dazu zählen, frönt er dem Nikotingenuss doch erst seit seiner Konfirmation. Da schenkt ihm ein Onkel eine Packung, und los geht's. Klar jedoch ist, dass die Eltern Glaser, selbst starke Raucher, keinerlei gesundheitliche Bedenken hegen. Ganz im Gegenteil: Wenn Loki daheim wieder einmal viel geholfen hat, stellt ihr der Vater abends kommentarlos eine Tasse mit starkem Kaffee plus einer Filterzigarette auf den Küchentisch. Ohnehin ist es für Hermann Glaser Usus, unmittelbar vor dem Schlafengehen Koffein und Nikotin zu konsumieren. Quasi als Belohnung für einen Tag voller Plage.

Dass die Heimkehr von der Schule nach Hause manchmal länger als die Stunde des Hinwegs dauert, haben immer öfter

Helmut Schmidt und sein Bruder Wolfgang zu verantworten. »Lass uns schneller laufen – da hinten kommen die Schmidt-Jungs«, pflegt Gesa zu rufen. Beide bleiben letztlich allzu gern stehen. Aus gutem Grund: Das Quartett findet zusehends Interesse aneinander. Die etwa eine Dekade später folgende Konsequenz für Hannelore Glaser und Helmut Heinrich Waldemar Schmidt ist bekannt. Doch auch Gesa und Wolfgang werden eines Tages heiraten.

An dieser Stelle sei ein Phänomen der Lichtwarkschule angemerkt: Von den rund 600 Absolventen der Reformoberschule, die bis zur Schließung durch die Nazis 1937 das Abitur schafften, haben etwa 120 »in eigenen Reihen« Hochzeit gefeiert. Offensichtlich sind nicht nur die schönen Künste studiert worden ... Noch indes ist Eros weit entfernt für Loki und Helmut. Beide finden eher Gefallen daran, sich zu necken und Widersprüche aufzubauen. »Oft sind wir stundenlang durch den Stadtpark spaziert und haben uns gezankt«, schreibt Hannelore Schmidt in einem ihrer Bücher. Den Begriff diskutieren habe man seinerzeit noch nicht gekannt.

Dieses Zanken sieht in der Regel so aus: »Einer stellte irgendeine Behauptung auf, postwendend stritt der andere für das Gegenteil.« Wahrscheinlich stählten diese rhetorischen Dispute für spätere Scharmützel in der großen Politik. Und da sich Gegensätze bekanntlich anziehen, bleibt es nicht nur beim verbalen Clinch. Irgendwann geben sich die beiden auf einer Bank im Stadtpark den ersten Kuss. Ungefähr 1935 muss das gewesen sein, zwei Jahre vor dem Abi. In einem ihrer Bücher schreibt Loki von einem Alter von 14 oder 15 Jahren. Sicher ist der Zeitpunkt also nicht. Denn wer führt schon Buch darüber?

Zumal ja niemand weiß, dass die spätere Glückseligkeit Jahrzehnte währen wird. Bis zu Lokis und Helmuts Tod – und ganz gewiss darüber hinaus. Die Skulpturen »Badende Frauen« sind stumme Zeugen erster Techtelmechtel, denen ein paar weitere Knutschereien folgen. Dann ist aber auch Schluss mit lustig.

Loki und Helmut bleiben gute Schulkameraden, verstehen sich auch außerhalb des Unterrichts prächtig, legen aber nicht zusätzlich Hand an. Wie die anderen Mitschüler auch sind Loki und Helmut fasziniert von der Inspiration und den pädagogischen Talenten einer Lehrerin namens Erna Stahl. Diese Koryphäe unterrichtet in Deutsch, tut aber viel mehr. Zum Beispiel lädt sie interessierte Schüler zu Leseabenden ein.

So wird auch Helmut Schmidt mit Goethe, Hans Carossa, Albrecht Schäffer oder Thomas Mann konfrontiert. »In Umrissen brachte sie uns bei, was Humanismus bedeutet und dass Literatur Bildung umfasst«, schreibt er später in seinem Buch »Kindheit und Jugend unter Hitler«. Helmut liest auch privat mit Inbrunst, rudert, fährt Rad, segelt auf der Außenalster. Gelegentlich kiebitzt er bei »BU«: Am Sonntag trifft sich die Nachbarschaft am Bolzplatz Klinikweg, der Verbindung zwischen Richard- und Wagnerstraße, um den Kickern des Fußballklubs Barmbek-Uhlenhorst zuzusehen.

Helmut genießt die Atmosphäre auf den Stehplätzen an der Linie und die Weisheiten der Älteren, hat ansonsten aber mit dem Kicken nicht allzu viel am Hut. Zu den Höhepunkten des Schullebens gehören die alljährlichen Ausflüge an die Ostsee oder in die Holsteiner Schweiz. Im Rahmen des Schüleraustauschs kommt »Schmiddel« 1932 sogar nach England. Zusammen mit dem im Kapitel zuvor bereits erwähnten Kumpel Helmut Pless gibt er dort ein Interview. Offensichtlich wollen die britischen Journalisten wissen, was die jungen Deutschen von ihrem Gastland halten. »Schmidt Schnauze« nimmt wie auch später als Politiker kein Blatt vor den Mund. Mit der Folge, dass in der Zeitung ein dreispaltiger Artikel publiziert wird, in dem sich der junge Schmidt über die sonntägliche Langeweile in Manchester auslässt. Zudem kritisieren die 14-jährigen Hamburger, in der Zeitung »both Helmuts« genannt, die angeblich mangelhafte Esskultur der Engländer. Die Leser sind gewiss not amused.

Schon im Jahr vor dieser Studienreise ist die vierköpfige Familie Schmidt aus ihrer Wohnung in der obersten Etage in der Richardstraße in ein Mehrfamilienhaus an der Schellingstraße 9 nach Eilbek gezogen. Der kleine Helmut versteht die politischen Wirren nach dem Ersten Weltkrieg und vor der Weltwirtschaftskrise natürlich nicht. Er hat zwar keine Memoiren geschrieben, ganz bewusst nicht, doch viele Erinnerungen in Kladden festgehalten. Zum Teil gehen diese im Zweiten Weltkrieg verloren, werden jedoch so gut wie möglich rekonstruiert. Dazu zählt ein erschreckendes Erlebnis während des »Hamburger Aufstands« von 1923: Helmut sieht mit an, wie die Wagner-Brücke über dem Eilbekkanal nach Kämpfen abbrennt. Er versteht die Welt nicht mehr.

Trotz der Wirren geht »Schmiddel« regelmäßig zum Klavierunterricht in den Winterhuder Weg. Loki hat daheim viel zu tun und wird von ihren Eltern mächtig eingespannt. Sie macht das gern, sie kennt es auch nicht anders. Überleben ist das höchste Gut in diesen Zeiten, die von Monat zu Monat bitterer werden.

1933 kommt Hitler an die Macht. Die Kinder denken sich kaum etwas dabei. Sie registrieren lediglich, dass die Eltern immer öfter tuscheln und die Kinder oder mittlerweile Jugendlichen des Raumes verweisen, wenn es politisch zur Sache geht. Das Klima in der Hansestadt wird rauer.

Banden marodieren durch Hamburg; es wird erste Hatz auf Juden gemacht. Der Altonaer Blutsonntag vom 17. Juli 1932 ist eine fürchterliche Vorwarnung. Bei einem Werbemarsch der SA durch das noch preußische Altona werden 18 Menschen ermordet.

Wer nicht will, muss mit. Irgendwie. Und dies ist der Augenblick, in dem Helmut Schmidt von jenem Geheimnis erfährt, das seinen Eltern so dermaßen große Sorgen macht, dass Vater Gustav nach Kriegsende ein gebrochener Mann ist. Was heutzutage niemanden interessieren würde, kann im »Dritten

Schon als Junge hatte Helmut ein Faible für Mützen, 1932.

Reich« Kopf und Kragen kosten – im wahrsten Sinn des Wortes: Die Familie Helmut Schmidts ist teilweise jüdischer Abstammung!

Der nunmehr 14-jährige Helmut erfährt davon erst nach heftigem Insistieren. Er möchte so gern Mitglied der Hitlerjugend werden, mit all der damit verbundenen Spannung: Ausflüge, Lagerfeuer, Kameradschaft. Vater Gustav wehrt dieses Ansinnen vehement ab, wird zornig, gibt aber keinen Grund an. Helmut indes lässt nicht locker, macht Krach, will partout seinen Freunden folgen und der HJ beitreten. Keineswegs aus politischen Gründen, sondern aus Abenteuerlust. Fast kommt es zum Eklat, doch eines Abends nimmt Mutter Ludovica ihren Ältesten beiseite und lüftet das Geheimnis.

Der Großvater, jener Hafenarbeiter mit der Kate ohne Strom und Wasser, der Sonntag für Sonntag besucht wird, ist gar nicht sein richtiger Opa. Vielmehr, so erfährt der verblüffte Helmut, wurde sein Vater Gustav unehelich geboren, als Kind eines jüdischen Bankiers namens Ludwig Gumpel. Dessen Sohn Gustav kam in die Obhut des Hafenarbeiters Gustav Schmidt und dessen Ehefrau Katharina. Ob Gumpel seine Alimente regelmäßig zahlte oder seine materielle Schuld auf einen Schlag leistete, ist unbekannt. Sicher ist dagegen, dass Helmut Schmidts Vater aus einer Liaison des wohlhabenden Gumpel mit einer Kellnerin aus dem nördlichen Hamburger Umland stammt, die in der Hansestadt arbeitete.

Helmut Schmidt bekam keinen der beiden je zu sehen, sein Vater wohl auch nicht. Dem Vernehmen nach wurden die Kontakte zwischen Gustav Schmidts leiblichen Eltern und seinem Ziehvater über zwei Gewährsleute Gumpels hergestellt.

Viel mehr als Helmut Schmidt von seinen Eltern erfuhr, recherchierte später der Historiker Hartmut Soell. Von ihm stammt die zweibändige Schmidt-Biografie, die in der Deutschen Verlagsanstalt erschienen ist. Sie wird in diesem Buch mehrfach erwähnt – aus gutem Grund. Soell, geboren mehr als 20 Jahre nach dem Altkanzler, hat sich unwahrscheinlich viel Mühe gemacht, fleißig Details aus Helmut Schmidts Leben zusammengetragen und gekonnt in Zusammenhang mit den jeweils aktuellen wirtschaftlichen, sozialen und gesellschaftlichen Verhältnissen gestellt. Allein der erste Teil umfasst 957 Seiten und sei jenen ans Herz gelegt, die tatsächlich jede Kleinigkeit aus dem Dasein und Werdegang des Altkanzlers wissen möchten. Es handelt sich um ein akribisch verfasstes Meisterwerk, das einem Protokoll gleicht.

Zumal Hartmut Soell wirklich nah dran war an seiner Hauptperson. Mehrere Jahre war er Schmidts Mitarbeiter in dessen Zeit als SPD-Fraktionsvorsitzender im Deutschen Bundestag. Er gehörte diesem Gremium selbst zwischen 1980 und 1984 an, also teilweise während Helmut Schmidts Kanzlerschaft. Zum Zeitpunkt des Todes von Helmut Schmidt lehrte der gestandene Sozialdemokrat als Professor für Neuere Geschichte an der Universität in Heidelberg. Er veröffentlichte auch Biografien über die Parteifreunde Fritz Erler und Herbert Wehner. Band zwei des Schmidt-Werkes erschien übrigens 2008, rund zwei Jahre vor Lokis Ableben. Soell rekonstruierte auch, so weit möglich, Herkunft und Hintergrund des leiblichen Großvaters von Helmut Schmidt, des Bankiers Ludwig Gumpel.

Dieser war gelernter Bankkaufmann in Bernburg im damaligen Anhalt, dem heutigen Sachsen-Anhalt, hatte in Oldenburg seinen Wehrdienst absolviert und war 1884 nach Hamburg umgezogen. In der Hansestadt betätigte er sich als Makler im Fonds- und Wechselgeschäft, schon vor mehr als einem Jahrhundert im Glücksfall ein höchst einträgliches Geschäft. Anschließend tätigte er im Auftrag der Deutschen Bank Emissionsgeschäfte. Zeitweise firmierte eine Fabrik für Damenmäntel am Großen Burstah neben dem Hamburger Rathaus auch unter seinem Namen. Später gründete der umtriebige Mann im heimischen Bernburg die Bank Gumpel & Samson. Verheiratet war er mit Hedwig; gemeinsam hatte das Paar drei Söhne. Und er hatte noch einen mehr – mindestens. Und der war eben Helmut Schmidts Vater Gustav Ludwig Schmidt. Aber das kam erst viel später heraus.

Mit der wachsenden Einflussnahme und letztlichen Machtübernahme der Nationalsozialisten wird die Hatz auf Juden immer unfassbarer. Nun ist klar, warum Helmuts Vater solche Existenzängste hat. Und mit zunehmender Macht und Brutalität der Nationalsozialisten wird diese Furcht immer größer. Ihm drohten als »Halbjuden« nicht nur ein Berufsverbot, sondern weit Schlimmeres. Ein nicht arischer Schuldirektor wird in damaliger Zeit nicht geduldet.

Somit weiß der junge Helmut, warum seine Eltern seinen Eintritt in die Hitlerjugend unbedingt vermeiden wollen. Die dort erforderliche Überprüfung arischer Abstammung könnte das Geheimnis der Schmidts offenbaren. Jahrzehntelang, bis 1984, behält es auch Helmut Schmidt für sich. Und nachdem der Sohn nunmehr eingeweiht ist, schreitet er gemeinsam mit seinem Vater zur Tat. Gustav Schmidt, dem nachweislich unehelichen Kind, fällt es leicht, den Behörden gegenüber von einem unbekannten Vater zu sprechen. Dem von Natur aus staatstreuen und ehrbaren Pädagogen glückt es mit einem Trick, diese Behauptung auf einer amtlichen Bescheinigung des Hamburger Staatsarchivs festzuhalten. Und Helmut schafft es irgendwie, einen »Nazistempel« darauf setzen zu lassen. Mancher würde dieses Vorgehen als Urkundenfälschung einstufen. Helmut Schmidt indes legt Wert auf die Feststellung, es habe sich »nur« um eine Amtsbescheinigung gehandelt. Wie auch immer: Der Ariernachweis ist fingiert.

Die furchtbare Angst des Vaters hat sich mit dieser Fälschungsaktion nicht aufgelöst. Im Gegenteil: Seine Sorge, als »Halbjude« und Urkundenfälscher aufzufliegen, nimmt von Tag zu Tag zu. Jedes Mal wenn auf den Straßen SS-Trupps patrouillieren oder im Treppenhaus schwere Stiefel zu hören sind, gerät er innerlich in Panik. »Am Ende des Krieges«, so gibt

Helmut Schmidt später preis, »war mein Vater ein gebrochener Mann.« Er verstarb im März 1981 im Alter von 92 Jahren im Altenheim der Hartwig-Hesse-Stiftung in Rissen. Helmut Schmidt besuchte ihn, wann immer er konnte.

Mutter Ludovica war schon 13 Jahre zuvor beerdigt worden. Gemeinsam mit Helmut und der restlichen Familie trauerte auch Bruder Wolfgang. Zwei Jahre jünger als Helmut Schmidt, war er zuletzt als Rektor der Theodor-Storm-Hauptschule in Wedel in Amt und Würden. Er starb am 22. September 2006.

Doch zurück zum alltäglichen Irrsinn und Terror der Nazizeit. Mit dem nunmehr gefälschten Ariernachweis steht Helmut Schmidt das Tor zur Hitlerjugend offen. Indes ist dieses Papier, Ironie des Schicksals, jetzt gar nicht mehr nötig. Denn sein Ruderverein, der seiner Lichtwarkschule angegliedert ist und ihm große Freude bereitet, wird kurzerhand komplett in die Marine-Hitlerjungend aufgenommen. So wird aus Helmut, dem Kapitän der Ruderriege, automatisch der Kameradschaftsführer. 1936 wird er zum »Scharführer« befördert. Zu den Pflichten gehört die Leitung der bei den jungen Leuten geschätzten Kameradschafts- und Heimatabende, aber auch das Büffeln nationalsozialistischen Gedankenguts. Das wiederum mag Helmut gar nicht. Viel lieber segelt er, und zwar von seinem 14. Lebensjahr an. Anfangs nicht auf einer Yacht, sondern auf sogenannten Segler-Kuttern, stabilen, schwer zu manövrierenden, indes kaum sinkbaren Wassergefährten.

Auch während des Konfirmationsunterrichts in der Kirche St. Gertrud am Immenhof ist von Opposition nichts zu spüren. Es wäre lebensgefährlich gewesen. Scharführer Helmut nimmt 1936, also im Jahr der Olympischen Sommerspiele in Berlin, am Hitlermarsch zum Parteitag der NSDAP in Nürnberg teil. Das Ganze ist ihm zwar instinktiv nicht geheuer, doch spielt er das braune Spiel mit. Wie fast alle in großdeutschen Landen. Auch in seiner Heimatstadt Hamburg. Im Stadtteil Eimsbüttel ist er unter dem Banner des Hakenkreuzes aktiv, organisiert neben den erwähnten Kameradschaftsabenden auch Sportturniere. Trotz aller politischen Disziplin zu einer gewissen Renitenz neigend, geht er einmal ein hohes Risiko ein. In einem Versammlungssaal der Hitlerjugend, eher ein Kellergewölbe, tüncht er in roten Lettern ein normalerweise völlig unverfängliches Zitat mit dem Wunsch nach Freiheit an die Wand. Dieses ist zwar auch in den NS-Liederbüchern verzeichnet, wird indes als signalrote Nachricht an der Wand als Provokation aufgefasst. Kleine Geister haben Hochkonjunktur. Helmut Schmidt wird aus der Hitlerjugend ausgeschlossen.

Er hat immenses Glück; denn es bleibt bei dieser Konsequenz. Nicht nur diese Strafmaßnahme trägt zu seiner wachsenden Nachdenklichkeit über den Nationalsozialismus bei. Die in allen möglichen Schaufenstern aushängenden Ausgaben des »Stürmer« mit den übelsten Hetzparolen sind partout nicht nach dem Geschmack des kulturell gebildeten Jugendlichen. Und als dann noch die Bilder der von ihm verehrten Expressionisten als entartete Kunst geächtet werden, bricht er mit dem Naziregime. Natürlich nur innerlich. Seine Zweifel und Gedanken hält Helmut Schmidt in verklausulierten Notizen fest, die 1943 den Bombenangriffen auf Hamburg zum Opfer fallen sollen. So gut wie möglich rekonstruiert er sie in der Kriegsgefangenschaft. Sein Gefühl als deutscher Patriot bleibt von diesen Gedanken unberührt.

Parallel verspürt auch Hannelore Glaser wenig Sympathie für die Machthaber mit dem Hakenkreuz. Ihre Eltern schätzt sie eher als sozialistisch ein. Beide waren Mitglieder der USPD, treten allerdings aus Protest gegen spießiges Parteiengeklüngel rasch wieder aus. Beide stimmen zu, als sich ihre älteste Tochter dem Bund Deutscher Mädel (BDM) anschließt. Es machen ja fast alle mit, wer mag schon im Abseits stehen. Nunmehr kann sich Loki einen kleinen Traum erfüllen und Mitglied des BDM-Orchesters werden. Dies ist eine Ehre für eine Jugendliche aus ärmsten Verhältnissen.

Neben teutonischen Gesängen ist besonders Swing angesagt, ein kleiner, lauter Protest gegen das braune Establishment. Wenn man es denn so sehen will. Die Orchesterleiterin schafft es, das Thema Politik aus den Übungsstunden herauszuhalten. Nur einmal kommt Loki tief erschüttert in die elterliche Wohnung. Verwirrt schildert sie ihrem Vater einen Vorfall vom Nachmittag. Adolf Hitler, der »Führer«, stattete Hamburg einen Besuch ab: Zwischen Flughafen und Innenstadt standen Hunderttausende am Straßenrand, um ihm zuzujubeln. Ob von Neugierde getrieben oder wie befohlen, jedenfalls waren auch Loki und ihre Freundinnen dabei. Natürlich in der BDM-Kluft, inklusive brauner Jacke, von den Schülerinnen als »Affenjacke« verspottet. Hermann Glaser quittiert das neue Outfit seiner Tochter mit Grimassen, sagt aber kein Wort. »Und plötzlich, Papi, ging auch mein rechter Arm in die Höhe«, beichtet Loki, »fast automatisch geschah das.« Der Vater zürnt nicht, sondern setzt sich mit Loki an einen Tisch und erläutert ihr das Phänomen einer Massenhysterie. Natürlich unterhält sie sich auch mit Helmut Schmidt und anderen vertrauten Klassenkameraden über dieses einschneidende Erlebnis.

Am 13. März 1937, zehn Tage nach Lokis 18. Geburtstag, machen beide ihr Abitur. Klassenprimus Helmut, den die Mitschüler eher als späteren Musikdirektor, Regisseur oder Stadtplaner denn als künftigen Regierungschef eines wieder demokratischen Landes sehen, glänzt mit bravourösen Noten. Geschichte und Deutsch sehr gut, Religion gut. Im Englischen mündlich und schriftlich ausgezeichnete Leistungen, in Musik ebenso. Physik und Chemie geht so. Überragend fällt auch das Zeugnis im Fach Sport aus – trotz des verbrieften Testats »Helmut ist nur bedingt athletisch«.

Sportabzeichen und DLRG-Schein sind problemlos bewältigt worden, zudem sei Helmut mit Spaß und Leidenschaft bei der Sache gewesen. Der Turnlehrer Ernst Schöning, zu dem Helmut auch nach dem Krieg Kontakt hält, erwähnt besonders Fairness und Mut seines Schützlings. Das sehen die Mitschüler rückblickend ebenso. Und Biolehrer Helmut Hein gibt Jahre später zu Protokoll: »Helmut Schmidt war redegewandt und höflich, ohne devot zu werden. Er sagte immer geradeheraus, was er meinte, und konnte ebenso gut einstecken, wie er austeilte.«

Loki und Helmut haben ihr Abi gebaut, »gehen jedoch nicht miteinander«, wie die Freunde zu sagen pflegen. Der Überfall der deutschen Wehrmacht auf Polen steht vor der Tür; bis zum Weltkrieg sind es nur noch gut zwei Jahre. Das Deutsche Reich rüstet militärisch auf – und moralisch ab. Es passt ins Bild, dass der Jahrgang Glaser und Schmidt der letzte an dieser Schule ist. Unmittelbar danach bereiten die Nazis dem »roten Spuk« ein Ende und schließen die Lichtwarkschule.

ERST HERZHÜPFEN,
DANN TRAGÖDIEN

*Helmut Schmidt möchte nach Indonesien aus-
wandern, doch der Kriegsbeginn durchkreuzt
sämtliche Pläne. Das Deutsche Reich geht im
Bombenhagel und in Flammen unter. Die Hochzeit inmitten der Wirren weckt privates Glück.
Dann erlebt das junge Ehepaar eine Tragödie:
Baby Moritzelchen stirbt, während Helmut an
der Front kämpft.*

Als Oberleutnant der Luftwaffe mit Sohn Helmut Walter
(verstarb als Baby), 1944.

Wollt ihr den totalen Krieg?« Wer kann beim Ausbruch des Zweiten Weltkriegs schon ahnen, dass Helmut Schmidt noch mehr als sieben Jahrzehnte zu (er)leben hat – die meisten davon glücklich. Denn nach dem Überfall auf Polen am 1. September 1939 bricht nach und nach alles zusammen. Auch im wahrsten Sinn des Wortes. Adolf Hitler braucht frische Soldaten für seine Kriegspläne, und so hat auch Helmut Schmidt sein Abitur schon nach zwölf Jahren in der Tasche, ein Jahr früher als gedacht.

Wir schreiben das Jahr 1937, Deutschland eilt dem Untergang entgegen. Mit Gewalt. Auch in Hamburg wird Hatz auf Juden gemacht; bis zu den Massentransporten in Konzentrationslager ist es nicht mehr weit. Weder Loki noch Helmut ahnen in dieser Zeit, welche grausamen Erlebnisse auf sie zukommen werden. Ihre zerstörte Heimatstadt, ausgebombte Elternhäuser und der frühe Tod ihres Erstgeborenen sind nur einige Stichworte.

Aus dem Schüler »Schmiddel« ist der erwachsene Helmut Schmidt geworden. Der Mann ist 18 Jahre alt und strotzt vor Kraft. Daher bereitet ihm der Reichsarbeitsdienst keine Probleme. Der Barmbeker kommt dort zum Einsatz, wo er genau ein Vierteljahrhundert später seine Macherqualitäten so richtig beweisen und eine beeindruckende Politkarriere starten wird: an der Dove Elbe, südöstlich der Hamburger Innenstadt. Der jetzt erwachsene Mann hilft beim Deichbau. Nahe jener Stelle, an der Anfang 1962 die Dämme brechen werden.

Wenig später wird er nach Bremen-Vegesack versetzt, einen maritim geprägten, nördlichen Bezirk der benachbarten Hansestadt. Im Rahmen seiner zweijährigen aktiven Wehrpflicht an der Weser wird er einer Flakkompanie zugeteilt, die Bremen verteidigen soll. Noch sind die Zeiten relativ ruhig, die Soldaten haben in ihrer Freizeit Muße, die schönen Seiten des Lebens zu genießen. Wenn auch fünf Groschen Sold pro Tag keine größeren Unternehmungen zulassen. »Reicht kaum für Zahnpasta und Rasiercreme«, murrt Kanonier Schmidt.

So kommt es dem jungen Flugabwehrsoldaten ganz gelegen, dass vor den Toren Bremens, in Fischerhude, ein Freund seines Lieblingsonkels Heinz Koch wohnt. Beide pflegten, wie anfangs erwähnt, eine intensive Seelenverwandtschaft. Dieser Freund heißt den Hamburger Jung mit offenen Armen willkommen. Durch ihn kommt Helmut Schmidt in Kreise, die ihn faszinieren. Fischerhude und Worpswede, beides schnuckelige Dörfer am Rande des Teufelsmoors, sind Künstlerkolonien mit einem ganz speziellen Geist. Was der Gast aus Hamburg rasch registriert: Ungeniert werden der Nationalsozialismus und die braunen Regenten kritisiert. Der Besucher wundert sich und spitzt die Ohren. So gerät er auch in Kontakt zu Malern wie Otto Modersohn oder Clara Rilke-Westhoff, der Witwe des Lyrikers Rainer Maria Rilke. Einige ihrer Werke bleiben jetzt, nach Helmut Schmidts Tod, im Museum am Neubergerweg in Langenhorn erhalten. Wer hätte das damals gedacht.

Es ist eine dörfliche Welt im Moor, die Helmut Schmidt behagt. Er genießt den Umgang mit Freidenkern und kritischen Geistern, die offenen Meinungsaustausch und Toleranz hoch schätzen. Ein bisschen weht der liberale, von künstlerischem Sinn getragene Wind, den er auf der Lichtwarkschule in Winterhude so mochte. In dieser Zeit liest Schmidt neben der klassischen deutschen Literatur auch Werke von Marx, Engels, Tolstoi oder Dostojewski. Mit der für ihn typischen Chuzpe und Intelligenz glückt es dem jungen Gefreiten, zwei ihm unangenehme Attacken abzuwehren.

Zum einen drängt ihn sein Kommandant, die Karriere eines Berufsoffiziers einzuschlagen. Mit Verweis auf sein im Anschluss an die Wehrpflicht geplantes Studium mit dem Berufswunsch Architekt kommt er aus der Nummer elegant heraus. Diese Begründung zieht ebenfalls, als Post der alles dominierenden Partei eintrifft: Die Funktionäre mit dem Hakenkreuz wünschen, dass der frühere Scharführer in Eimsbüttel und Kameradschaftsführer der Marine-HJ Mitglied der NSDAP wird.

Die Antwort, erst die Berufsausbildung beenden zu wollen, wird akzeptiert und ad acta gelegt.

Glück gehabt. Gegen Ende seines Wehrdienstes dient Helmut Schmidt im Flakregiment 28 und stellt sich auf das zivile Leben ein. Studieren, danach Architekt oder Stadtplaner zu werden wäre der eine Weg. Zügig Geld verdienen und Deutschland vorübergehend den Rücken zu kehren der andere. Denn dem jungen Hanseaten dämmert immer intensiver, dass die Nazis sein Land ins Unglück führen. Mit einem von Vater Gustav spendierten, blau karierten Jackett und einer Portion Mut im Herzen stellt er sich im Personalbüro der Deutschen Shell vor. Im Auftrag des Mineralölkonzerns, so das Ziel, könnte er nach Holländisch-Indien reisen, dem heutigen Indonesien. Helmut Schmidt verspürt den Lockruf der großen, weiten Welt.

Doch Adolf Hitler durchkreuzt diese Pläne. »Seit 5.45 Uhr wird jetzt zurückgeschossen«, erschallt des Führers brüllende Stimme durch das Dampfradio in der elterlichen Wohnung in der Schellingstraße 9 in Eilbek. Die Wehrmacht, der Schmidt just enteilt zu sein schien, überfällt Polen.

Der Zweite Weltkrieg beginnt. Mit der Konsequenz, dass die Träume vom Ölbohren in Fernost wie eine Seifenblase platzen: Er wird keineswegs aus dem Militärdienst entlassen, sondern zum Wachtmeister der Reserve ernannt. Gut, dass er in diesem Moment nicht ahnt, dass die Soldatenzeit letztlich mehr als sechs Jahre währen wird.

Wenige Monate später, also 1940, wird der jetzt 21-Jährige zum Leutnant befördert und zum Oberkommando der Luftwaffe nach Berlin dirigiert. Dort sitzt der Hamburger auf einer Amtsstube und kümmert sich um die Ausfertigung von Schießvorschriften. Fraglos nicht der spannendste Job, jedoch zumindest ein ungefährlicher. Denn an der Front sterben Soldaten.

Zu Loki Glaser besteht seit dem Abitur drei Jahre zuvor weitgehend Funkstille, man hört nur gelegentlich voneinander. Zumal die Schulfreundin, mit der 1935 im Stadtpark die ersten zarten Küsse ausgetauscht wurden, im Rahmen des NS-Arbeitsdienstes für sechs Monate nach Hagenow in Mecklenburg abkommandiert wird. Dort unterstützen 40 Frauen die Landwirte auf dem Feld und in der Scheune. Tagessold für diese patriotische Aufgabe: 50 Pfennig. 1938 beginnt die junge Frau ihr Pädagogikstudium und verbringt gerade ein Landschulpraktikum im Örtchen Hambergen bei Bremen, übrigens nicht weit von Helmuts früherem Wehrmachtsstandort Vegesack sowie den Künstlerkolonien Fischerhude und Worpswede entfernt, als ihr der Dorfpastor am 1. September 1939 die Hiobsbotschaft überbringt: »Der Krieg ist da!«

Innerlich aufgewühlt und zutiefst besorgt, schwingt sich Loki auf ein Fahrrad, um die Eltern in Hamburg-Horn zu besuchen. Mehr als 100 Kilometer sind das. In der kleinen Wohnung im Osten der Hansestadt erlebt sie Gertrud und Hermann Glaser in aufgeregtem Zustand. Dunkle Wolken hängen über Deutschland. Was wird die Zukunft bringen? Unruhige Zeiten stehen bevor, das ist jedem klar.

Der Familienrat beschließt einvernehmlich, dass die älteste Tochter so rasch wie möglich einen Beruf ergreifen und Geld verdienen soll. Hannelore wird so weit wie möglich von häuslichen Pflichten in der sechsköpfigen Familie befreit und klotzt noch mehr als sonst schon ran. Bis zu 48 Stunden in der Woche widmet sie sich den Studien und schafft das kleine Wunder: Schon Mitte 1940, also nach gut zwei Jahren Hochschule, besteht Hannelore Glaser die zweite Lehrerprüfung für Volks- und Realschule. Nicht nur Mutter und Vater sind stolz auf diese Turboleistung. Die Erfolgsserie hält an; denn prompt erhält sie eine Lehrerstelle am Bauerberg 44 in Horn unweit des Elternhauses.

Am 2. Mai 1940 wird ihr eine vierte Klasse anvertraut. Erneut macht die junge Lehrkraft weit mehr, als sie muss: Auch an den freien Nachmittagen hält sich die bis in die Haarspitzen ihres dunklen Bubikopfs motivierte Pädagogin auf dem Schulhof auf, verwaltet den Schlüssel für die Kammer mit der Sportausrüstung und betreut die Kinder. Loki hat ihren Traumberuf gefunden und geht darin auf. Alle Schüler kommen übrigens aus einer Neubausiedlung in Horn. Die Familien mussten das zum Abriss stehende Gängeviertel in der Innenstadt verlassen.

Zurück nach Hamburg 1940. Einmal alle vier Wochen radelt Loki in die Hamburger Innenstadt, um sich in der Schulbehörde in der Dammtorstraße den Monatslohn in bar abzuholen. 126,14 Reichsmark werden der 21-jährigen Pädagogin ausgezahlt. Hundert davon gibt sie regelmäßig daheim ab. Die Familie braucht das Geld dringend. Freude kommt dennoch nicht auf: Bereits im Sommer und Frühherbst 1940 werden die ersten Bomben über Hamburg abgeworfen. Plötzlich tobt der Weltkrieg nicht mehr nur weit weg an der Front, sondern ist ganz nahe, teuflisch nahe.

Um die Kinder ihrer Schule vor den Angriffen zu schützen, reist Loki Glaser mit 23 Mädchen zwischen neun und 15 Jahren zur Kinderlandverschickung nach Oberfranken. Bisweilen jedoch fehlen auch der Ersatzmutter die Worte. Fünfmal muss sie in der Kulmbacher Zeit Mädchen die erschütternde Nachricht überbringen, dass eines der Elternteile Kriegsopfer wurde und tot ist – im Kampf an der Front oder bei den Bombenangriffen auf Hamburg. Solche psychischen Belastungen und ein so aufopferungsvoller Einsatz quasi rund um die Uhr verlangen ihren Tribut: Im Spätsommer 1941 kollabiert die noch junge Lehrerin mehrfach. Und das mit 22 Jahren! Sie erhält zwei Wochen Sonderurlaub und kehrt im November zurück nach Hamburg.

Dass ihr Seelenleben bei allem Stress und Kummer dennoch über einen Anker verfügt, liegt an sechs Buchstaben, die in ihrem Herzen groß geschrieben werden: HELMUT! Denn ein Jahr zuvor hat sich eine Begebenheit vollkommenen Glücks ereignet, das dem Leben zweier Menschen Halt und innere Stabilität verleiht.

Es ist der 17. August 1940, ein herrlicher Sommertag, der in Lokis und Helmuts Dasein eine entscheidende Rolle spielt. An diesem heißen Sonnabend reist die Lehrerin nach Berlin, um ihren alten Schulfreund »Schmiddel« zu besuchen. Beide sind 21 Jahre alt. Trotz der erwähnten längeren Funkstille hielten sie immer ein bisschen Kontakt. So hatte Loki ihrer zeitweiligen Jugendliebe zwar während dessen Wehrpflicht in Bremen-Vegesack einen Besuch abgestattet, doch blieben dem Paar damals nur drei Stunden. »Tschüs!« hieß es zum Abschied. »Viel Glück!« Das war's.

Erst einmal. Nun jedoch, an diesem 17. August, knapp ein Jahr nach Kriegsbeginn, ist alles ganz anders. Helmut hat Loki einen Brief gesandt, den die Eltern nachschickten. Darin steht sinngemäß: Lebe und arbeite jetzt in Berlin, komm doch mal auf eine Urlaubswoche vorbei. Geschrieben, getan. Auf in die Hauptstadt, auf ins Glück! Die beiden begrüßen sich, nicht mehr, und fahren nach Sanssouci.

In der Nähe des Schlosses bittet Helmut seinen Gast darum, kurz auf dem Trottoir zu warten. Er wolle ihr ein Zimmer besorgen für die Zeit des einwöchigen Besuchs, meint Helmut lediglich und verschwindet im Büro einer Wohnungsvermittlungsagentur. Ein paar Minuten später kommt er frech grinsend heraus und gibt allerbester Dinge einen Satz von sich, dessen Tragweite Loki in diesem Augenblick gar nicht begreift: »Weißt du eigentlich schon, dass wir verheiratet sind?« Lokis entgeistertem Blick folgt die Erklärung: »Ohne diese Behauptung hätte ich das Zimmer nicht gekriegt.« Offensichtlich wurde ungern an alleinstehende junge Damen vermietet.

Ob aus finanziellen oder moralischen Gründen sei dahingestellt. Man kommt sich also näher. Entscheidend näher. Die beiden verbringen eine traumhaft schöne Woche in der Hauptstadt des Deutschen Reichs. Die alte Vertrautheit ist plötzlich wieder da. So wie einst im Stadtpark zu Hamburg schlagen zwei Herzen im Einklang.

Stundenlang bummeln sie Unter den Linden, flanieren über den Kurfürstendamm, landen am Nollendorfplatz. Und dort, auf einer Bank unter den Bahngleisen, passiert es: Loki Glaser und Helmut Schmidt geben sich das Eheversprechen.

Es ist so etwas wie eine inoffizielle Verlobung. Wer die Offensive ergriffen hat, daran erinnert sich im Nachhinein keiner mehr. Es ist ja auch unwichtig. Das beiderseitige Versprechen: Sobald wie möglich wollen sie vor den Traualtar treten. Wie dieses Gelübde in die Tat umgesetzt werden soll, ist dem Paar ein Rätsel. Denn eine Zukunft ist während eines Weltkrieges natürlich kein Stück zu planen. So ist dieser Moment bei aller Romantik auch ein Augenblick zwiespältiger, bittersüßer Gefühlsschwankungen.

Denn als sie sich am 24. August trennen, weiß nur der liebe Gott, ob sie sich jemals wieder in die Arme schließen können. Helmut Schmidt, das ist Kriegsschicksal, wird im folgenden Jahr nach Beginn des Russlandfeldzugs an die Ostfront versetzt. Der Truppenbefehl: Meldung bei der Luftwaffen-Flak, die vor Leningrad stationiert ist und die 1. Panzerdivision unterstützen soll. Als der Zug mit Leutnant Schmidt an Bord Berlin Richtung Russland verlässt, steht Loki Glaser schluchzend am Bahnhof und winkt hinterher. »Lieber Gott, lass es ein Wiedersehen geben!«, fleht eine innerlich, die nicht getauft ist und eigentlich auch gar nicht an den Herrn im Himmel glaubt. Es soll an dieser Stelle nicht verschwiegen werden, dass Helmut Schmidt nicht zwangsweise an die Front versetzt wird.

Des Dienstes als »Amtshengst« im Luftwaffenbüro überdrüssig, fühlt sich der Barmbeker zum kämpferischen Einsatz für das deutsche Vaterland verpflichtet. Mehrfach hat er sich bei allen möglichen Stellen um dieses Himmelfahrtskommando bemüht, jetzt ist es so weit. Wahrscheinlich kann einen solchen lebensgefährlichen Wunsch nur begreifen, wer diese Epoche miterlebt hat.

Trotz inneren Widerwillens gegen das immer mehr gehasste NS-Regime und des erwarteten Untergangs des Deutschen Reichs fühlt sich Helmut Schmidt zum Waffeneinsatz für sein

Vaterland verpflichtet. Das versicherte er auch noch kurz vor seinem Tode immer wieder glaubhaft – ganz loslassen konnten ihn die Gedanken an diese Zeit niemals.

Viele junge Männer in dieser Zeit empfanden so. Eine ausführliche Auseinandersetzung mit diesem Widerspruch führt an dieser Stelle zu weit – zumal es wohl keine einfache Antwort gibt. Sehr substanziell beschäftigt sich der ehemalige »Spiegel«-Politikchef Hans-Joachim Noack mit diesem Thema. Seine anlässlich Helmut Schmidts 90. Geburtstag im Jahr 2008 im Rowohlt-Verlag erschienene Biografie ist eine fesselnde Lektüre. Sie verzichtet auf simple Erklärungsversuche, sondern skizziert die Situation eines 21-jährigen Menschen während der Hitlerzeit.

In Russland nimmt das Drama seinen Lauf. Die deutschen Soldaten, und mit ihnen Helmut Schmidt, stecken vor Leningrad im Schlamm. Der aus dem Führerhauptquartier befohlene Marsch auf Moskau friert bei minus 35 Grad ein. Es herrschen unvorstellbar grauenhafte Zustände. In diesem Moment des sich bereits androhenden Zusammenbruchs meint es das Schicksal gut mit Helmut Schmidt: Im Januar 1942 wird der junge Offizier zurück in die Hauptstadt beordert. In einer Amtsstube an der Knesebeckstraße muss er wieder Bürokram verrichten. Welch ungeheures Glück! Jetzt ist Zeit, privat entscheidende Weichen zu stellen.

Mit präzisen Vorstellungen fährt Schmidt über Ostern nach Hamburg. Beider Eltern reagieren positiv auf seinen Heiratsantrag. »Schön, ich habe damit gerechnet«, frohlockt Mutter Ludovica. Vater Gustav sagt nicht viel, wie immer. Sodann hält Helmut Schmidt bei Lokis Eltern in Horn um die Hand ihrer Tochter an. Während Gertrud Glaser wissend grinst, befindet Gatte Hermann zufrieden lächelnd: »Helmut, du kennst sie ja lange genug; du weißt also, was du kriegst.«

Stimmt! Auf der Verlobungsannonce, typisch Loki, prangt eine stilisierte Blume. Zur Feier des Tages schenkt Helmut seiner

Braut in spe einen Wollmantel, das erste gekaufte Kleidungsstück ihres Lebens. Bis dahin trug sie immer nur gebrauchte oder selbst geschneiderte Sachen. Mithin ein in jeder Beziehung wärmendes Gefühl. Welches sich bei der standesamtlichen Eheschließung auf der Uhlenhorst Ende Juni 1942 noch steigert. Als Trauzeugen sind die frühere Klassenkameradin Ursel Humke sowie der langjährige Freund Kurt Philipp zur Stelle. Für die kirchliche Trauung am 1. Juli in Hambergen bei Bremen hat sich Loki extra taufen lassen. Ob aus Gründen der Romantik oder als symbolischer Protest gegen das religionsfeindliche NS-Regime, wird auch später nicht ganz klar.

Jedenfalls erscheint Frau Schmidt in einem selbst genähten rosafarbenen Kleid mit Kragen sowie einem Schleier. Die Knöpfe ihres Kleides hat Loki selbst bezogen – auch im Detail sollte alles stimmen an diesem wunderschönen Tag. Sie trägt einen passenden Haarkranz – und einen Strauß langstieliger roter Rosen in der rechten Hand. Der Bräutigam posiert, ernst und stolz blickend, die Hände verschränkt, in Luftwaffenuniform für das offizielle Foto. Daran ist die »Affenschaukel« zu sehen, die Oberleutnantskordel.

Die wunderschöne, typisch norddeutsche Kirche von 1753, die 2008 renoviert und mit komplett neuen Fernstern versehen wurde, steht heute schöner da denn je. »In eines dieser Fenster wurde ein Zitat von Willy Brandt eingraviert«, weiß der Hambergener Pastor Heino Hüncken nach Lokis Tod zu berichten: »Nichts kommt von selbst, und nur weniges ist von Dauer.« Während des SPD-Wahlkampfes 1983 kam Helmut Schmidt in dem schmucken Dorf vorbei, in dem Loki im Sommer 1939 beim Kirchenorganisten gewohnt hatte.

Als treue Seele übernahm sie auch die Schirmherrschaft für das 230. Kirchenjubiläum. Und was Loki und Helmut Schmidt niemals an die große Glocke hängten, gab Pastor Hüncken preis: Beide überwiesen anlässlich ihrer goldenen und später diamantenen Hochzeit großzügige Spenden. Der Bund fürs Leben vom 1. Juli 1942 ist akkurat im Kirchenbuch verzeichnet. Die Trauung an diesem Mittwoch vollzieht Pastor Rudolf Flügge. Der Geistliche bleibt dem Brautpaar auch anschließend freundschaftlich verbunden.

Dass es die Fotos von früher als historische Dokumente von erstklassiger Qualität überhaupt gibt, ist Hertha Gerken zu verdanken, einer ehemaligen Schülerin Lokis, deren Vater in der Kriegszeit in Hambergen ein kleines Fotogeschäft betreibt. Herr Gerken nahm auch die Bilder auf, die Loki als Junglehrerin während ihres Landschulpraktikums mit ihren Schülern zeigten. Eines davon ist auf der Titelseite von Loki Schmidts Buch »Mein Leben für die Schule« zu sehen.

Wieder in Hamburg, beziehen die Doppelverdiener eine geräumige Wohnung an der Gluckstraße in Barmbek, Helmuts vertrautem Geburtsstadtteil. Zum ursprünglichen Elternhaus an der Richardstraße ist es nur ein Katzensprung. Er arbeitet jedoch weiter im Ministerium in Berlin. Vor der Station Gluckstraße hatten beide in Eilbek »auf Zimmer« gewohnt, wie es damals heißt. Und zwar in der Fichtestraße, in einem Eckhaus zur Wandsbeker Chaussee hin. Sehr klein, auch nicht mein, erst recht nicht fein – aber besser als gar nichts.

Das junge Glück indes währt nur kurze Zeit: Am Horizont ziehen dunkle Wolken auf. Im wahrsten Sinn des Wortes. Während eines Aufenthalts in einem Landheim an der Ostsee im Juli 1943 traut Loki Schmidt ihren Augen kaum. »Im morgendlichen, blutroten Sonnenlicht ist ein merkwürdiger Dunst zu erkennen«, schreibt sie Jahre danach. Im selben Moment dämmert die fürchterliche Erkenntnis: Hamburg brennt! Und so ist es. Die Alliierten haben die »Operation Gomorrha« gestartet und bombardieren Hamburg flächendeckend. Zwischen dem 25. Juli und dem 3. August 1943 attackieren britische und amerikanische Bomber auch die Zivilbevölkerung.

Hitler-Deutschland soll der Todesstoß versetzt werden. Getreu der Schilderung im 1. Buch Mose in der Bibel: »Der Herr ließ Schwefel und Feuer regnen auf Sodom und Gomorrha und vernichtete die Stadt und die ganze Gegend und alle Einwohner.« Die Freie und Hansestadt Hamburg versinkt in einem Inferno. Das Grauen kennt keine Beschreibung, und jeder, der dabei ist, wird diese Zeit nie im Leben vergessen können. Helmut Schmidt fährt mit dem Fahrrad durch das, was von seiner geliebten Heimatstadt übrig geblieben ist.

»Überall liegen Leichen auf dem brennenden Asphalt«, schreibt er später. Auch wenn sich diese Eindrücke wie Kerben in der Seele einmeißeln, bleibt ihm keine Zeit für Entsetzen und Trauer. Als Loki sich bei ihrem Vater nach diesen Tagen des Bombenhagels und Feuersturms erkundigt, gibt Hermann Glaser eine Antwort, die seine Tochter ewig in Erinnerung bleibt: »Ich weiß nicht, was schlimmer war, die von den Luftminen Getroffenen, die dasaßen, als ob sie noch lebendig wären, oder die im heißen Asphalt hängen gebliebenen Erstickten.« Dann fährt er fort: »Und nun frag mich bitte nicht weiter ...« Zu schlimm waren diese Erlebnisse.

Die schlechte Nachricht für Loki und Helmut Schmidt: Sämtliche Häuser, in denen Familienmitglieder wohnen, sind dem Erdboden gleichgemacht. Ge- und betroffen sind die Elternhäuser Glaser und Schmidt in Horn beziehungsweise Eilbek, das Quartier seines Bruders Wolfgang und dessen Lebensgefährtin Gesine, aber auch die neue Wohnung des Brautpaares an der Gluckstraße. Alles zerstört, eine Tragödie. Die gute Kunde bei allem Elend: Alle sind noch am Leben. Wieder ein Wunder!

Während die Familie in der winzigen Wochenendhütte der Glasers in Neugraben Unterschlupf findet, muss Helmut Schmidt zurück in seine Dienststelle nach Berlin. Besser geschrieben bei Berlin; denn wegen der Angriffe und Zerstörungen wird seine Stabseinheit in den nördlichen Vorort Bernau verlagert. Zuerst kommt das junge Ehepaar bei einer entfernten Verwandten Lokis in der Hauptstadt unter, dann bei einem befreundeten Hauptmann, letztlich in Baracken ohne Strom und Wasser, die einst für polnische Erntehelfer errichtet wurden. Frischwasser muss mit einem Blecheimer im Hof gepumpt und natürlich nach dem Waschen oder Kochen wieder hinabgeschleppt werden. An diesem unwirtlichen, jedoch halbwegs abgeschirmten Ort, auf ein paar Quadratmetern, in primitivsten Verhältnissen, ergibt sich eine rührende Situation, die vielleicht nur in solchen wirren Zeiten möglich ist.

Die Schmidts besuchen nicht nur regelmäßig Konzert- und Liederabende bei befreundeten Offiziersfamilien, sondern bringen auch selbst Musik in den tristen Alltag. Irgendwo auf dem brandenburgischen Lande leihen sie sich für fünf Reichsmark ein Klavier. Mit vereinten Kräften und tätiger Mithilfe der Nachbarn wird das gute Stück in den zweiten Stock der Notunterkunft gehievt. Nach Feierabend oder am Wochenende lebt der Oberleutnant aus Hamburg seine künstlerische Ader aus. Bach im Kriegsjahr 1943 in der Walachei bei Bernau, unfassbar.

Diese Klavierstücke sind Labsal nicht nur für Menschen: Auch die Gänse im Hof fühlen sich von der Musik angezogen, schnattern beglückt – und watscheln die Treppe hoch zur Kemenate der Schmidts. Dort stehen sie vor der Tür und wollen näher kommen. Nicht nur Tierfreundin Loki ist begeistert, auch Helmut macht sich einen Spaß aus diesem Phänomen. Und wenn die Nachbarn das Federvieh ins Treppenhaus drängen sehen, spitzen sie die Ohren: Oben spielt Helmut Schmidt virtuos auf.

Doch können auch diese melodiösen Zwischentöne nur kurzzeitig Ablenkung schaffen: Das Deutsche Reich versinkt im Chaos. Ausgerechnet in dieser Ära des Untergangs erwächst neues Leben: Am 26. Juni 1944, fast auf den Tag genau zwei Jahre nach der standesamtlichen Hochzeit, bringt Loki Schmid einen Sohn zur Welt. Helmut Walter Moritz ist da! Helmut eilt aus der Amtsstube der Luftwaffe herbei, ist ganz aufgeregt und

Helmut Schmidt (Vierter von rechts) ein Jahr vor Ausbruch
des Zweiten Weltkriegs als Rekrut in Bremen-Vegesack.

Loki Schmidt als junge Lehrerin in den 40er-Jahren
des vergangenen Jahrhunderts.

Am 27. Juni 1942 heiratete das junge Paar standesamtlich in Hamburg.

In Hambergen bei Bremen erhält das Ehepaar Schmidt
den kirchlichen Segen.

überreicht Mutter Loki einen Strauß duftend weißer Pfingstrosen. Auch diesen Geruch wird die Hamburgerin zeitlebens nicht vergessen. Der Kosename des kleinen Schmidt: Moritzelchen.

Knapp einen Monat später scheitert das Attentat auf Hitler. In Nürnberg inszeniert das zum Tode verurteilte NS-Regime einen perversen Schauprozess. Helmut Schmidt und andere Offiziere werden nach Franken beordert, um dem gnadenlosen Unrecht beizuwohnen. Was ihm während seiner Kanzlerschaft von politischen Gegnern vorgeworfen wird, ist allerdings nicht die freiwillige Reise eines überzeugten Nationalsozialisten, sondern ein Abschreckungsmanöver der militärischen Führung.

»Sie sind ja ein schäbiger Lump!«, brüllt Roland Freisler, der Präsident des Volksgerichtshofes. Nach dem ersten Tag ist Oberleutnant Schmidt von der unwürdigen Posse derart angewidert, dass er den für die Flakwaffen verantwortlichen Generalleutnant von Rantzau bittet, vorzeitig nach Bernau zurückkehren zu dürfen. Ob er dem Vorgesetzten seinen ehrlichen Grund nennt oder seinen Neugeborenen ins Feld führt, ist offen. Jedenfalls wird dem Gesuch stattgegeben. Unabhängig von dieser verfrühten Heimreise braut sich Unheil über Helmut Schmidt zusammen.

Offensichtlich hat er bei einem der Offiziersabende zu freimütig über seine Ressentiments dem Hitlersystem gegenüber geplaudert und zu offenherzig über Hermann Göring gelästert. Irgendwelche Ohrenzeugen denunzieren den Hamburger mit dem losen Mundwerk, der sich fast um Kopf und Kragen redet. Konsequenz: Gegen ihn wird ein Ermittlungsverfahren wegen Wehrkraftzersetzung inszeniert. Was in diesen Monaten vor Kriegsende in der Regel ohne viel Federlesen mit Erschießen oder Tod durch den Strang geahndet wird.

Zwei offensichtlich wohlmeinende Oberste des Generalstabs nehmen den jungen Offizier aus der Schusslinie und verschleppen die Untersuchung, indem sie Helmut Schmidt an die

Westfront schicken. Er soll die Ardennen-Offensive unterstützen. Wie befohlen macht er sich auf den Weg. Wir schreiben fast schon Weihnachten 1944.

Es ist, wie im ersten Kapitel beschrieben, nicht die erste Aufmüpfigkeit des kecken Hanseaten. Schon als Scharführer in Eimsbüttel ist er im braunen System angeeckt, sodass er wegen Renitenz aus der Hitlerjugend ausgeschlossen wird. In aufsässiger Sturm- und Drangzeit tünchte er aus Wut einen Spruch an die Wand des Versammlungssaals, der aus einem nationalem Lied stammt: »Freiheit ist das Feuer, ist der helle Schein, solang sie noch lodert, ist die Welt nicht klein.« Diese Zeilen stammen aus der Feder des Dichters Hans Baumann, eines Mannes, der selbst in der NSDAP war, sich sogar um die Mitgliedschaft in der SS bemühte – und nach Kriegsende Karriere machte. So weit, so schlecht.

Derweil nimmt das Unheil in der Bernauer Baracke, in der Loki Schmidt mit dem kleinen Helmut Walter Moritz haust, seinen traurigen Lauf. Das Baby erkrankt an Hirnhautentzündung, hat hohes Fieber, wird von Krämpfen geschüttelt. Natürlich gibt es in diesen Wochen des totalen Zusammenbruchs kaum medizinische Versorgung für die Zivilbevölkerung.

Es ist wie in einem Albtraum: Hilflos sitzt Loki Schmidt in der unbeheizten Kemenate auf dem Lande, wischt ihrem kleinen Moritzelchen Schweiß von der Stirn, streichelt den armen Wurm – und sieht ihm voller Verzweiflung beim Sterben zu. Am 19. Februar 1945, einem eiskalten Wintertag wenige Wochen vor der bedingungslosen Kapitulation, haucht das Kind sein Leben aus, auf den Tag acht Monate nach der Geburt. Die entsetzte Mutter ist zu entkräftet, um noch weinen zu können. Und Ehemann Helmut ist an der Front. Lebt zumindest er noch?

Ganz allein auf sich gestellt, glückt es Loki irgendwie, einen Vertrauten in der Umgebung zu informieren. Es ist der Arzt Dr. Arnold, mit dessen Familie sich die Schmidts zuvor in Bernau bei Musikabenden trafen und anfreundeten. Ende Februar 1945 leisten die Arnolds ihren Beitrag wahrhaftiger Nächstenliebe: Dr. Arnold braust trotz Kriegswirren und extremen Glatteises in das Dorf, in dem Loki mit dem toten Kind sitzt. Er findet eine am Boden zerstörte, restlos übernächtigte Frau vor. In einem Luftschutzkeller findet sie Unterschlupf, ein wenig Nahrung und heißen Tee. Mit Dr. Arnolds Unterstützung treibt Loki Schmidt einen kleinen, weißen Sarg für das tote Baby auf.

Noch Jahre später erscheint ihr in Träumen die dann folgende Szenerie: Auf einem Leiterwagen wird der weiße Sarg zum Dorffriedhof nach Schönow bei Bernau gebracht. Auf beiden Seiten der Allee stehen Pappeln, die ersten Knospen glänzen in der Februarsonne. Es sind Momente, die die Seele auch nachträglich frösteln lassen.

Für derartige Gefühlsregungen indes ist keine Zeit. Die Sowjets rücken auf Berlin vor, nachts hört Loki die Panzer vor Bernau. Allerhöchste Zeit zur Flucht. Mit einem Beutel voller Habseligkeiten fährt sie mit dem Zug von Berlin nach Hamburg. Drei Tage dauert diese Strapaze, immer wieder unterbrochen von Fliegeralarm und anderen Stopps. Spätabends trifft sie in der Hansestadt ein und erwischt noch eine Eisenbahn Richtung Cuxhaven. Mitten in der Nacht erreicht sie Neugraben und läuft in der Dunkelheit zur Hütte, in der ihre Eltern und Geschwister untergekommen sind. Unerklärliches Phänomen: In der kleinen Behausung hat Mutter Gertrud ein Talglicht entzündet. »Warum?«, will Vater Hermann wissen. Die Antwort: »Weil Hannelore kommt, ich spüre es.« Überglücklich schließen die Eltern ihre älteste Tochter in die Arme.

Doch dies Gefühl hält nur einen Moment. Lebt der kleine Bruder Christoph noch? Geht es Helmut gut? Beide sind an der Front, in das buchstäblich letzte Gefecht verwickelt. Sage und hiermit schreibe 13 Feldpostbriefe mit der Hiobsbotschaft von Moritzelchens Tod schickt Loki ihrem Ehemann, doch erst der letzte erreicht ihn. Wo auch immer. Helmut entrinnt dem Tod, erhält von einem verständnisvollen Vorgesetzten Urlaub auf Ehrenwort, marschiert ostwärts gen Heimat. In einem Waldstück bei Soltau wird er von zwei britischen Soldaten entdeckt und festgenommen. Es ist der 24. April 1945. Schmidt wird in das britische Lager 2226 in Belgien gebracht. Gefangen, aber gerettet.

Und dann folgt der 31. August 1945. Zwar liegt Hamburg nach wie vor in Schutt und Asche, doch schöpfen die Menschen wieder Hoffnung. Das grausame Kapitel Nationalsozialismus ist, zumindest was die Regierungsmacht betrifft, ad acta gelegt, und im ganz Kleinen blüht das Leben wieder. Die meisten hungern, doch jeder, der kann, packt irgendwo irgendwie an. In den lokalen Zeitungen, die wieder erscheinen, ist von 22 Hungertoten allein in diesem Sommermonat die Rede. Im gleichen Zeitraum werden in der Hansestadt 15 Morde und rund 11.000 Diebstähle und Einbruchsdelikte registriert. Niemand weiß, was die Zukunft bringt.

Schlechter jedenfalls als in den Feuer- und Bombennächten kann es nicht werden. Das garantiert die britische Besatzungsmacht, die 1200 Kalorien pro Kopf verordnet. Zu wenig zum satten Leben, zu viel zum Sterben. In der Behausung der Familie Glaser in Neugraben, mehr Gartenlaube als Wohnung, leben mehrere Menschen unter erbarmungswürdigen Zuständen auf wenigen Quadratmetern ohne Strom und Wasser. Den anderen in der Nachbarschaft ergeht es nicht besser. Einer unterstützt den anderen, so gut es geht. Zwar geht's meist schlecht, mangels Masse, doch werden Nächstenliebe und anpackende Hilfsbereitschaft großgeschrieben in den Wochen politischer Befreiung und wirtschaftlicher Armut.

Ob Lokis jüngerer Bruder Christoph irgendwo in einem Massengrab liegt oder das relative Glück hat, wie Hunderttausende andere deutsche Soldaten in einem Gefangenenlager gelandet zu sein, weiß die Familie nicht. Dagegen hat Loki

Schmidt mit einem Stoßseufzer zur Kenntnis genommen, dass Ehemann Helmut am Leben ist. Auf Irrwegen hat sie ein gefalteter Notizzettel erreicht, auf dem mit schwacher Schrift die erlösende Botschaft gekrickelt ist: »Gefangen genommen, aber ich lebe. Helmut.«

Wie seinerzeit üblich, ist kein Raum für Egoismus, einer reicht dem anderen die Hand, und so gelangt der Schmierzettel auf Umwegen ans Ziel Neugraben. Am Ende der Reise wird er von einem Lkw geworfen, ein guter Mensch liest ihn von der Straße auf, gibt ihn weiter. Mehr Informationen indes hat die jetzt 26 Jahre alte Ehefrau nicht.

So weiß sie nicht, dass Helmut seines Glückes Schmied ist und sich quasi mit eigener Kraft aus dem belgischen Gefangenenlager in Jabbeke, etwa 15 Kilometer vor Ostende errichtet, befreien kann. Es ist eine Befreiung mit Köpfchen – und mit »Schnauze«. Denn unter Billigung und Aufsicht der Alliierten haben die internierten Soldaten so etwas wie eine »Lager-Universität« gegründet. Bei karger Kost, meist nur trocken Brot und dünne Kohlsuppe, sollen zumindest in Ansätzen demokratisches Verständnis und Bildung gefördert werden. Dazu zählen Vorträge in den eigenen Reihen. Drei ausgewählte Offiziere, unter ihnen der Hamburger Helmut Schmidt, halten Referate vor den Kameraden.

Aufgabe des rhetorisch versierten Norddeutschen ist es, Eindrücke seines Besuchs beim Schauprozess gegen die Hitlerattentäter Ende 1944 in Nürnberg zu schildern. Bei seiner Rede beschreibt Schmidt den Volksgerichtshofspräsidenten als Hetzer und widerwärtigen Mann. In etwa fügt er hinzu, dass er diesen am liebsten umgebracht hätte. Ob diese Äußerungen, von britischen Gewährsleuten der Lagerkommandantur gesteckt, zur überraschenden Wende beitragen?

Denn wenig später, am 29. August 1945, werden nur drei der Internierten in die Freiheit entlassen, unter ihnen Helmut Schmidt. Der Rest muss in ein französisches Bergwerk und wird erst zwei Jahre darauf freigelassen. Helmut Schmidt hat die grausamste Zeit seines Lebens hinter sich. Als ihn die Wochenzeitung »Die Zeit« Jahrzehnte später auf dieses Thema ansprach, entgegnete Schmidt: »Die dramatischste Szene, die ich je erlebt habe, war gegen Ende des Krieges. Ich war inzwischen Oberleutnant und Batteriechef. Wir waren im Rückzug aus der Ardennen-Offensive begriffen. Wenn wir ein Flugzeug abgeschossen hatten, mussten wir sofort raus aus unserer Stellung, weil sie dann von der amerikanischen Artillerie in Schutt und Asche gelegt wurde. Ich hatte schon ein paar Soldaten verloren, da kriegte einer eine Artilleriegranate ab, die ihm im Unterleib explodierte. Der Mann schrie schrecklich, und die Sanitäter, die wir hatten, trauten sich nicht an ihn heran. Ich war der Vorgesetzte, also habe ich das gemacht. Ich habe den Mann verbunden, und wir haben ihn noch bis zum Hauptverbandsplatz geschafft, aber da ist er dann am selben Tag noch gestorben.«

Mit einem Militärtransporter wird der Hamburger zum Entlassungslager nach Bad Segeberg nördlich seiner Heimatstadt gebracht. Für ihn ist der Zweite Weltkrieg vorbei. An der Seite seines Lieblingsonkels Heinz Koch, den er zufällig trifft, macht er sich auf den Weg an die Elbe. Es ist ein anstrengender, jedoch von enormer Zuversicht geprägter Fußmarsch.

Am 31. August erreicht er Neugraben. Es ist ein Freitag. Loki ist gerade in der Wohnung mit Hausarbeit beschäftigt, als sie ihren Ohren nicht traut. Von draußen hört sie einen Pfiff, einen höchst vertrauten Pfiff, den Familienpfiff: ditt-ditt-ditt-dütt-dütt-dütt. Ihm liegt ein volkstümliches Trinklied zugrunde, das in verschiedenen Varianten existiert und auch im Karneval geschmettert wird: »Ich möcht' mein Schnäpschen haben, ist das nicht fei-fei-fein, nur der Branntwein, nur der Schnaps.«

Gepfiffen wurde die Melodie in guten, alten Zeiten. Lokis Herz macht den vielleicht größten Hüpfer ihres Lebens, aufgeregt eilt sie vor die Tür. Barfuß, so wie sie ist. Dort steht

Helmut leibhaftig, unter Birken, die beiderseits des Weges vor der Bude stehen, nur Haut und Knochen, indes vergnügt. Was beide in diesem Augenblick empfunden haben, werden sie später immer wieder gefragt. Unisono lehnen sie die Antwort ab.

In einem Interview im hohen Alter, etwa drei Jahre vor seinem Tod, gibt Helmut Schmidt an, lediglich zweimal in seinem Leben so richtig heftig geweint zu haben. Es wäre eine Überraschung, wenn dieser letzte Augusttag nicht dazugehörte.

Andere Details dieses von enormen Gefühlswallungen gekennzeichneten Wiedersehens dagegen sind bekannt. Viel später, seelisch wieder in Balance, amüsiert sich Loki immer noch über das Aussehen ihres Gatten. Er trägt eine Hose (»ein Mittelding zwischen Badehose und Shorts«) aus festem, grünem Tarnstoff, mit grauer Strumpfwolle im Lager selbst zusammengenäht. Statt eines Reißverschlusses vorn, den es natürlich nicht gibt, wird das Kleidungsstück mit einem großen Knopf notdürftig zusammengehalten.

»Zum Schießen« wird sie eines Tages schreiben. Über Hose und Hemd trägt der Heimkehrer einen abgetragenen Militärmantel aus Leder, in dem Schusslöcher zu erkennen sind. Dieses Teil wird Helmut Schmidt auch zu einem weiteren markanten Zeitpunkt tragen: während der Sturmflut knapp 17 Jahre später. Anschließend hat der Mantel ausgedient.

Abertausende Hamburger sind ohne feste Bleibe. »Viele kamen in Blechbaracken unter«, erinnert sich Loki Schmidt an die direkte Nachkriegsepoche. »Drinnen für mehrere Personen nur ein einziger Propangasherd, mit Glück ein Wasserhahn, am Boden Strohsäcke als Matratzen. Das Klo befindet sich vor der Tür.« Zwei, drei Familien leben auf diese Weise in einer Behausung. Ein unsägliches Gedränge ist die Folge. Um den Menschen zumindest ein wenig Intimität zu bescheren, werden Wolldecken, soweit vorhanden, mit Wäscheklammern an Seilen aufgehängt. Als Raumteiler.

Da die elterliche Hütte nun wirklich zu eng geworden ist, nimmt Loki Kontakt zu einem bekannten Ehepaar auf, das ein Zimmer zu vermieten hat. Kurz darauf ziehen Loki und Helmut Schmidt in die Rhenania-Siedlung, ebenfalls in Neugraben. Dieses schlichte Bauprojekt ist zwischen 1936 und 1938 am Falkenbergsweg in der Fischbeker Heide errichtet worden. Im Groß-Hamburg-Gesetz werden auch Neugraben und Fischbek der Hansestadt zugeordnet.

1943 errichtet die Baubehörde auf dem Areal Baracken und Betonfertighäuser für Ausgebombte. Diese Angaben sind der Chronik des lokalen Schützenvereins entnommen, der in rührender Kleinarbeit einige Details der Vergangenheit rekonstruierte. Der Raum des Ehepaars Schmidt bei Lokis Bekannten ist nur wenige Quadratmeter groß, doch verfügt er über vier stabile Wände und eine Tür zum Abschließen. Ungeheurer Luxus also.

Zusammen mit Hermann Glaser zimmert Helmut ein Bettgestell aus alten Brettern. Irgendwo werden Tücher aufgetrieben, vernäht, mit Stroh gefüllt. Lokis Eltern spendieren einen Kochtopf sowie einen Teller. Das war's. Der »Umzug« kann vollzogen werden. Erstmals nach der während der »Operation Gomorrha« zerstörten Wohnung in der Gluckstraße zu Barmbek haben die Schmidts wieder ein eigenes Zuhause. Das Glück ist kaum zu fassen.

NEUSTART UND
AUFBRUCH INS GLÜCK

Während Helmut rasant Karriere macht, bringt Loki Tochter Susanne zur Welt – zwei Jahre nach dem bitteren Tod des Erstgeborenen. Dennoch zieht es den jungen Vater in die Ferne: In den USA lockt Onkel August mit einem lukrativen Job.

Helmut und Loki Schmidt mit Susanne auf dem Balkon der Wohnung Corinthstraße, April 1948.

Die winzige Behausung in der Rhenania-Stiftung ist für heutige Verhältnisse unfassbar schlicht, für Loki und Helmut Schmidt indes ein Luxus erster Klasse, auf den beide auch gegen Ende ihres Lebens immer wieder zu sprechen kamen. Mit diesem simplen Refugium als Basis können weitere Unternehmungen angepackt werden. Zwar herrscht nach wie vor Chaos in Deutschland, im gleichen Atemzug aber erwachsen neue Hoffnung und Lebensmut.

Da es weder Bargeld noch andere Wertgegenstände als Tauschobjekte für den in der Hansestadt immer turbulenteren Schwarzmarkt gibt, wird improvisiert. Auch Helmut ist aktiv, wenn es an den Bahngleisen in der Nähe die jetzt zum Winter 1945/46 so heiß begehrten Kohlen abzustauben gibt. Wenn der Rohstoff von den Waggons »fällt«. Und bei langsamen Passagen in Kurven hilft bisweilen ein beherzter Sprung.

Not macht erfinderisch. Und nichts ist wichtiger als Brennstoff, um nicht noch erbärmlicher frieren zu müssen als ohnehin schon.

Zwangsweise ist demnach neben dem Kohlenklau die kreative Beschaffung von Holz Gebot notleidender Stunde. Auch wenn berittene Polizei ebendies verhindern soll, schlagen die Menschen des Nachts im Hamburger Umland zu. Natürlich auch bei Neugraben. Keine Frage, dass Loki und Helmut mitmachen.

Gelegentlich kommen auch Freunde oder Bekannte aus der Stadt, um mit Axt oder Säge, von einem Haushalt zum nächsten ausgeborgt, bei Dunkelheit in Aktion zu treten. Da zu später Stunde keine Rückkehrmöglichkeit besteht, haben die Schmidts nicht selten Übernachtungsgäste. Dann rückt man auf dem selbst gebauten Bett eben enger zusammen. So findet sich auch Helmut manchmal auf der Besucherritze wieder. Das gehört dazu, darüber wird nicht lamentiert.

Schließlich ist alle Energie vonnöten, um auf die Beine zu kommen. Auch beruflich. Da seit dem Bombenhagel im Sommer 1943 alle Hamburger Schulen entweder zerstört oder geschlossen waren, arbeitete Loki in dem ehemaligen Waisenhaus Landhaus Freude in den Schwarzen Bergen bei Harburg, in dem nun Kriegswaisen und Flüchtlingskinder untergebracht waren. Loki war die einzige Lehrerin, und es gab kaum Unterrichtsmaterial. Eine nervlich belastende Aufgabe, die die Pädagogin aber mit großem Herzen und Einfühlungsvermögen absolviert. Auch während der Zeit der Entnazifizierung, die letztlich keine Probleme bereitet, lässt sie sich nicht unterkriegen und arbeitet für bescheidenen Lohn als Putzfrau und Näherin.

Am Heiligen Abend 1945 erleidet Loki Schmidt eine Fehlgeburt, nach Moritzelchens Tod in Bernau ein weiteres nur schwer zu verarbeitendes Erlebnis. An Schicksalsschläge gewöhnt und mit außerordentlicher Bodenhaftung gesegnet, verdaut sie das Problem auf ihre Art. Leider bleibt es nicht die letzte Fehlgeburt ihres Lebens. Auf dem Gepäckträger sitzend, wird sie von der jüngeren Schwester in ein Hilfskrankenhaus nach Eddelsen gefahren. Die Strapaze dauert eine Dreiviertelstunde. Loki wird in einem großen Raum mit 24 Betten untergebracht. Zum Abendessen gibt es Graupensuppe mit Aprikosen.

Nach vier Tagen ist sie halbwegs wieder auf den Beinen. »Junge Frau, Sie haben einen Wunsch frei«, sagt der betreuende Arzt vor der Entlassung. Und was nennt Loki? Eine Tasse starken Kaffee und eine Zigarette, bitte schön! Dem wird entsprochen.

Von neuem Lebensmut beseelt, erhält sie Ostern 1946 eine Stelle als Lehrerin in Fischbek, in einem Gebäude von 1880. Sie betreut eine zweite Klasse, die sieben- und achtjährigen Kinder sind allesamt ausgemergelt. Als enorme Hilfe erweist sich die von den USA finanzierte Schulspeisung. Regelmäßig werden große grüne Tonnen mit warmer Suppe angeliefert. Da es praktisch keine Schulmaterialien gibt, ist Improvisationskunst gefragt. So werden dreieckige Papiertüten, wie man sie vom Kaufmann kennt, aufgeschnitten und als Schreibunterlagen verwendet.

Alles kein Problem. Ein Segen für das Ehepaar Schmidt, dass Loki nun Geld verdient. Helmut kann dies, von ein paar Nebenjobs abgesehen, nicht von sich behaupten. Nach dem Abitur und gut acht Jahren als Soldat muss er beruflich neu durchstarten. Der alte Traum, Architekt und Stadtplaner zu werden, ist nach wie vor präsent. Da aber diese Studienfächer derzeit in Hamburg nicht angeboten werden, bliebe nur Hannover als Ausweichort.

Da allein die Fahrerei viel zu aufwendig und teuer wäre, entschließt er sich zu einem »Brotstudium«: Hauptsache, zügig zu absolvieren und mit guten Aussichten auf eine Anstellung danach. Ohne dass groß darüber diskutiert wird, ist somit klar, dass Loki für lange Zeit Alleinverdienerin ist und ihren Ehemann ernähren muss. Bevor viele Jahre später in Wohlstandsdeutschland über die aktive Frau im Beruf debattiert wird, setzen die Schmidts diese Form der Beziehung in die Tat um.

Vor Helmuts Studium allerdings steht die Immatrikulation, kein leichtes Unterfangen in einer Zeit, in der viele junge Menschen studieren wollen, die Hochschulen indes noch dürftig ausgestattet sind. Als einer unter 2000 von insgesamt 12.000 Bewerbern erhält Helmut Schmidt den Zuschlag.

Unter der Leitung des Direktors Emil Wolff, eines renommierten Anglisten, bietet eine Reihe angesehener Professoren Vorlesungen und Kurse an. Schmidt schreibt sich in den Fachbereichen Volkswirtschaftslehre und Staatswissenschaften ein. Dort lernt er, aber erst im dritten Semester, den späteren Wirtschafts- und Finanzminister Karl Schiller kennen.

In einem Park vor dem Uni-Hauptgebäude an der Edmund-Siemers-Allee trifft er seinen späteren Freund Karl-Wilhelm »Willi« Berkhan. Dieser wird später nicht nur Wehrbeauftragter des Bundestags und parlamentarischer Staatssekretär unter Verteidigungsminister Helmut Schmidt, sondern auch Nachbar der Schmidts am Brahmsee sein. Immer häufiger wird sich der nunmehr begründete Kreis in seinem weiteren Leben schließen.

Von Ehrgeiz und Wissensdurst beflügelt, büffelt der Studiosus in diesem Wintersemester 1945/46 intensiv. Parallel ergeben sich in den Seminaren und auch in der Mensa immer wieder heftige Diskussionen über die politische Weichenstellung in Deutschland. Viele der Studenten hängen nach wie vor stark nationalen Idealen nach, und gewiss nicht jeder hat sich innerlich vom Thema Nationalsozialismus verabschiedet. Langjährige Indoktrination lässt sich eben nicht ohne Weiteres ausradieren. Helmut Schmidt will mehr, er will die Chance des Neuaufbaus nutzen.

Bei diesen Debatten im Kommilitonenkreis kann er sich ereifern, entdeckt jedoch auch sein Geschick, andere zu überzeugen und argumentativ auf seine Seite zu ziehen. Schlüsselerlebnis ist am 11. August 1946 eine Wahlkampfrede des in der Nazizeit erst nach Österreich, Frankreich, China und anschließend in die USA emigrierten und nach der Kapitulation heimgekehrten Max Brauers in Planten un Blomen.

Altonas Oberbürgermeister während der Weimarer Republik, ein Sozialdemokrat mit Herz, Seele und Verstand, hält eine flammende Ansprache, die Menge ist wie elektrisiert. 80.000 Hamburger skandieren wie aus einem Munde: »Max, bleib hier!« Denn noch ist Brauer, übrigens Sohn eines Glasbläsers aus »Mottenburg« (Ottensen), amerikanischer Staatsbürger. Helmut Schmidt stimmt lauthals ein. Männer dieses Formats, so schießt es ihm durch den Kopf, können Hamburg und Deutschland nach vorn bringen. Er entschließt sich, der Sozialdemokratischen Partei Deutschlands beizutreten.

Parallel tut sich familiär Entscheidendes: Im Mai 1947, drei Jahre nach dem Tod des Erstgeborenen Helmut Walter Moritz im fernen Bernau bei Berlin und einer Fehlgeburt in der Nachkriegszeit, kommt mit Susanne ein gesundes Kind zur Welt. Endlich! Loki ist jetzt quasi rund um die Uhr im Einsatz. Sie umsorgt ihr Töchterchen liebevoll und organisiert als Lehrerin zudem den Unterhalt der nunmehr dreiköpfigen Familie

Schmidt. Da alles schwer unter einen Hut zu bringen ist, muss die Jungmutter improvisieren.

Klaglos und anpackend erledigt sie dies, wie immer. Morgens füllt sie heiße Milch in ein Fläschchen und packt dieses in eine Windel. Zwölf davon hat sie auf Bezugsschein erhalten. Hunger müssen die Schmidts nicht leiden, auch wenn das Leben bescheiden verläuft. Helmut bessert die klamme Haushaltskasse auf, indem er für Vorträge kleines Honorar kassiert und Firmen beim Ausfüllen ihrer Steuerunterlagen hilft.

1949 ist ein ereignisreiches Jahr. Am 23. Mai tritt das Grundgesetz der Bundesrepublik Deutschland in Kraft. Helmut hat sein Examen in der Tasche, und Loki erhält eine Stelle an der Schule Othmarscher Kirchenweg im Westen Hamburgs, die posthum in Loki-Schmidt-Schule umbenannt wird.

Inzwischen haben die Schmidts Neugraben verlassen und eine kleine Wohnung an der damaligen Lindenallee 22 nahe der Elbchaussee bezogen. Für beide liegt das neue Zuhause günstig, sie sparen eine Menge Fahrtzeit. Erstmals gehört eine eigene Küche dazu.

Abends sitzt Loki im Wohnzimmer und näht Kleider für Susanne. Sie ahnt nicht, dass die Kleine das einzige Kind bleiben wird; denn fünf Fehlgeburten folgen. Irgendwann erforscht eine Gynäkologin die Ursache: Loki leidet an Toxoplasmose, einer tückischen Infektionskrankheit.

Die Familie weiß die Geborgenheit und den gewissen Komfort der neuen Wohnung zu schätzen. Noch indes ist gar nicht klar, ob die Schmidts in ihrer Heimatstadt bleiben können. Weil sich Helmuts Jobsuche nicht einfach gestaltet. Erfolglos spricht er in der Redaktion des »Hamburger Echo« vor, einer während der Weimarer Republik gegründeten, sozialdemokratisch geprägten Zeitung. Sie veröffentlichte zuvor einige Artikel Helmut Schmidts, doch wird sein Gesuch abgelehnt. Ob ein bestimmter Redakteur des Blattes, der in Dresden geborene frühere Kommunist Herbert Wehner, an dieser Entscheidung beteiligt ist, bleibt unklar. Helmut Schmidt ist schon jetzt ein Politiker mit Ecken und Kanten, der offen seine Meinung sagt und auch forsche Thesen von sich gibt. Dass der von den Genossen später »Onkel« gerufene Wehner noch eine wichtige Rolle in seinem Leben spielen wird, ahnt Schmidt natürlich nicht. Beide lernen sich erst später schätzen.

Da Herr Schmidt jedoch schon jetzt über ein hilfreiches Netzwerk verfügt, klappt es mit der Festanstellung: Noch 1949 wird Helmut Schmidt zunächst zum Referenten, anschließend zum Leiter der wirtschaftspolitischen Abteilung in der Behörde für Wirtschaft und Verkehr ernannt. Oberster Chef ist Senator Karl Schiller, Helmuts früherer Professor für Nationalökonomie.

Die Zeit als Schillers persönlicher Referent bringt Helmut Schmidt entscheidend voran. Er lernt eine Menge. Nicht nur die Verwaltung und die Politik betreffend, sondern auch rein menschlich. »Karlchen« Schiller, 1911 in Breslau geboren, gilt als einer der vortrefflichsten Volkswirte in der entstehenden Bundesrepublik, wird aber hinter den Kulissen als unberechenbar, eitel und persönlich schwierig beschrieben. Der SPD gehört er seit 1946 an. Und nur ein Jahr nach seiner Berufung als Professor an die Universität Hamburg wird er zum Senator für Wirtschaft und Verkehr ernannt. Da er nicht nur volkswirtschaftlich, sondern auch politisch denkt, hat er das Talent des jungen Helmut Schmidt rasch erkannt.

Dieser tritt mit 30 Jahren in den Staatsdienst ein – und hat Höheres im Sinn. Drei Jahre später hievt ihn Karl Schiller vom Abteilungsleiter an die Spitze des Hamburger Verkehrsamtes. Das gleichfalls noch junge Hamburger Abendblatt beschreibt am 26. Februar 1952 auf Seite drei die Karriere des blitzgescheiten, aufstrebenden Volkswirts mit einer Meldung.

Das »Hamburger Echo«, bei dem Schmidt vergebens wegen eines Jobs angefragt hatte, sieht ihn nun sogar menschlich. »In Vortrag und Diskussion hat es Schmidt verstanden, das Kernproblem einer Sache herauszuschälen und nüchtern von allen Seiten

Startklar. Helmut Schmidt als junger Bundestagsabgeordneter
1958 auf dem SPD-Parteitag in Stuttgart.

Oberleutnant Helmut Schmidt (r.) bei einer Reserveübung der Bundeswehr
1958 in Rendsburg. Im Bundestag brachte ihm dieser Einsatz Verdruss.

Schon 1962 ließ Jungpolitiker Helmut Schmidt nichts anbrennen.
Bei einem Besuch des MAN-Werks in München posiert der Autonarr
in einem alten Feuerwehrwagen.

zu beleuchten«, lobt die Zeitung in ihrer Ausgabe vom 3. September 1953. Der Mann verfüge über »ausgezeichnetes Fachwissen«. Zu seinem Aufgabengebiet zählten die Organisation des Bahnbetriebs und des Luftverkehrs. So habe es sich Schmidt zum Ziel gesetzt, den Sitz der Lufthansa in die Hansestadt zu legen und die Autobahn nach Hannover voranzutreiben.

Er spricht sich vehement gegen eine Beförderungssteuer für Straßenbahnen aus. Außerdem will er besondere Führerscheine für Anfänger und spezielle Schilder für deren Autos einführen. Später geht es um eine Entscheidung von hanseatischer Bedeutung. Soll auf den Hamburger Kfz-Kennzeichen eine »2« oder das heute bekannte »HH« eingestanzt werden? Die »2« wäre ebenfalls für Bremen sowie Teile Schleswig-Holsteins und Niedersachsens gültig gewesen. Keine Frage, wofür sich Helmut Schmidt einsetzte.

Nur er selbst, so meint das »Hamburger Echo« damals, nehme es mit der Verkehrssicherheit nicht so ganz genau: »Helmut Schmidt fährt seit kurzer Zeit mit einer Nuckelpinne herum, bei der die Mitfahrer immer befürchten, dass sie auseinanderfällt.« Und ganz zum Schluss im Text gibt es einen weiteren Hinweis auf sein Privatleben: »Er ist seit elf Jahren mit einer Hamburger Lehrerin verheiratet.« Dass diese, nämlich Hannelore alias Loki, eines Tages eine der bekanntesten Deutschen sein wird und 2010 mit einem Staatsbegräbnis geehrt wird, können noch nicht einmal Wahrsager erahnen.

Helmut selbst arbeitet wie ein Weltmeister. Auch daran soll sich zukünftig wenig ändern – bis zu seinem Tod. Sein Büro befindet sich in den Großen Bleichen, vis-à-vis dem damaligen Ohnsorg-Theater, das heutzutage am Heidi-Kabel-Platz direkt am Hauptbahnhof zu Hause ist. Schmidt pflegt nur ungern mit dem Paternoster in seine Amtsstube zu fahren. »Ich hatte Angst, dort irgendwann auf dem Kopf zu stehen«, erinnert er sich später. Auch wenn der Mann weiter hoch erhobenen

Hauptes durch Hamburg geht, ist der Verbleib in der Hansestadt immer noch nicht sicher.

Am Schreibtisch über Akten zu sitzen ist nicht recht nach dem Geschmack einer Persönlichkeit, die es immer schon hinaus in die weite Welt zog. Und nachdem 1939 die Bewerbung bei der Deutschen Shell mit Aussicht auf Indonesien wegen des Kriegsausbruchs nicht realisiert werden konnte, ergibt sich 1950 eine weitere, überraschende Option. Im Auftrag des Senats und der Wirtschaftsbehörde fliegt Abteilungsleiter Schmidt in die USA.

Auftrag: Bei einer Messe in Hamburgs heutiger Partnerstadt Chicago Werbung für den Hamburger Hafen zu machen. Da ohnehin schon vor Ort, stattet er seinen Verwandten in Duluth in Minnesota einen Besuch ab. Onkel August hat es in der Neuen Welt zu einem gemachten Mann gebracht und rät seinem Neffen, diesem Beispiel zu folgen. Er könne, so das Angebot, auf der Stelle einen erstklassigen Job in seiner Eisengießerei übernehmen. Ein Besuch des florierenden Unternehmens und ein Blick auf seinen wohlhabenden, höchst zufriedenen Onkel wirken verführerisch.

Wieder daheim in Othmarschen wägt er gemeinsam mit Loki das Für und Wider eines Landeswechsels ab. Loki ist skeptisch, der von einer Portion Abenteuerlust und Wagemut inspirierte Helmut hin- und hergerissen. Begeistert berichtet er seiner Ehefrau von Einzelheiten. In Onkel Augusts Betrieb wirkten etwa ein Dutzend Mitarbeiter – und jeder hatte ein eigenes Auto auf dem Hof stehen. Für einen Mann aus dem im Vergleich armen Hamburg ist dies eine hochgradige Verführung. Doch mit Rücksicht auf die nunmehr dreijährige Susanne und Lokis krisensichere Stellung als Lehrerin wird der Auswanderungsplan letztlich verworfen.

An dieser Stelle sei einer von zwei Einschüben gestattet. Einer, weil so herzerfrischend amüsant, bezieht sich auf die tollen Autos in Minnesota. Offensichtlich hat Helmut Schmidt in jungen Jahren ein Faible für solchen Luxus – kein Wunder nach den Entbehrungen zuvor. Einige Jahre später gönnt er sich in der Tat Außerordentliches, eine Ausnahme in seinem Leben. Da Loki nur 250 Mark im Monat verdient und er nicht sehr viel mehr, beantragt Helmut Schmidt einen Bankkredit über die seinerzeit immense Summe von 5000 Mark. Von diesem Geld leistet er sich einen gebrauchten Mercedes 170 Diesel. Unter dem Strich bewilligt wird das Darlehen von Karl Klasen, dem späteren Präsidenten der Bundesbank. Im Moment der Kreditbewilligung ist Klasen Vorstandsmitglied der Norddeutschen Bank. Die Herren sollten sich wiedersehen.

Einschub zwei betrifft die immer stärker einsetzende Auseinandersetzung mit dem Nationalsozialismus. Beide Schmidts stellen sich offenherzig dieser Debatte und streiten engagiert wider jene in Lehrerkollegium, Universität und Behörden, die den Einfluss der vergangenen Epoche nicht ganz abschütteln können oder wollen. Während Helmut seinen jüdischen Großvater und die damit verbundene Urkundenfälschung noch drei Jahrzehnte für sich behalten wird, berichtet Loki befreundeten Kollegen vom erstaunlichen Mut ihrer Familie in gefährlichen NS-Tagen. Gertrud und Hermann Glaser hatten auf dem Boden ihrer Horner Wohnung ein Versteck für jüdische Flüchtlinge eingerichtet. Zwischen Bücherregal, in dem die Titelseiten verbotener Literatur wohlweislich abgerissen waren, und Hauswand verbarg sich ein etwa 80 Zentimeter breites Matratzenlager.

Des Nachts kam manchmal jemand aus dem entfernten Bekanntenkreis und verschwand bei Morgengrauen wieder lautlos. Loki wusste von mehreren solcher Fälle zu berichten. Mit ihrem Schwiegervater Gustav Schmidt konnte sie lange nicht über diese Geschehnisse sprechen – und auch nicht über dessen leiblichen Erzeuger, den erwähnten jüdischen Bankier Gumpel. Erst mit 89 Jahren beendete Helmuts Vater sein Schweigen Loki gegenüber und erzählte von früher. Den dabei getrunkenen, wohl die Zunge lockernden Orangenlikör Cointreau bezeichneten beide fortan als »Opa-Schnaps«.

Helmut Schmidt tourt 1953 mit einem VW Käfer durch seine Heimatstadt. Das gute Stück ist gebraucht, stammt noch aus der Vorkriegszeit und schnurrt wie eine Nähmaschine. Die erfolgreiche Bundestagskandidatur im Jahr 1953 lässt vergangenen Frust vergessen. Denn eigentlich wollte Helmut Schmidt gar nicht in die Politik gehen. Vielmehr ist ein einflussreicher, gut dotierter Job in der Wirtschaft sein Ziel. Da kommt es gelegen, dass der Vorstandsvorsitzende der Hamburger Hafen- und Lagerhausgesellschaft die Talente des forschen Schmidt erkannt hat und ihn mit Kräften protegiert. Der junge Macher hat größtes Interesse, scheitert aber am Aufsichtsrat des Unternehmens. Das maßgebende Wort bei dieser Entscheidung hat kein anderer als Karl Schiller. Auch aus diesem Grunde haben beide zwar viel miteinander zu tun, hegen allerdings keine enge Freundschaft.

Zwischenzeitlich sind die Schmidts von der Elbe in eine etwas größere Wohnung am Schwalbenplatz in Barmbek-Nord gezogen. Dieser liegt zwischen Habicht- und Fuhlsbüttler Straße. 1954 geht die »Tour d'Hambourg« eine Station weiter: Im Zickzackweg 6b, nur ein paar Meter von der Waitzstraße und der S-Bahn entfernt, findet die Familie ein gemütliches Reihenhaus, das sich auf einem Reemtsma-Grundstück befindet. Hier ist hervorragend Platz für das Trio und gelegentliche Gäste. Bis 1961 nisten sich Loki, Helmut und Susanne dort ein, bevor das heutige Heim am Neubergerweg in Langenhorn Endstation häuslicher Sehnsucht sein wird.

Ermöglicht wird der Kauf des Häuschens in Langenhorn durch den Verkauf des Eigentums am Zickzackweg. Dieses war im Wert erheblich gestiegen. Außerdem legt Helmuts Vater noch 10.000 Mark dazu, seinerzeit sehr viel Geld. Vom Zickzackweg hat es der Bundestagsabgeordnete nicht weit zum Bahnhof Altona, Startpunkt der Dienstreisen ins Parlament nach Bonn. Loki unterrichtet derweil weiter ihre Schülerinnen in der Grundschule Othmarscher Kirchenweg. Wer kann in diesem Moment ahnen, dass diese von 2012 an ihren Namen tragen wird.

VORWÄRTS IN DER SPD

Mit der Hand malen Helmut und Genossen ihre
politischen Parolen in Neugraben auf Makulatur-
papier. Anschließend kommt Staatsdiener Schmidt
im Sauseschritt voran: Auf geht's nach Bonn.
Rasch macht der Spitzname »Schmidt Schnauze«
die Runde. Für den Hamburger selbst ist dies mehr
Ritterschlag als Beleidigung.

Helmut Schmidt während der Haushaltsdebatte im Bonner
Bundestag, 19. März 1969.

Der junge Mann mit dem forschen Mundwerk, dem ausgeprägten Selbstbewusstsein und der messerscharfen Intelligenz fällt auf – und kommt an. Schon als Vorsitzender des Sozialistischen Deutschen Studentenbundes 1947 und 1948 brilliert der Hanseat mit Sachverstand und hoher Durchsetzungskraft: In Diskussionen ist ihm argumentativ und rhetorisch kaum jemand gewachsen. Solche Typen braucht die Bundesrepublik.

Basis erster politischer Kärrnerarbeit allerdings ist Neugraben, der Wohnort. Abends knien Loki und Helmut Schmidt mit einigen Genossen in einem kargen Raum in ihrem Bezirk und malen Parolen auf Makulaturpapier. Es sind die ersten Wahlplakate des jungen Deutschlands, an gedruckte Poster ist gar nicht zu denken. Und letztlich ist es das sozialdemokratische Urgestein Walter Waedow, das Helmut Schmidt an die SPD heranführt. Noch kurz vor seinem Tode kann sich Helmut Schmidt an viele Details seiner politischen Sturm- und Drangperiode erinnern – und ganz speziell an seinen Förderer Waedow.

Dieser wurde am 17. Januar 1894 geborener und ist mithin fast ein Vierteljahrhundert älter als Helmut. Waedow ist ein Arbeiter, ein einfacher Mann mit einem guten politischen Gespür und einem aufrechtem Wesen, ein Sozialdemokrat der ersten Stunde. Er gehört der Hamburgischen Bürgerschaft in der ersten Legislaturperiode zwischen 1946 und 1949 an.

Bei dieser ersten freien Wahl zur Hamburgischen Bürgerschaft am 13. Oktober 1946 wird die SPD stärkste Partei und zieht mit 83 Abgeordneten in das 110 Sitze umfassende Parlament ein. Max Brauer wird Erster Bürgermeister. Zwei Jahre später tritt Helmut Schmidts Professor Karl Schiller das Amt als Wirtschaftssenator an.

Schmidt hat Feuer gefangen. In Neugraben wird er zum Sprecher der Arbeitsgemeinschaft der Jungsozialisten innerhalb der SPD gewählt und im Sommersemester 1947 zum

Hamburg-Chef des in dieser Zeit noch zahmen Sozialistischen Deutschen Studentenbundes (SDS) bestimmt. Es folgt der Aufstieg zum Bundesvorsitzenden dieser Organisation. Im Dezember 1947 kommt es in Hannover zum ersten Treffen mit dem charismatischen SPD-Parteivorsitzenden Kurt Schumacher. Eine steile Karriere beginnt.

Helmut Schmidt fährt doppelgleisig. 1948 erstellt er einen Forderungskatalog für eine Reform der Universität, 1949 schafft er seinen Abschluss zum Diplomvolkswirt. Thema der Diplomarbeit: »Die japanische Währungsreform im Vergleich mit der deutschen«. Denn im Juni 1948 wird die D-Mark eingeführt. Deutschland rüstet sich für ein Wirtschaftswunder.

1953 zieht Helmut Schmidt über die Landesliste in den Bundestag ein. Im Wahlkampf setzt er moderne, in Hamburg bis dato unbekannte Werbemittel ein. Der ihm verbundene Regisseur Gyula Trebitsch dreht einen fünfminütigen Film über den Kandidaten, in dem auch Ehefrau Loki und Tochter Susanne (mit einem von der Mutter selbst genähten Blümchenkleid!) eine Rolle spielen. Ein mobiler SPD-Trupp sorgt dafür, dass der Spot bei Dunkelheit an die Wände von U-Bahn-Bögen projiziert wird. Das ist ein echter Hingucker in diesen Wochen.

Im Juli 1953 nominieren die Sozialdemokraten der Hansestadt auf einer Sonderversammlung ihre Bundestagskandidaten. Auf Platz eins wird anfangs Herbert Wehner gewählt, aber auch der Neuling Schmidt schneidet achtbar ab. Für ihn geht es jetzt vorwärts in der SPD. Am 12. Februar 1954, im Alter von 35 Jahren, hält Helmut Schmidt seine Jungfernrede im Bundestag. Wenig später attestiert ihm die »Bild«-Zeitung aus Kennersicht: »Schmidt ist der angriffslustigste Redner im Bundestag.«

Und das Hamburger Abendblatt rechnet am 20. Oktober 1958 genau nach. Wer ist Frau oder Herr Schnellsprecher im Bonner Hause? Die Spitzenposition nimmt, wen wundert's, Verteidigungsminister Franz-Josef Strauß ein, doch folgt der forsche Sozi aus der Hansestadt auf Platz zwei. Letzterer bringt es auf 400 Silben pro Minute. Was viele schon längst hinter vorgehaltener Hand sagen, bringt der »Spiegel« 1960 schriftlich auf den Punkt: Der Spitzname »Schmidt Schnauze« bürgert sich ein und wird salonfähig. Was einstmals als Beleidigung gedacht war, entpuppt sich zusehends und -hörends als Kompliment. Übrigens garantieren insgesamt 19 Stenografen im Parlament für ordnungsgemäße Protokolle. Die Arbeit am leichtesten macht ihnen der Bundeskanzler: Konrad Adenauer redet am langsamsten.

Im Jahr dieser Schnellsprech-Zählung kommt es im Bundestag zu aufregenden Szenen, die von einigen Medien als »Schwarzer Sonnabend« bezeichnet werden. Debattiert wird über das Thema atomare Bewaffnung. Inmitten der Diskussion stürmt der Abgeordnete Helmut Schmidt aus Hamburg das Rednerpult und poltert ins Mikrofon: »Die Regierung bereitet einen atomaren Krieg vor!« Es folgen Tumulte. Heftig lässt der Versammlungsleiter die Glocke erklingen. Die Sitzung muss unterbrochen werden. In diesem Moment erhebt sich der SPD-Fraktionschef Erich Ollenhauer, der auch als Parteichef in Amt und Würden ist. Demonstrativ reicht er Helmut Schmidt die Hand. Das ist wie ein Ritterschlag.

Nicht nur ob dieser Aktion macht die »Frankfurter Allgemeine« ein Kompliment besonderer Güte. »Helmut Schmidt ist einer der bestechendsten und glänzendsten Redner«, meint die Zeitung. Seine vorzüglichen Eigenschaften seien »ein Quäntchen Arroganz«, »kräftiger Witz« sowie sein »hilfsbereiter Humor«. Fast zeitgleich schreibt »Bild« unterm Strich respektvoll über den »zornigen jungen Hamburger«. Auch wenn solche Urteile die Karriere befördern, gibt es Rückschläge. Im November 1958 wird Helmut Schmidt nicht wieder in den Fraktionsvorstand gewählt. Fraktionschef bleibt Erich Ollenhauer; zu seinem Stellvertreter wird Carlo Schmid bestimmt. Beides sind Männer, zu denen der Hamburger aufblickt.

Weitere Momentaufnahmen aus dieser Ära Ende der 50er-Jahre des vergangenen Jahrhunderts spiegeln die Situation der politischen Wucht in der Nachkriegsbundesrepublik trefflich wider.

Der Reihe nach. Am 5. Juni 1958 nimmt Helmut Schmidt in der Hamburger Kunsthalle an einer Podiumsdiskussion teil, die drei Jugendorganisationen in seltener Eintracht veranstalten: Junge Union, Jusos, Jungdemokraten. Neben Schmidt sitzen Wolfgang Mischnick (FDP) und Gerd Bucerius von der CDU. Auch diese Herren werden sich wieder sehen und sprechen. Im Monat darauf bestreitet Helmut Schmidt im öffentlich-rechtlichen Fernsehen, etwas anderes gibt es zu der Zeit auch gar nicht, eine Diskussion mit dem Schwerpunkt »Soldaten-Eid und Gewissenpflicht«. In der Runde geht es um den 20. Juli 1944 und das gescheiterte Attentat gegen Adolf Hitler. Es passt ins Bild, dass Helmut Schmidt als Oberleutnant der Bundeswehr an einer Wehrübung teilnimmt. Freiwillig.

Im Januar 1959 ist Schmidt Redner auf dem zweitägigen »Studentenkongress gegen Atomrüstung« im Westen Berlins. Aus Protest gegen die angebliche Demagogie dort verlässt er die Tagung vorzeitig. 1960 redet er im Winterhuder Fährhaus vor der Landsmannschaft Berlin-Brandenburg. Inhaltliche Aussage dieser Ansprache: »Die Wiedervereinigung ist wichtiger als der Parteienstreit.« Das klingt ganz nach Staatsmann. Soll ja auch noch kommen ...

Längst hat Helmut Schmidt seine Heimat politisch von Neugraben nach Hamburg-Nord verlagert. 13.000 Mitglieder haben die Sozialdemokraten dort, heutzutage unvorstellbar. Der gesamte Landesverband umfasst derzeit erheblich weniger. Zeitzeuge dieser basisdemokratischen Pioniertage ist Peter Schulz, der im Mai 2013 gestorben ist. Zwischen 1971 und 1974 saß er selbst als Erster Bürgermeister im Senatsgehege des Rathauses. Als jüngster übrigens seit anno 1678.

Schulz, dessen Vater Albert von 1945 bis 1949 Oberbürgermeister in Rostock war und mit der Familie im März 1950 in die Bundesrepublik flüchtete, ist Sozi im klassischen Sinn, aber zugleich ein höchst gebildeter Feingeist mit Kultur und Humor. Er studiert in Hamburg Jura und gründet früh eine Anwaltskanzlei. Wie auch Helmut Schmidt ist er im Sozialistischen Deutschen Studentenbund organisiert und dort Bundesgeschäftsführer. Und als Schmidt 1961 Polizeisenator wird, sitzt Peter Schulz in der Bürgerschaft. 1966 rückt der Anwalt als Präses der Justizbehörde in den Senat. Man kennt sich also bestens. Auch privat. Denn Peter Schulz und seine Ehefrau Sonja, eine Ärztin, waren zeitlebens eng befreundet mit Loki und Helmut Schmidt.

Schulz wie Schmidt treten im Nachkriegsjahr 1946 der SPD bei, der eine in Rostock, der andere in Hamburg. Zum ersten Mal treffen sich die beiden 1950, und zwar im SPD-Haus an der Großen Theaterstraße in der Innenstadt. Vor dem Tresen der Anmeldung im Hochparterre steht ein ebenso selbstbewusst wie forsch wirkender junger Mann, der Schulz' Eindruck nach mit besonderer Achtung behandelt wird. Es ist Helmut Schmidt.

Die beiden Mitstreiter sehen sich immer öfter. Beide gehören dem SPD-Kreis Hamburg-Nord an; Helmut Schmidt wird dort rasch Kreisvorsitzender. Um 1952 guckt er seinen Duzfreund Peter als Stellvertreter aus. »Du musst das machen!«, wird diesem kurz und knapp beschieden. »Groß gefragt wurde ich nicht«, erinnerte sich Schulz.

Das erste Kreisbüro befindet sich in einer Baracke in Barmbek, dort werden Plakate anfangs noch selbst gepinselt und kleinere Versammlungen durchgeführt. Später ziehen die Nord-Sozis, denen die Mitglieder quasi zulaufen, in die Fuhlsbüttler Straße 790, in das heute noch bestehende Haus der Gartenfreunde. In der Regel tagen die Genossen im Keller. »Um den Weg auf den Hof nach draußen abzukürzen, bin ich dort meist aus dem Fenster geklettert«, erinnerte sich Helmut Schmidt gegen Ende seines Lebens an in jeder Beziehung aktive Tage.

Er hat eine begeisterte, einsatzfreudige Wahlkampfmannschaft zur Seite, die zwischen Barmbek, Fuhlsbüttel und Eppendorf flächendeckend plakatiert. Unter Schmidts resolutem Kommando werden die Stellschilder nach erfolgreicher Schlacht, denn genau so ist es fast immer, wieder eingesammelt und für kommende Wahlen gelagert.

»Helmut leitete die ersten Wahlkämpfe in Nord wie ein paar Jahre darauf die Flutkatastrophe«, sagte Peter Schulz. Meistens mit enormem Erfolg. Mit einer Ausnahme: 1953 schneidet die SPD zwar als stärkste Partei ab, doch stellen die bürgerlichen und liberalen Abgeordneten im Parlament die Mehrheit. Der gestandene Konservative Kurt Sieveking wird Erster Bürgermeister. Erst knapp ein halbes Jahrhundert später sollen ihm mit seinen Parteifreunden Ole von Beust und kurzzeitig Christoph Ahlhaus die nächsten Christdemokraten im Amt folgen – bevor die SPD unter Olaf Scholz das Kommando mit absoluter Mehrheit übernimmt. Dass die SPD 1953 eine ihrer raren Oppositionszeiten erlebt, liegt auch an dem großen Thema des Wahlkampfes: Schulpolitik.

Aus sozialdemokratischer Sicht indes wird alles besser. Bei der Bürgerschaftswahl am 12. November 1961, also drei Monate vor der Flutkatastrophe, erringt die Partei 57,4 Prozent der Stimmen. 1966 wird sogar die Hamburger Rekordmarke von 59 Prozent erreicht. Davon kann selbst Olaf Scholz nur träumen.

Auch im Kreis Nord ist in dieser Epoche alles fest in roter Hand. Vom Haus der Gartenfreunde an der »Fuhle« aus werden die Aktivitäten gesteuert. Besonders angetan ist Helmut Schmidt von Senator Walter Schmedemann, einem bodenständigen Sozi mit Charisma.

Ein paar Jahre nach ihrem Mann tritt auch Loki Schmidt der SPD bei und wird Genossin. »Im Kreisverband Nord hatten wir damals nur eine Handvoll Mitglieder mit Abitur«, sagte Peter Schulz. Das Gros stammt aus der Arbeiterschaft und beäugt die Akademiker mit einem gewissen Misstrauen.

Peter und Ehefrau Sonja »Sonni« Schulz sind, wie bei »geborenen« Sozialdemokraten damals üblich, nicht Mitglied der Kirche, wollen aber ihre beiden Kinder taufen lassen, um ihnen zukünftig wirkliche Entscheidungsfreiheit zu geben. Motto: Austreten ist leichter als eintreten. Sie finden jedoch keinen Pastor für die Taufe. Helmut Schmidt, auch als Synodalen-Mitglied aktiv, schäumt vor Wut – und wuppt die Angelegenheit auf seine Art. Ein, zwei Telefonate, dann stehen alle innerlich stramm, und schon läuft die Sache. Mit der für beide Familien angenehmen Folge, dass eine fröhliche Taufzeremonie abgehalten werden kann. Mit Loki als Patin der kleinen Schulz-Tochter und Helmut als Paten von Sohn Olaf. »Beide haben dieses Ehrenamt nicht bloß als vorübergehenden Titel begriffen, sondern sich auch anschließend rührend um unsere Kinder gekümmert«, erzählte Schulz.

Gemeinsam mit Ideengeber Helmut Schmidt ist Peter Schulz Gründer der berühmten »Freitagsgesellschaft« am Neubergerweg in Langenhorn. Immer wieder fahren sie auch in Schmidts geliebtes Häuschen am Brahmsee. Doch zu beiden Themen später ausführlich mehr.

Unabhängig von diesen privaten Kontakten schreitet Helmut Schmidts Karriere im Sauseschritt voran. Zwar wird in Hamburg heftig spekuliert, ob der gebürtige Barmbeker Schmidt seinen Parteifreund Paul Nevermann als Bürgermeister im Rathaus beerbt, doch verlässt er seine Heimatstadt letztlich und geht »mit zwei weinenden Augen« nach Bonn. Unter einem Kanzler Willy Brandt wäre er für den Posten des Verteidigungsministers vorgesehen gewesen, doch gewinnt die CDU die Bundestagswahl 1965.

Daheim muss Schmidt eine der wenigen Niederlagen seiner politischen Laufbahn kassieren und scheitert bei dem Versuch, Nevermann den Landesvorsitz der SPD streitig zu machen. Das alles ist längst vergessen, als Willy Brandt die Wahl 1969 für sich entscheidet und Helmut Schmidt auf die Hardthöhe beruft.

Im Nachhinein war es die richtige Entscheidung, acht Jahre zuvor nicht dem Liebeswerben aus Berlin gefolgt zu sein. Ende 1961 sollte Helmut Schmidt Innensenator im Westen der geteilten Stadt werden. Über seinen Senatskanzlei-Chef, den Pastor im Ruhestand Heinrich Albertz, ließ der Regierende Bürgermeister Willy Brandt dem Hamburger ein konkretes Angebot zukommen. Helmut Schmidt lehnte dankend ab, hatte er den Genossen in der Hansestadt doch just versprochen, als Polizeisenator in den Senat zu rücken. Dieser Beschluss war gut für Hamburg, denn so stand Schmidt unmittelbar darauf bereit, die katastrophale Sturmflut zu meistern.

Während Helmut also als Verteidigungsminister international Politik macht und ganz besonders die Beziehungen in die USA intensiviert, bleibt Loki in Langenhorn. Wegen des neuen Hauses am Neubergerweg wechselt sie 1961 von der Schule Othmarscher Kirchenweg an den Eberhofweg in der Langenhorner Nachbarschaft. Bis 1972 unterrichtet sie dort. Tochter Susanne hat das Elternhaus längst verlassen und meidet das öffentliche Leben bewusst.

Ganz im Gegensatz zu ihrem sendungsbewussten und erfolgshungrigen Vater. Und anders als der honorige Hanseat Henning Voscherau, der spätere Bürgermeister. Er selbst war noch Schüler, als er Schmidt zum ersten Mal sah, um 1954 muss das gewesen sein. Helmut Schmidt arbeitete in der Behörde für Wirtschaft und Verkehr in den Großen Bleichen. Da war der Weg zum Thalia-Theater auf der anderen Seite der Binnenalster nicht weit. Dort war Hennings Vater Carl den Hamburgern wohlbekannt, was auch für seinen Onkel Walter im Ohnsorg-Theater galt, Letzterer unter dem Künstlernamen Walter Scherau. Beide hatten als Publikumsmagneten einen formidablen Ruf.

Eines Tages um 1954 saß die Familie Voscherau inklusive Henning auf ihren Sesseln in Reihe 11, erwartungsvoll gestimmt auf das Kommende. Das Licht erlosch, doch kurz

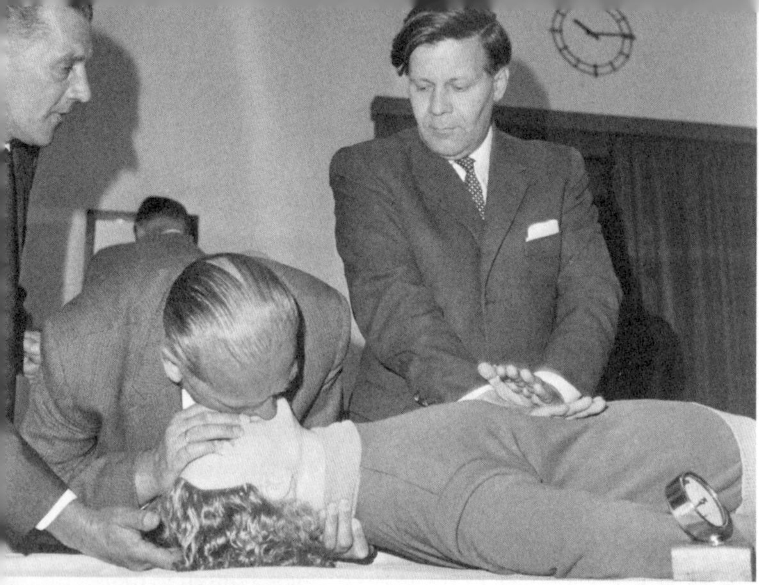

Helmut Schmidt (Innensenator) assistiert bei einer Erste-Hilfe-Übung, 1964.

Sozialdemokraten alter Schule: Henning Voscherau und Helmut Schmidt, 2011.

bevor der Vorhang aufging, wurde ganz vorn rechts die Tür noch einmal geöffnet. Im Halbdunkel des Lichts aus dem Foyer wurde ein Ehepaar hereingelassen; es zwängte sich in die erste Reihe. Sie mit schwarzem Bubikopf, er mit akkuratem tiefschwarzem Scheitel.

Der Mann, so erinnert sich Henning Voscherau rückblickend, wirkte ausgesprochen selbstbewusst und natürlich stolz. »Wer ist das?«, wollte der beeindruckte Henning von seiner Mutter zu wissen. »Das ist Helmut Schmidt mit seiner Frau Hannelore«, entgegnete sie. Und fügte hinzu: »Helmut Schmidt ist einer der SPD-Hoffnungsträger.« Mutter Voscherau sollte absolut recht behalten.

Henning Voscherau trat der SPD erst im August 1966 bei, rund zwei Jahrzehnte nach Helmut Schmidt. Organisiert war er im Kreisverband Wandsbek, und Politiker wollte der junge Mann eigentlich nicht werden. Voscherau erlebte den Wahlkämpfer Schmidt im Bundestagswahlkampf 1969 in dessen Wahlkreis in Jenfeld und Hohenhorst, und zwar nach eigenem Bekunden »aus der Dackelperspektive«.

Helmut Schmidt, der für den Kreis Bergedorf für das Parlament kandidierte, fiel dem kleinen Veranstaltungshelfer Voscherau durch seine schneidigen, rhetorisch geschliffenen Reden, aber auch durch seine »unglaubliche Fähigkeit« auf, die Vornamen aller möglichen Genossen im Kopf abgespeichert zu haben. Speziell im Gedächtnis blieb Voscherau bis heute eine Wahlkampfrede Schmidts im Wahlkampf 1987 an der Seite des Kanzlerkandidaten Johannes Rau – im Dortmunder Westfalenstadion.

»Diese Volksmassen«, weiß Voscherau, »und dann Helmut Schmidt, schon nicht mehr stehend, sondern nur noch im Sessel, der den Kumpeln die Weltwirtschaft erklärt. Das beeindruckt mich immer noch.« Gleichfalls unvergessen ist ihm eine SPD-Wahlkampfveranstaltung 1976 mit dem damaligen Bundeskanzler in Hamburg. Die Schulaula war mit 1000 Besuchern rammelvoll, und vor der Tür standen weitere 1000 Sympathisanten. »Helmut, Helmut!«, rief das SPD-Volk kollektiv – doch der kam nicht. Zuvor hatte das Bundeskriminalamt den Saal »einmal umgedreht«, wegen der latenten Terrorismusgefahr, und vor dem Rednerpult auf der Bühne einen dreiteiligen schusssicheren Schutz errichtet.

Erwartungsvoll und geduldig harrte das Volk drinnen und draußen auf seinen Tribun. Voscherau war Versammlungsleiter und hatte die undankbare Aufgabe, die Menge hin- und bei Laune zu halten. Mit 45 Minuten Verspätung betrat der Kanzler die Aula. Tosender Jubel, auch von draußen, und Schmidt betrat den Mittelgang. Voscherau atmete erleichtert auf, sein Pulver hatte er längst verschossen, und die Bürger wollten ja Schmidt, nicht ihn. Doch dann eilte ein Polizist Schmidt hinterher und flüsterte ihm etwas ins Ohr. Prompt machte der Kanzler kehrt und verließ den Saal wieder.

Was nun? Am Telefon im Hausmeisterbüro wartete Kanadas Premier Pierre Trudeau auf ein Gespräch mit dem deutschen Bundeskanzler. Die Ratlosigkeit der Versammlungsgäste wich dem Stolz: Sie waren dabei, und dafür warteten sie gern. Mit nunmehr einstündiger Verspätung kam der Kanzler dann doch auf die Bühne. »Es ist die siebte Wahlkampfveranstaltung heute«, sagte er erschöpft zu Versammlungsleiter Henning Voscherau. Doch los ging es immer noch nicht, trotz zunehmender Unruhe im Saal.

Erst muss Schmidt gebrieft werden. Wo bin ich? Wann war ich hier zuletzt? Ist eine Fabrik in der Nähe? Wer ist der Betriebsratsvorsitzende? Ist er heute Abend hier? »Er war und ist eben Profi durch und durch«, sagt Voscherau. Nach diesen Informationen habe Helmut Schmidt den Anwesenden die Welt und Deutschlands Rolle darin erklärt und die Menschen 75 Minuten lang quasi von den Sitzen gerissen.

Doch unvermittelt, der Kanzler erreichte just Höchstform, erhob sich Loki schweigend in der ersten Reihe, blickte ihrem Ehemann in die Augen, demonstrativ ihre Armbanduhr schwenkend. »Helmut unterbrach seine Ausführungen mitten im Satz«, erzählt Voscherau lachend, »wies auf seine Frau und erklärte: ›Meine Frau findet, ich rede schon zu lange und soll langsam aufhören.‹ Bis zum Ende jedoch dauerte es noch weitere zehn Minuten.«

Nach eineinhalb Stunden höchster Anspannung und dem siebten Wahlkampftermin dieses Tages fiel er völlig erschöpft in seinen Sitz auf dem Podium und raunte Voscherau zu: »Keine Fragen bitte.« Nichts ging mehr. »Die Veranstaltung hatte beinahe gottesdienstähnlichen Charakter«, fährt Voscherau fort. »So etwas gibt es heute nicht mehr.« Hinterher ging es dann, wie immer, mit einer Handvoll vertrauter Genossen in eine Eckkneipe in der Nachbarschaft. Auf ein oder zwei Bier. Loki kam mit, keine Frage.

Haften geblieben ist Voscherau gleichfalls die später folgende Debatte um den Nato-Doppelbeschluss, den Schmidt unbedingt durchsetzen wollte, um die Sowjets zur Abrüstung ihrer Mittelstreckenraketen zu nötigen – gegen die mehrheitliche Stimmung in der Partei. Es war die Zeit einer starken Friedensbewegung und immer einflussreicherer Grüner. Auf drei SPD-Parteitagen in Berlin, München und Hamburg war Schmidt mit Erfolg für die Außen- und Sicherheitspolitik der sozialliberalen Koalition eingetreten. Auf dem Bundesparteitag 1983 in Köln aber, nach dem Weg der SPD in die Opposition, gehörte Courage dazu, weiter für den Doppelbeschluss einzutreten und die »doppelte Nulllösung« als Abrüstungskonsequenz vorauszusagen.

»Unbeugsam, schneidend, mutig«, wie sich Voscherau erinnert, vertrat Schmidt, nun gegen den Strom und auf verlorenem Posten, die unveränderte praktische Vernunft seiner Linie als Bundeskanzler. Ein verlorenes Häuflein von Schmidt und nur 13 weiterer Aufrechten, unter ihnen fünf aus Hamburg, hielt den Anfeindungen stand – und blieb sich treu. »Schmidts Ge-

genrede war prophetisch, und letztlich ist jedes seiner Worte eingetreten«, sagt Henning Voscherau.

Genauso war es auch bei einem anderen emotionalen Moment. Dieser ist so markant, dass er in einem eigenen Kapitel noch einmal vom früheren Finanzminister Manfred Lahnstein geschildert wird – aus anderer Sicht natürlich. Es ist Freitag, der 1. Oktober 1982, ein nicht nur für Sozialdemokraten kühler Herbsttag. Durch ein konstruktives Misstrauensvotum der Opposition im Parlament in Bonn wird Bundeskanzler (und Außenminister!) Helmut Schmidt gestürzt und von Helmut Kohl abgelöst.

256 Abgeordnete votieren für den CDU-Kandidaten. Am Tag darauf, es ist ein Sonnabend, trifft Schmidt mit dem Flugzeug in Fuhlsbüttel ein und wird von dort nach Langenhorn gefahren. Einer wie Helmut Schmidt lässt sich zwar naturgemäß keine Gefühle anmerken, aber es wird ihn gerührt haben, was er auf der praktisch letzten Dienstfahrt erlebt. Vom U-Bahnhof Kiwittsmoor bis zur Tangstedter Landstraße und weiter bis zum Schmidt-Haus am Neubergerweg bereiten ihm die Hamburger einen ergreifenden Fackelzug. Viele Tausend sind es, die meisten schweigen, fast alle haben brennende Fackeln in den Händen. Nicht nur Sozis zollen auf diese Weise einer Persönlichkeit Respekt, die viel für ihr Land und ihre Heimatstadt unternommen hat.

Vor dem Doppelhaus Neubergerweg 80 – 82 steigt Helmut Schmidt auf die Ladefläche eines in aller Eile organisierten Pritschenwagens. Und da steht er nun, der stolze Hanseat mit dem Schal und der Helgoländer Lotsenmütze, erdverwachsen und unerschütterlich. Er richtet einige Worte an die Menschen und grüßt dann immer und immer wieder die vorbeiziehenden Hamburger mit ihren Fackeln. So harrt er in der Dunkelheit aus, bis so gut wie alle vorbeigelaufen sind. Auch Henning Voscherau gehört dazu, seinerzeit Fraktionsvorsitzender und stellvertretender Landesvorsitzender der SPD.

Helmut Schmidt als Wahlkämpfer in Bayern, 1969.

Helmut Schmidt mit Pfeife auf dem SPD-Parteitag in Dortmund an
der Traditionsglocke der SPD. Links Herbert Wehner, 1972.

Und jetzt folgt ein Ereignis, das Bände spricht. Voscherau entsorgt seine Fackel, verabschiedet sich von einigen Mitstreitern, fährt heimwärts und legt sich ins Bett. Um ein Uhr nachts klingelt das Telefon. Es ist Klaus von Dohnanyi, der Erste Bürgermeister. Er überbringt eine aktuelle Botschaft Helmut Schmidts. »Klaus, jetzt musst du sofort wählen lassen – besser wird's nicht!« Voscherau antwortet prompt: »Helmut hat doch recht!« Beide verabreden für den selben Tag um 17 Uhr in Dohnanyis Wohnung ein Gespräch zu viert mit Ortwin Runde und Jörg König. Sodann wünscht man sich eine gute Nacht. Nach einigem Hin und Her beschließen die vier die Beendigung der Sondierung mit der von den Fundis beherrschten GAL von 1982 und die Neuwahlen. Die Rechnung geht auf: Bei der sogenannten Schmidtleidswahl am 19. Dezember 1982 erreicht die SPD satte 51,3 Prozent und damit die absolute Mehrheit in der Bürgerschaft.

Typisch Schmidt! Trotz der Abwahl als Kanzler und trotz der Emotionen angesichts des ergreifenden Empfangs so vieler Hamburger vor seinem Haus waren die ersten Gedanken sachlich und konstruktiv. Wie es sich für einen erstklassigen Strategen und pflichtbewussten Diener seiner Partei gehört. Es ist die preußische Note am Hanseaten.

Dass dieser bis zu seinem Tode der SPD Jahrzehnte angehörte, ist bekannt. Fast ebenso lange war er Mitglied der Gewerkschaft ÖTV (Öffentliche Dienste, Transport und Verkehr), die dann in »Verdi« umbenannt wurde. Zuletzt entrichtete der Altkanzler dort den »Rentnerbeitrag« (Originalton Schmidt). Wobei die Mitgliedschaft Helmut Schmidt keinesfalls hinderte, heftigen Zoff mit dieser Organisation zu haben.

Vor allem im Jahr 1974 ging's rund. Ob der ÖTV-Forderung nach 12 bis 14 Prozent mehr Lohn gerät Schmidt, noch Finanzminister, mächtig in Rage. Heinz Kluncker, in jeder Beziehung schwergewichtiger Gewerkschaftsboss, lässt wochenlang die Mülltonnen nicht leeren und setzt die Bundesregierung mächtig unter Druck. Bundeskanzler Willy Brandt, Innenminister Genscher, Finanzminister Helmut Schmidt und den anderen Mitgliedern der sozialliberalen Koalition stinkt es mächtig. Schmidt bietet maximal 6,4 Prozent mehr Lohn, dies entspreche der Preissteigerungsrate. Die Herren einigen sich, wie immer, auf einen Kompromiss.

Auch mit der Gewerkschaft Erziehung und Wissenschaft liegt der Langenhorner gern über Kreuz. Streiten gehört zum Geschäft, das war bis ins hohe Alter seine Devise. 1980 provoziert Schmidt die GEW bis aufs Messer. »Das ist eine Interessengruppe, die immer weniger Arbeit und immer mehr Geld haben will.« Was Loki abends zu solchen Äußerungen ihres Ehemannes sagte, ist nicht bekannt.

PS: Die Schilderung dieser Vorgänge passt am besten in dieses SPD-Kapitel, weil sie den damaligen Zeitgeist an der richtigen Stelle wiedergeben. Und weil die Darstellungen von den gestandenen und Schmidt eng verbundenen Sozialdemokraten Peter Schulz und Henning Voscherau stammen. Die Kanzlerzeit Helmut Schmidts folgt als Übernächstes, erst einmal geht's nach Wilhelmsburg ...

DAT LÖPPT!

Bei der Sturmflut von 1962 brechen alle Dämme. In Hamburg regiert das Chaos – bis ein Mann das Heft in die Hand nimmt und der Katastrophe Herr wird: Polizeisenator Helmut Schmidt.

Als Innensenator in Hamburg, 1962.

Neider meinten in der Zeit vor Helmut Schmidts Beerdigung, der Altkanzler habe noch im hohen Alter seinen Senf zu jedem und allem beigesteuert, sei gar der Oberlehrer der Nation und ein Besserwisser. Wohlmeinenden gefiel es dagegen, dass er sich bis zum Ende aktiv ins Geschehen einmischte: einmal Politiker, immer Politiker. Vor allem wenn einer bis zum Schluss geistig rege bleibt ...

Und auch wenn die »Inthronisierung« des SPD-Kanzlerkandidaten Peer Steinbrück als Herausforderer der Kanzlerin Angela Merkel nicht jedem gefiel, muss hiermit klargestellt werden, dass Schmidt zwar durchaus ein sendungsbewusster, eitler Mensch war, indes alles andere als ein Wichtigtuer. »Lasst mich mit so 'm Kram in Frieden«, beschied er alle möglichen Anfragen, wenn es um Ehrungen oder Ritterschläge ging. »Tamtam« (Originalton Schmidt) um seine Person hasste er und ging diesem, wenn irgendwie möglich, aus dem Weg.

Mit zwei Ausnahmen. Das Interesse des Altkanzlers war dann geweckt, wenn es um die Belange seiner Ehefrau Loki ging: Schulwesen und Botanik. In solchen Fällen machte sich der betagte Altkanzler ohne Murren und Knurren auf den Weg und ließ sich vom Chauffeur zum Veranstaltungsort bringen – mit dem Rollstuhl im Gepäckraum. Ausnahme zwei waren Gedenkfeiern zu Ehren der während der Sturmflut 1962 verstorbenen oder geschädigten Hamburger. Oft und letztlich gern äußerte er sich zu diesem mehr als ein halbes Jahrhundert zurückliegenden Thema. Unter einer Bedingung: kein Personenkult ihn selbst betreffend. Posthum sei dieser gestattet, also blicken wir ebenso erschrocken wie achtungsvoll zurück.

Es ist Freitag, der 16. Februar 1962, und über Norddeutschland tobt der Orkan »Vincinette«. Hochwasser bedroht die Küste, aber auch die Flussregionen im Binnenland. Helmut Schmidt, nunmehr 43 Jahre alt und seit knapp zwei Monaten in seiner Heimatstadt Hamburg zum Senator aufgestiegen, macht sich von Berlin aus auf den Heimweg. Zu Hause im Neubergerweg in Langenhorn warten Ehefrau Loki und die 14-jährige Tochter Susanne. Das Wochenende lockt.

Ein bisschen Aktenstudium, Schach spielen, Klönschnack halten, spazieren gehen vielleicht und einfach nur Ruhe tanken. Er weiß noch nicht, dass daheim just an diesem Tag Flüchtlinge aus der DDR angekommen sind: das Ärztehepaar Arnold aus der DDR mit seinen drei Kindern. Die obere Etage gleicht einem Matratzenlager.

In West-Berlin hat der SPD-Politiker an einer Innenministerkonferenz teilgenommen und nutzt die Gelegenheit, sich seinen Kollegen aus den anderen Bundesländern vorzustellen.

Mancher wundert sich über eine Hamburger Besonderheit: Helmut Schmidt steht der Polizeibehörde vor, die am Karl-Muck-Platz residiert, dem heutigen Johannes-Brahms-Platz. Eine Innenbehörde, wie wir sie heute kennen, gibt es noch nicht. Die einzelnen Dienststellen sind auf sieben Ämter aufgeteilt. Die Feuerwehr beispielsweise ist der Bauverwaltung angegliedert. Es ist erklärtes Ziel des neuen Senatsmitglieds Schmidt, dieses Organisationstohuwabohu in den Griff zu bekommen. Und ab Juni 1962 wird es dann auch eine einheitliche Innenbehörde geben – und er tatsächlich Innensenator sein.

Noch jedoch ist es nicht so weit, und das ist wichtig, um das anstehende Wirrwarr in der Hansestadt zu begreifen. Bester Dinge also nimmt Schmidt im Fond seines Dienstwagens Platz; der Fahrer steuert Richtung Autobahn. Die Wetterlage hat er zuvor telefonisch abgeklärt. »Büschen stürmisch, aber nicht katastrophal«, hieß es am anderen Ende der Leitung, »ihr könnt losfahren.« Ein bisschen stürmisch ist gut; denn die Passage auf der Transitstrecke durch die DDR ist höllisch. Es gießt in Strömen, Windböen schaukeln den Mercedes hin und her, umgestürzte Bäume blockieren den Verkehr.

Die Tour ist so anstrengend, dass sich der Chauffeur und Helmut Schmidt am Steuer abwechseln. Nach Mitternacht treffen beide in Langenhorn ein. Der Senator schließt seine

Familie sowie die Arnolds in die Arme. Geschafft! Während alle schlafen, ereignet sich ein paar Kilometer südlich eine Katastrophe.

Nicht alle haben die Vorwarnungen ernst genommen. Denn bereits um 20.33 Uhr hatte der NDR Joseph Haydns »Schöpfung« unterbrochen und gemeldet: »Für die gesamte deutsche Nordseeküste besteht die Gefahr einer sehr schweren Sturmflut!« Und Hamburg ist nicht weit. Um 0.04 Uhr bemerkt Regierungsinspektor Uwe Wilhelm bei einem Kontrollgang in der Vulkanstraße, dass die Elbe über die Krone des Köhlbranddeichs läuft. Um 0.14 Uhr ist im Neuenfelder Rosengarten der erste Deich unter dem Druck der Elbe gebrochen, weitere folgen. Um 2.05 Uhr bringt der unbändige Strom den Schutzwall in Wilhelmsburg zum Einreißen: Wie eine Badewanne läuft der Stadtteil voll.

Gegen vier Uhr in der Früh sind in Wilhelmsburg 80.000 Menschen vom Hochwasser eingeschlossen. Häuser in Parzellengebieten werden einfach mitgeschwemmt; verzweifelte Menschen klammern sich an Fensterrahmen und Dächern fest. Andere ertrinken und werden von der Flut weggespült, Seite an Seite mit Unrat und Tierkadavern. Die Marke an den St.-Pauli-Landungsbrücken zeigt einen Wasserstand von 5,70 Metern. Dort erinnert noch heute ein Denkmal an die schlimmste Sturmflut, die Hamburg nach 1825 erlebte.

Die größte Katastrophe dieser Katastrophe: Zwar tut vor Ort jeder, was er tun kann, doch ein effektives Krisenmanagement existiert nicht. Im Hauptquartier der Polizei am Karl-Muck-Platz herrscht aufgeregtes Treiben, aber eine Hand weiß nicht, was die andere macht. Und der Chef der Polizeibehörde, Senator Helmut Schmidt, schläft nichts ahnend zu Hause. Informiert wird er nicht. »Der ist noch neu im Amt und kennt sich ohnehin nicht aus«, mögen die einen denken, »der ist bei dem Orkan ohnehin in Berlin geblieben«, die anderen. Und in der geteilten Stadt ist er sowieso nicht zu erreichen.

Bis Regierungsdirektor Werner Eilers als Einziger auf die Idee kommt, es einmal daheim bei den Schmidts zu versuchen. Um 6.20 Uhr klingelt in Langenhorn das Telefon und weckt den Senator. Schmidt schmeißt die nötigsten Klamotten über und eilt unrasiert aus dem Haus. Glück im Unglück: Dort ist, ein Zufall, der Dienst-Mercedes geparkt. Ohne auf Ampeln oder Verkehrsregeln zu achten, mit einem magnetischen, in der Dunkelheit zuckenden Blaulicht auf dem Dach, rast er gen Innenstadt. Innerhalb von zehn Minuten, kurz vor sieben Uhr, hat er sein Ziel erreicht, sprintet in das Polizeigebäude. Was er dort vorfindet, bezeichnet Schmidt im bemerkenswerten Buch »Die Nacht der großen Flut«, herausgegeben von Raymond Ley und erschienen im Ellert & Richter Verlag, als »lauter aufgeregte Hühner«.

In Windeseile lässt sich Helmut Schmidt über das Drama informieren, soweit Einzelheiten bekannt sind. Denn Telefonleitungen sind teilweise zerstört, ebenso wie die Versorgungsleitungen für Gas, Wasser und Elektrizität. Auch im Polizeigebäude fällt der Strom vorübergehend aus, sodass von irgendwo Petroleumlampen organisiert werden müssen. Die Autobahnen sind gesperrt, der Zugverkehr steht still. »Ganz Hamburg ersäuft!«, brüllt ein Offizier mit Tränen in den Augen. In der Tat sind 20 Prozent der Stadtfläche von 220 Millionen Kubikmeter Elbwasser überflutet. Nichts geht mehr.

In diesem Moment des gigantischen Chaos zeigt Helmut Schmidt, was in ihm steckt. Für Punkt sieben Uhr beraumt er den ersten Krisengipfel an. Der erkrankte Bürgermeister Paul Nevermann weilt auf Kur in Bad Hofgastein und wird erst am Sonntag um 2.30 Uhr aus München kommend in Fuhlsbüttel landen. Schmidt fackelt nicht lange, sondiert die katastrophale Lage, gibt kurze, präzise Anweisungen. Endlich einer, der das Heft in der Hand hat – und der weiß, was er tut. Kurzentschlossen und mit sicherem Instinkt fällt er genau die richtigen Entscheidungen, wie später von allen Seiten bestätigt wird.

Senator Helmut Schmidt verleiht Flutmedaillen, 3. Dezember 1962.

———

Helmut Schmidt als Polizeisenator bei einer Lagebesprechung
zur Sturmflut, Februar 1962.

Gedenken an die Flutopfer am 26. Februar 1962 auf
dem Hamburger Rathausmarkt.

Helmut Schmidt bei der Einweihung der Großraumrevierwache
in Poppenbüttel, 20. Dezember 1962.

Für bürokratische Bedenken, Rangordnungen, den Blick in Gesetzestexte oder Nachfragen bei Juristen oder Verwaltungsexperten ist an diesem frühen Sonnabendmorgen keine Zeit. Folglich schert sich Schmidt nicht um derartigen Ballast und handelt kompetent und aus dem Bauch heraus. Neben seinen Talenten, den Erfahrungen als Offizier im Zweiten Weltkrieg und seinen Kontakten aus den Jahren in der Wirtschaftsbehörde beweist er die anpackende Kaltschnäuzigkeit und die Chuzpe eines wahrhaftigen Machers. Nicht einmal die politischen Gegner streiten das in der Folgezeit ab. Selbst die Nato hilft Hamburg

Vor allem verfügt er über exzellente Verbindungen zum Militär. Als Mitglied des Verteidigungsausschusses des Bundestages und Herausgeber eines auch ins Englische übersetzten Buchs über Militärstrategie genießt er auf Führungsebenen einen formidablen Ruf. Da am Vormittag des 17. Februar 1962 mit Tausenden von Toten gerechnet werden muss und wegen der überall treibenden Tierkadaver Seuchengefahr besteht, zieht Schmidt sämtliche Register.

Laut Grundgesetz darf die Bundeswehr ob der Erfahrungen aus dem »Dritten Reich« nicht im eigenen Land eingesetzt werden. Interessiert Schmidt nicht. Kurzerhand nimmt er Kontakt auf mit Nato-Oberbefehlshaber Lauris Norstad, einem guten Bekannten. Der amerikanische Viersternegeneral wird an seinem Dienstsitz in Fontainebleau im Norden Frankreichs aus der Wochenendmuße gescheucht. Er traut seinen Ohren kaum, als er vernimmt, dass in Hamburg die Welt unterzugehen droht. Aber er kennt Helmut Schmidt und glaubt ihm. »Ich brauche dringend hundert Hubschrauber«, verlangt Schmidt. Er kriegt 90. Gut.

Trotz Flugverbots bei den obwaltenden Sturmstärken treffen die Helikopter nach und nach im Luftraum der Hansestadt ein. In abenteuerlichen Rettungsaktionen befreien mutige Soldaten fast ertrunkene und erfrorene Menschen von Bäumen,

Masten und Hausdächern. Parallel nimmt Schmidt Kontakt zu einem weiteren Vertrauten auf, Admiral Bernhard Rogge, dem norddeutschen Wehrbereichsbeauftragten der Bundeswehr mit Sitz in Kiel. Auch Rogge pfeift letztlich auf seine Vorschriften und sagt prompte Hilfe zu.

In Fernschreiben wird zudem das Bundesverteidigungsministerium auf der Hardthöhe in Bonn in Alarm versetzt. »Wir brauchen umgehend Pioniere, Schlauchboote, Bulldozer«, verlangt Koordinationschef Schmidt in der Hansestadt. Geht ebenfalls klar. »Tausende Hamburger sind obdachlos, 6000 Gebäude zerstört.« Nachdem jetzt das Notwendigste in die Wege geleitet ist, macht er sich auf den Weg ins Krisengebiet.

Leichter gesagt als getan; mit dem Auto geht das natürlich nicht. Helmut Schmidt eilt an Bord eines der Hubschrauber. Mit ausgehängten Türen und bei immer noch extremem Sturm und mit einer gehörigen Portion Angst im Magen wird er nach Wilhelmsburg geflogen. Die Situation dort übertrifft die schlimmsten Befürchtungen. Unten winken verzweifelte Opfer, überall treiben Menschenleichen, Dung, Unrat und totes Vieh. Mit der Gewissheit, dass noch mehr geschehen muss, lässt sich Schmidt in die Innenstadt zurückfliegen.

Im Polizeihauptquartier laufen die Rettungsmaßnahmen nun koordinierter. Auf den Fluren werden Feldbetten der Bundeswehr aufgestellt, damit Helmut Schmidt und seine Mitstreiter zwischendurch kurz ruhen können. Viele kommen 48 Stunden nicht zum Schlaf. Der Chef hat von daheim übrigens jenen alten, von Schüssen durchlöcherten Militärmantel aus Leder mitgebracht, mit dem er nach der Kriegsgefangenschaft vor Lokis Elternhaus stand und den Familienpfiff ausstieß. Aber dies nur nebenbei. Jetzt, in der Nacht von Sonnabend auf Sonntag, trinkt er einen Kaffee nach dem anderen und raucht Kette. So wird Helmut Schmidts Betriebstemperatur auf höchstem Level gehalten.

»Dat löppt«, raunt er seinen Mitarbeitern zu. Auch weil die Hamburger anpacken können. Wie schon in den Bombennächten knapp zwei Dekaden zuvor reicht einer dem anderen die Hand. Not beschert ein hohes Maß an Hilfsbereitschaft. Da Brackwasser in das Wilhelmsburger Trinkwassersystem gerät, muss anderweitig frischer Nachschub besorgt werden. Die Phönix-Werke in Harburg liefern Zehntausende Wärmflaschen. Sie werden gefüllt und von Hubschraubern abgeworfen oder mit Schlauchbooten gebracht. Doch immer wieder wird das Gummi durch spitze oder scharfe Gegenstände unter der Wasseroberfläche aufgeschlitzt, sodass die Soldaten oder die Helfer des Roten Kreuzes kentern.

Ein Hamburger Kaufmann ruft bei Helmut Schmidts Sekretärin an. »Ich kann drei Raupen liefern«, sagt er. Ruth Wilhelm, die später den Namen Loah tragen und nach Lokis Tod eine bedeutende Rolle in des Altkanzlers Leben einnehmen wird, reagiert schnell. Na klar, bitte sofort her damit. Andere eilen unaufgefordert in die Notstandsregion, bringen Geld, Nahrung, heißen Tee, Leinen, Leitern, Decken, Kleidung, Babykarren. Ein Hamburger steht für den anderen ein.

Dennoch sind die Zustände weiter katastrophal. Ein Segen nur, dass der Sturm allmählich nachlässt und die Elbe nicht weiter steigt. Nach wie vor sind fast 50 Deiche im Großraum Hamburg gebrochen. Auch in der Nacht zum Sonntag suchen Retter auf Sturmbooten im grellweißen Schein der Magnesiumfackeln weiter nach Opfern. Soldaten aus anderen Nato-Ländern helfen. Feldjäger der Bundeswehr errichten Absperrungen und regeln den Verkehr im Umland. Froschmänner aus Dänemark bergen Leichen.

Insgesamt sind an diesem Wochenende im Februar 1962 rund 40.000 Helfer im Einsatz. Am Ende werden 315 Tote registriert. Um eine Seuche zu verhindern, werden sie auf einer Eislaufbahn aufgebahrt. Der materielle Schaden wird später auf fast eine Milliarde Mark beziffert, das menschliche Elend ist weit schlimmer. Im Krankenhaus Groß-Sand in Wilhelmsburg gibt es längst keine Betten mehr; teilweise müssen sich drei

Menschen eine Matratze teilen. »Es sieht aus wie auf einem Hauptverbandsplatz im Krieg«, gibt ein Anwohner namens Haunert zu Protokoll.

Mit vereinten Kräften gelingt es, eine noch größere Katastrophe zu verhindern. Dank jetzt geordneter und sinnvoller Maßnahmen können 1130 Hamburger aus höchster Not gerettet und 17.800 weitere in Sicherheit gebracht werden. Am 21. Februar erheben sich die Abgeordneten der Bürgerschaft zu einer Schweigeminute; die Tragödie ist nur schwer in Worte zu fassen, eigentlich gar nicht. Einige versuchen es dennoch und veröffentlichen Bücher über diese dramatischen Tage der Verzweiflung, indes auch letztlich wirkungsvoller Hilfe.

Zur Trauerfeier auf dem Rathausmarkt erscheinen 150.000 Menschen. Still und ergriffen verabschieden sie sich von jenen, die keine Chance gegen die tobende Urkraft der Elbe hatten.

Dass ohne Helmut Schmidt alles noch verheerender gekommen wäre, weiß jeder, auch heute noch. Der Mann habe gehandelt und geführt, nicht verwaltet, schreibt das Hamburger Abendblatt. »Forsch, frech, furchtlos«, meint der »Spiegel«. Aus Afrika drückt Albert Schweitzer seinen Respekt aus, andere sprechen von einer »lebenden Legende«. »Alles Quatsch!«, kommentiert Helmut Schmidt anschließend in der für ihn typischen Art. Von Dank will er zeitlebens nichts wissen, sondern spricht, wenn überhaupt, von Aufgaben und Pflichten. Eine gemeinschaftliche, hanseatische Aktion sei es gewesen vor mehr als einem halben Jahrhundert.

Mag ja sein. Doch an der Spitze der Rettungseinsätze stand ein Mann, der sein Handwerk verstand. Und auch das bleibt posthum unvergessen.

ZWEITES ZUHAUSE
AM »LAGO DI SOZI«

*Das Grundstück am Brahmsee ist Liebe auf
den ersten Blick. 1958 kaufen sich Loki
und Helmut Schmidt die Pressholz-Laube
mit Plumpsklo. Und einmal wäre der Kanzler
beim Segeln fast abgesoffen ...*

Kanzlerzeit: Helmut und Loki Schmidt machen Urlaub am Brahmsee.

Ach, waren das herrliche, unvergessene Zeiten. Als Helmut Schmidt mit einer Jolle auf dem Brahmsee kreuzte, Loki im Garten herumpuzzelte und das Leben in Ordnung war – nicht nur in Hamburg und Schleswig-Holstein. Zeitweilig sorgten Sicherheitsleute, Mitarbeiter aus dem Kanzleramt, Journalisten und Kiebitze für Auftrieb in der ländlichen Idylle. Meistens jedoch fanden die Schmidts genau das vor, was sie so inniglich suchten und am meisten schätzten: Ruhe und Frieden.

War es nach Lokis Tod schon zu ruhig geworden, so wird es zukünftig fast gespenstisch still sein auf dem Grundstück des verstorbenen Ehepaars. Vielleicht soll es verkauft werden, an Freunde oder Fremde. Kaum vorstellbar ist, dass Tochter Susanne, neben der Stiftung die Haupterbin, das jahrzehntelang geliebte Feriendomizil erhalten wird. Sie lebt in Kent im Süden Englands und ist nur selten in der alten Heimat.

Eigentlich ist ein ganz gewöhnlicher Verkauf des nicht nur deutschlandweit, sondern auch international bekannten Grundstücks am See kaum vorstellbar – zu viele Erinnerungen sind damit verbunden. Ähnlich ist es mit dem Doppelhaus am Neubergerweg, das ja fortan als Archiv und Museum erhalten bleiben soll. Eine solche Lösung ist in der dörflichen Umgebung des Brahmsees kaum vorstellbar. Es sei denn, die Gemeinde plant den Erhalt des geschichtsträchtigen Areals, vielleicht mit Unterstützung der Landesregierung in Kiel?

Denn die Politiker des nördlichsten Bundeslandes waren, ganz gleich, welcher politischen Couleur, immer stolz auf den Bezug des Altkanzlers zu »seinem« See. Das war eine unbezahlbare Sympathie- und Touristenwerbung. Quasi jedermann in Deutschland wusste, dass sich Loki und Helmut Schmidt am Brahmsee am wohlsten fühlten. Große Urlaubsreisen haben die beiden selten gebucht. Warum auch, wenn das Gute liegt so nah! Bisweilen flog der Altkanzler nach Mallorca, um an seinen Büchern zu arbeiten, auch 2012 noch. Mit Ferien im klassischen Sinne hatten diese Wochen indes wenig zu tun. Der

Politiker saß zumeist auf seinem Zimmer, ließ sich dort auch das Essen servieren und genoss auf dem Balkon gelegentlich erwärmende Sonnenstrahlen.

Massentourismus, Kreuzfahrten oder ähnliche Vergnügungen waren für die Schmidts ein Gräuel. Zwar träumte Helmut Schmidt als Jugendlicher von einer Art Interrail: mit der Eisenbahn quer durch Kanada. Doch wurde daraus nie etwas. Bisweilen nutzte das Kanzlerehepaar Staatsbesuche in fremde Länder zu einem anschließenden Kurzurlaub. Zum Beispiel im Januar 1976, als die Schmidts nach Regierungsgesprächen in Athen für neun Tage die Luxusvilla des Milliardärs Goulandris bewohnen durften. Die beiden Hamburger vergnügten sich mit Tischtennis und Spaziergängen, schliefen viel und spielten Patiencen oder Schach – teilweise simultan an vier Brettern. In aktuellen Zeiten hätte eine solche Verquickung zwischen Amt und Privatvergnügen gewiss eine Menge Ärger gegeben – der 2012 zurückgetretene Bundespräsident Christian Wulff lässt gequält grüßen. Vor ein paar Jahrzehnten jedoch dachte sich keiner etwas dabei. Noch nicht einmal die Opposition, die in eigenen Reihen wahrscheinlich ebenso wenig zimperlich war.

Im Juni des Folgejahres verbrachte Helmut Schmidt im Anschluss an Konsultationen in Belgrad, der Hauptstadt des früheren Jugoslawien, vier Muße-Tage an der Adria. So etwas hatte Seltenheitswert für einen Mann, der sich selbst lächelnd als »Arbeitstier« bezeichnete. Fast bis zum Ende ging das so.

Apropos Verquickung von Politik und privaten Interessen. Manchmal war Helmut Schmidt auch an Bord der »Atalanta«, die dem Hamburger Bankier Max Warburg gehörte. Die stolze Segelyacht war 6,20 Meter breit und 25 Meter lang, mit einem rostbraunen Segel ausgestattet und wurde bei Windstille von einem 250 PS starken Motor angetrieben. Nicht nur Helmut Schmidt machte sich keinerlei Gedanken über seine Aufenthalte auf dem teuren Schiff. Im August 1979 ließ sich der amtierende Kanzler stolz am Ruder ablichten: mit Rollkragenpullover plus Blazer standesgemäß hanseatisch gekleidet. Und natürlich durfte die Lotsenmütze nicht fehlen. Wäre sonst ja auch nicht Helmut Schmidt gewesen.

Freimütig und ohne jegliche Selbstzweifel verbreitete das Bundespresseamt Details der einwöchigen Segelpartie auf der Ostsee. Abends servierte der Smutje als Vorspeise Matjes mit Bratkartoffeln; quasi zum Dessert folgten Bier und Korn. Ob die Schmidts den Klaren letztlich wirklich tranken oder nur so taten, blieb Staatsgeheimnis. Verbürgt ist dagegen die Kombination des Bord-Frühstücks: Rührei mit Bückling. Kann man mögen, muss man aber nicht.

Doch lag der Brahmsee sehr viel näher – in jeder Beziehung. Vor seinem Ende ließ sich Helmut Schmidt – soweit es Zeit und Gesundheit zuließen – von einem Chauffeur an den Ort fahren, der ihm so viel bedeutete. Doch fehlte dem hochbetagten Witwer natürlich etwas ganz Entscheidendes, auch wenn Ruth Loah immer öfter an seiner Seite war. Bei aller Ehrerbietung: Seine letzte Lebensgefährtin konnte und wollte Loki nicht ersetzen. Zu lebendig waren die Erinnerungen an die erquickende Zweisamkeit vergangener Jahrzehnte. Dabei begann alles eher zufällig.

Und zwar mit einer Dienstfahrt im Winter 1957/58, die erheblich länger dauerte als im Fahrplan notiert. Irgendwo zwischen Bonn und Hamburg bleibt der Schnellzug der Bundesbahn in Schneeverwehungen stecken. Nichts geht mehr. Der 39 Jahre alte SPD-Bundestagsabgeordnete ist genervt.

Die Wartezeit nutzen drei Herren in einem Erste-Klasse-Abteil zum anregenden Gespräch über Gott und die Welt. Zwei von ihnen sind der Politiker Helmut Schmidt und sein (Partei-)Freund Willi Berkhan. Der Dritte im Bunde ist ein Busunternehmer aus Kiel. Er preist die Vorzüge Schleswig-Holsteins, denn dort kennt er sich durch seinen Beruf wahrlich aus. Ganz speziell schwärmt er vom Brahmsee, gut 70 Kilometer entfernt von Hamburg, südwestlich Kiels gelegen. Schmidt und Berkhan spitzen die Ohren, zumal Ersterer »irgendwo« einen schönen See sucht, mit Gelegenheit zum Schwimmen und Angeln. Das Interesse steigt, als der Busunternehmer von einem seiner Fahrer erzählt. Der wiederum kenne einen Bauern namens Steffen, der sein etwa 10.000 Quadratmeter großes Grundstück direkt am Brahmsee verkaufen wolle.

Irgendwann kann der Zug seine Fahrt fortsetzen, doch zu Hause ist das Gespräch nicht vergessen. Ganz im Gegenteil: Auch Loki Schmidt findet die Idee ihres Ehemanns spannend. Der Kontakt zum Busunternehmer wird aktiviert, und im Februar 1958 stehen die beiden Schmidts am Brahmsee in Holstein, blicken über die typisch norddeutsche, nicht gerade üppige Landschaft, auf den gefrorenen, auch im Sommer kalten See – und sind begeistert. »Liebe auf den ersten Blick«, sagt Loki. Helmut gibt später zu Protokoll: »Es war ein miserabler Acker, ein karger Sandboden, auf dem kein Roggen gedieh.« Noch indes existiert ein Hindernis: der Preis. Weil 10.000 Mark ein Batzen Geld sind genau zehn Jahre nach der Währungsreform.

Zwar verdienen die Schmidts doppelt, doch sind die Parlamentsbezüge noch bescheiden. Des finanziellen Rätsels Lösung: Das Areal wird zwischen dem Zug fahrenden Trio brüderlich geteilt. Jeder zahlt dem Landwirt etwa 3000 Mark und erhält dafür ein gut 3000 Quadratmeter umfassendes Grundstück mit 30 Meter Seeufer. Es gibt einen gemeinsamen Zugangsweg, der über einen Moränenhügel und vorbei an Weideflächen mit Holzgattern führt. Ein Traum! Als Eigentümerin lässt Helmut Schmidt seine Ehefrau eintragen – zur materiellen Absicherung. Die Schmidts beauftragen eine Firma aus der Umgebung Elmshorns, eine Gartenbude zu errichten. »Quasi aus dem Katalog«, sagt Helmut.

Landschaft und natürliche Umgebung sind reizvoll, das Lebensumfeld fällt eher spartanisch aus. Die ersten Besucher beschreiben die Schmidt'sche Behausung am See entsprechend als

Hütte oder Laube: ein Wohnzimmer, ein Schlafzimmer, eine kleine Küche mit zwei Herdplatten. »Eine für Kaffee, die andere für Bockwürstchen«, pflegt Loki zu scherzen. Dazu ein Plumpsklo. Luxus sieht anders aus. Alles auf anfangs 30 Quadratmetern untergebracht. Bausubstanz: ein bisschen Holz, Wände aus Presspappe. Strom? Fließend Wasser? Heizung? Komplett Fehlanzeige. Beleuchtet wird die Butze mit Petroleumlampen; für Wärme sorgt ein Petroleumofen. Welcher in der Neuzeit gültige Sicherheitsnormen offensichtlich nicht erfüllt. Denn irgendwann fällt Loki des Nachts fast ohnmächtig aus dem Bett. »Hätte auch unser Ende sein können«, befindet Helmut Schmidt lakonisch.

Immerhin, kleiner Trost, steht die Datscha halbwegs stabil und trotzt den Holsteiner Böen. Innen ist die Bude urgemütlich – nachdem die neuen Grundstückseigner und Zimmermeister Spießhofer mächtig Hand angelegt haben. Bilder, bunt bemalte Bauernteller, ein Mobile mit Schiffchen und vor allem die winzige Sitzecke mit der engen Holzbank schaffen eine durch und durch heimelige Atmosphäre.

Ist das bemooste Eisentor hinter den Schmidts geschlossen und der Schotterweg bis zum Häuschen passiert, können beide eintauchen in ihre private Welt. Vor Ort ist Helmut Schmidt bemüht, auf einer kleinen Jolle Durchblick und Weitsicht zu bewahren. Mit der Pinne in der Hand fasst er klare Gedanken. Gemeinsam mit Loki findet er Muße, die friedliche Idylle am Seeufer zu genießen. Das Häuschen selbst ist durch eine dichte Reihe von Birken, Buchen und Sträuchern für Neugierige nicht einsehbar. Weitere pflanzen Loki und Helmut Schmidt hinzu. Wenn er zur Sense greift, um den Rasen zu kürzen, müssen nicht selten Lokis geliebte rosa-violetten Heidenelken dran glauben.

Sie freut sich darüber, dass die Rosenbüsche (Rosa canina) sogar auf dem gelben Sandboden blühen und gedeihen. Irgendwann erscheint auch der Brunnenbauer aus dem Nachbardorf.

In etwa 500 Meter Entfernung schlägt seine Wünschelrute aus Haselnusszweigen tatsächlich heftig aus. Seitdem ist auch die Grundwasserzufuhr am See gesichert. Nur bedingt Verlass ist auf die Fotoaufnahmen aus dieser Zeit, viele sind trügerisch und gaukeln das Paradies auf Erden vor: Nur in Ausnahmefällen hat der Bundeskanzler richtig viel Zeit, in Ruhe Schach zu spielen, segeln zu gehen oder schlicht zu faulenzen. Das Brettspiel hatte ihm sein Vater schon bei- und nahegebracht, als er acht Jahre alt war. »Der liebe Gott hat mich als Arbeitstier geboren«, sagt Helmut Schmidt immer wieder. Stets hat er Aktenberge dabei und vertieft sich stundenlang darin. Manchmal bis zwei Uhr nachts. Was ihm von Loki den Spitznamen Nachteule einbringt. Im Gegensatz dazu ist sie dem eigenen Bekunden nach ein »Morgensinger«, eine gut gelaunte Frühaufsteherin. Selbst im Sommerurlaub am Brahmsee, und das sind während der Kanzler-Ära nie mehr als drei Wochen, ist Schmidt niemals so ganz außer Dienst.

Entsprechende Vorkehrungen werden getroffen. So wird neben dem kleinen Häuschen der Schmidts ein zweites Gebäude errichtet. Mit zwei Aufenthaltsräumen für vier Sicherheitsleute und den Fahrer sowie einem kleinen Büro für die Sekretärin, das mit Telefon und Fernschreiber ausgestattet ist. In einer Ära ohne Fax und E-Mail treffen während der Kanzleraufenthalte am Brahmsee ständig verschlüsselte Nachrichten ein. Dann und wann bringt ein Mitarbeiter neues Aktenmaterial, und gelegentlich schauen Referenten, Staatssekretäre oder auch Minister vorbei.

Während die ganz große Politik außerhalb Bonns in Hamburg-Langenhorn gemacht wird, empfängt Helmut Schmidt im Häuschen am See überwiegend Freunde, Vertraute und unkomplizierte Staatsmänner aus den Nachbarländern. Der später ermordete Olof Palme aus Schweden reist ebenso nach Holstein wie Norwegens Premier Odvar Nordli, der niederländische Ministerpräsident Joop den Uyl oder Österreichs Regie-

Loki und Helmut Schmidt genießen die raren Momente der Muße bei einem Schachspiel vor ihrem Ferienhäuschen am Brahmsee.

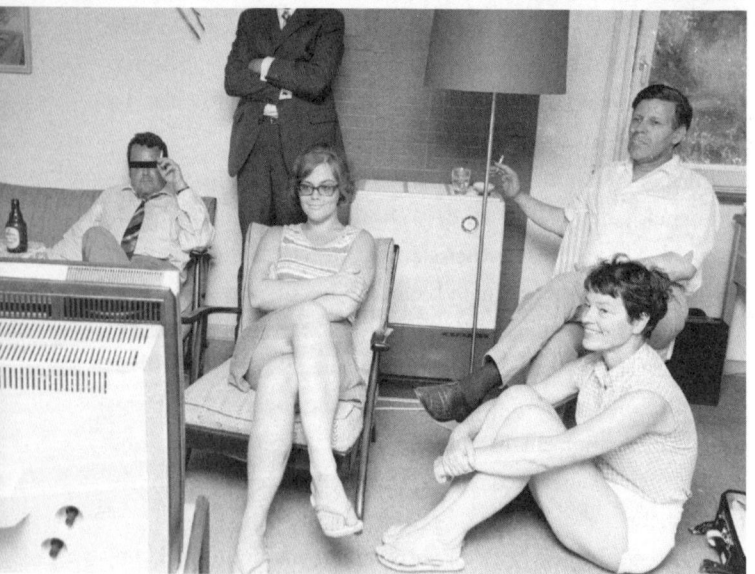

Helmut Schmidt sitzt mit seiner Frau Loki und Tochter Susanne vor dem Fernseher in ihrem Ferienhaus, 1969.

Auf dem Bootssteg seines Ferienhauses am Brahmsee, Juli 1969.

Urlaub am Brahmsee: Helmut Schmidt und Fotografen, August 1979.

rungschef Bruno Kreisky. Natürlich darf auch Schleswig-Holsteins Ministerpräsident Gerhard Stoltenberg nicht fehlen. Der »lange Blonde aus dem Norden«, der auch als Bundesminister in Amt und Würden ist, gehört zwar der CDU an, ist aber dennoch ein gern gesehener Gast am »Lago di Sozi«. Als Kanzler steht Helmut Schmidt ohnehin über dem provinziellen Parteiengezänk. Auch wenn ihn wurmt, dass mancher Konservative meint, »Schmidt Schnauze« sei ein formidabler Kanzler, indes Mitglied in der falschen Partei.

Im Laufe der Jahre reisen auch Künstler wie Celibidache, Menuhin oder Bernstein nach Holstein. Die Anwohner gewöhnen sich an die Betriebsamkeit am See und freuen sich über die Prominenz in ihrer Nähe. Ganz selten sieht man die Schmidts sogar beim Einkaufen. »Er trägt dann – ganz Kavalier – immer ihre Tasche«, verrät ein Nachbar in einer Boulevardzeitung. Journalisten werden nur höchst selten vorgelassen. Zum Beispiel der »Spiegel«-Chef Rudolf Augstein. Quasi zum Warmmachen vor einem langen Interview für das Nachrichtenmagazin will Helmut Schmidt sich beim Holzhacken austoben. Als auch Augstein zur Axt greift, nestelt einer der Bodyguards dann doch etwas nervös an seiner Pistole. Wird erzählt. Klingt auch gut, aber es wird niemals aufgeklärt werden, ob's wirklich wahr ist.

Eine der wenigen Ausnahmen aus dem Medienbereich ist Günter Stiller. Der frühere Chefreporter des Hamburger Abendblatts darf Loki und Helmut Schmidt nicht nur in Langenhorn, sondern auch am Brahmsee besuchen. Weil sich der Mann an die Spielregeln hält und mehr sieht und weiß, als er schreibt.

Zum Beispiel Details über die friedliche Form der »Aufrüstung« am Brahmsee. Denn aus der einstigen »Baracke«, so Schmidts Regierungssprecher Klaus Bölling liebevoll, wird im Laufe der Jahre durchaus Ansehnliches – wenn auch unverändert weit von jenem Luxus entfernt, den sich andere Staatsmänner im Ruhestand zu gönnen pflegen. Hat Helmut Schmidt schon als Regierungschef anständig verdient, so steigern sich die Einnahmen im Alter erheblich. Seine Vorträge, hält er sie nicht ehrenamtlich, werden weltweit blendend honoriert, und da fast alle seine Bücher zu Bestsellern geraten, summieren sich die Tantiemen zu Millionen. Ein erheblicher Teil fließt schon zu Lebzeiten Lokis gemeinnützigen Zwecken zu. Über die Loki und Helmut Schmidt Stiftung ist an anderer Stelle mehr zu lesen.

Ihre Abfindung nach dem Ausscheiden aus dem Lehrerdienst verwendet Loki Schmidt für einen Teppich daheim in Langenhorn, den Rest investiert sie in Holstein für den Umbau des Arbeitszimmers ihres Ehemannes sowie in den Bau zweier Garagen. Hinzu kommen nach und nach ein Schuppen, eine komfortablere Küche, eine Gästetoilette, ein Whirlpool, eine Dusche in Helmuts Arbeitszimmer und ein Bootsschuppen mit Terrasse.

Der Holztisch mit den klobigen Balken und den beiden gegenüber liegenden Sitzbänken ist ähnlich »berühmt« wie das Foto der Schach spielenden Ehegatten auf dem Rasen vor der Datscha. Nehmen ebendort doch viele namhafte Persönlichkeiten Platz, um in der norddeutschen Sommerfrische Gedanken auszutauschen. Dazugekauft wird ein 6,5 Hektar großes Nachbargrundstück, das zu Lokis Begeisterung als Naturbiotop erhalten bleibt. Auf dem Gelände, auf dem früher Roggen angebaut wurde, wuchert das Unterholz. Herrlich! Beglückt freut sie sich über Pflanzen und Getier, die man sonst nur selten zu Gesicht bekommen kann.

Doch wer auch in der Freizeit emsig zu malochen pflegt, darf sich über Rückschläge nicht wundern. So wird Helmut Schmidt 1990 mit akuten Herzbeschwerden in die Uni-Klinik nach Kiel geflogen. »Man arbeitet nicht ungestraft mehr als 14 Stunden am Tag«, kommentiert Freund und Nachbar Willi Berkhan sachlich. Glücklicherweise geht alles gut. Das gilt ebenso für einen Vorfall 13 Jahre zuvor. An einem eigentlich prächtigen Augusttag geht der Bundeskanzler unfreiwillig im See baden. Er steuert seine Conger-Segeljolle hart am Wind – und kentert. Namensvetter Bernhard Schmidt, Genosse aus dem SPD-Ortsverband Langwedel, hilft ihm, wieder Boden unter die Füße zu kriegen.

Die Aktion ist eigentlich harmlos, findet im Sommerloch dennoch mediales Interesse. »Schmidt rettet Schmidt« schreiben die Zeitungen. Das Segeln lässt sich einer wie Helmut Schmidt dadurch nicht madig machen. Schließlich ist er schon als Oberschüler mit Spaß über die Außenalster geschippert. »Als Segler möchte man von den Behörden nicht belämmert werden«, stellt er in einem Interview trotzig klar. Und wenn einer Einschränkungen macht, dann Helmut Schmidt höchstpersönlich. So beschließt er eines Tages selbst, sein geliebtes Hobby einzustellen. Keineswegs wegen des Risikos zu kentern, sondern wegen der Gefahr, nach einem Sturz ins eiskalte Gewässer einen Herzschlag zu erleiden.

Erst 1998, nach vier Jahrzehnten ohne Heizung, wird das Ferienhaus erheblich modernisiert. Die Hütte wird wegen der Asbestplatten von außen verklinkert. Der Charme der in aller Welt bekannten Bude mit der Fichtenholztäfelung und dem hellgrünen Filzteppich bleibt erhalten, die Außensauna ebenso. Nichts auf der Welt, da sind sich die Schmidts einig, ist so schön wie der Norden Deutschlands.

Zu den Freunden, die dort willkommen geheißen wurden, gehört neben dem Schriftsteller Siegfried Lenz auch Hamburgs langjähriger Bürgermeister Henning Voscherau. Den Notar mit dem urhanseatischen Habitus verbindet mit den Schmidts von jeher ein inniges Band der Sympathie. Welches einmal fast durchtrennt worden wäre.

Die Rede ist vom oben bereits beschriebenen Vorfall, als der Kanzler a. D. mit dem Rettungshubschrauber in die Kieler Uni-Klinik transportiert werden musste. Das Herz! »Ich dachte damals nicht, dass Helmut sein heutiges Alter erreicht«,

kommentiert Voscherau rückblickend. Während der anschließenden Reha seien bei seinem Freund Erinnerungsprobleme
spürbar gewesen. Glücklicherweise war dieses Problem rasch
komplett ad acta gelegt. Sodass sowohl Loki als auch Helmut
Schmidt die Idylle des Brahmsees weiter genießen konnten. So-
lange dies möglich war.

SCHMIDT HAMBURG –
MACHER IN BONN

Ein Spion als Wegbereiter des Karrieresprungs.
Persönlichkeit und Marotten des anpackenden
Kanzlers und Ehefrau Loki, die partout keine
»First Lady« sein will. Das Palais Schaumburg
am Rheinufer ist der Nabel der Republik.
Und warum der Chef am liebsten Suppe löffelt.

Vereidigung zum Bundeskanzler, 16. Mai 1974.

Die schönen Hamburger Zeiten gehen dem Ende zu – aus gutem Grund. Loki setzt sich zum Ziel, alles andere als eine grinsende Kanzlergattin sein zu wollen. Und Helmut will anpacken, eine Menge bewirken für die Bundesrepublik Deutschland. Nach drei Jahren als Wirtschafts- und Finanzminister hat er den Gipfel seiner politischen Laufbahn erreicht: Am 16. Mai 1974 wird Helmut Schmidt vom Bundestag mit 267 von 492 Stimmen zum fünften Kanzler der Bundesrepublik Deutschland gewählt. Was 1946 mit dem Eintritt in die SPD begann, wird nunmehr gekrönt. Die Bastionen in Langenhorn und am Brahmsee in Schleswig-Holstein jedoch behält das Ehepaar bei. Warum soll man Bewährtes ändern? Denn eines steht fest: Beide wollen und werden zurückkommen! Gemütlich haben es sich die Schmidts zu Hause in Langenhorn eingerichtet. Zwar ist der Hausherr viel in der damaligen Hauptstadt Bonn oder auf Reisen in alle Welt, doch wird am Neubergerweg soweit möglich ein normales Familienleben gepflegt. Loki, vom Naturell her die Selbstständigkeit in Person, bereitet ihrem Ehemann und Tochter Susanne ein behütetes Umfeld, ein Refugium weit entfernt vom turbulenten Alltag. In allen Räumen stehen Blumen, und in Vitrinen sammelt die gute Seele vom Neubergerweg Beutestücke ihrer Expeditionen aus aller Herren Länder: getrocknete Pflanzen, versteinerte Muscheln, kleine Gefäße, Baumrinden, exotische Masken. Im »Schmidt-Museum«, das nach dem letzten Willen des Ehepaars und nun auch Helmut Schmidts Tod eingerichtet werden soll, kann sich zukünftig jeder ein Bild von den geordneten, bescheidenen und höchstpersönlichen Lebensverhältnissen zweier Individualisten machen. Jede Menge Aschenbecher gehören dazu. Ob sie entfernt werden? Hoffentlich nicht.

Interessiert nimmt die Öffentlichkeit schon zu Lebzeiten teil am Privatleben der Schmidts – soweit dies zugelassen ist. Fast jeder weiß ein bisschen über die Familie mit dem bodenständigen Charakter. Man kennt die musikalischen Vorlieben, besonders für Mozart und Bach, den schwarzen Flügel in der Diele, das Faible für Schach, die bevorzugten Maler, den Sinn für Literatur, die Lust am Tabak sowieso. Zeitweise hat Loki die Angewohnheit, bei Weltreisen kleine, bunt verpackte Zuckerwürfel mit nach Hamburg zu bringen. Freunde unken, der Grund sei Sparsamkeit wegen des kostenlosen Einsatzes in Helmuts stark gesüßtem Kaffee, doch ist es tatsächlich Sammelleidenschaft. Helmut trägt gern Schuhe mit möglichst dicken Sohlen. Er meint, so hochgewachsener zu wirken als 1,70 Meter. Darauf kommt es fraglos nicht an, aber auch ein Schmidt ist eben nur ein Mensch.

Helmut, der immer schon unter einer überforderten Schilddrüse leidet, mag auf Speck gekochte Erbsensuppe, Coca-Cola, Eiscreme. Loki schätzt Butterkekse, heiße Zitrone ohne Zucker, Sandkuchen mit Schokostückchen. Und zu seinem Geburtstag am Tag vor dem Heiligen Abend backt sie ihm Napfkuchen mit Rosinen. Selbst im Süden Deutschlands wird die hamburgische Sprachmelodie der beiden geschätzt.

Er sagt artig »guten Tag« oder schlicht »Moin!«, berichten Nachbarn. Sie geht auch bei Hamburger Schietwetter, mit einem Kopftuch geschützt, zum damals noch existierenden Kaufmann um die Ecke. Mit Herbert Fischer, seinem Anrainer zur Linken, plaudert der aufstrebende Politiker über Heckenbeschnitt und Rasenmähen. Von Fischer übernahmen die Schmidts auch die Goldfische, als sein Gartenteich zugeschüttet wurde. Und mit Hans Hendrick, Nachbar zur rechten Seite, klönt Schmidt über Karnickelzucht. Der Hovawart der Familie Schmidt namens Jaspis darf sogar über Mariannes und Hans' Büsche hüpfen. Wunderbare Zeiten, in denen sich die Medien eines Industriestaates über solchen Kleinkram auslassen können. Doch es soll anders kommen, ganz anders.

Aber noch herrscht Ruhe und Frieden in Hamburg-Langenhorn wie auch im »Bundesdorf« Bonn. Nur Herr Dr. Arndt, ein Stück weiter weg, lebt laut »Bild« in Disharmonie mit dem jetzt schon prominenten Ehepaar Schmidt. Angeblich lässt der Politiker fünf statt nur zwei Garagen vor seiner Haustür bauen. Man sagt in der Straße, dass sie für jeweils 50 D-Mark vermietet werden. Andere Anwohner murren über die Sichtbehinderung.

Ganz neugierige Journalisten plaudern kleine Geheimnisse aus. Loki wünscht sich nichts mehr als eine Bestandsaufnahme aller im Lande existierenden Pflanzen. Diplomatisch geschickt schafft sie es sogar, die Behörden ihrer Heimatstadt von einem außerordentlichen Verwaltungsakt zu überzeugen: Ein rund einen Quadratkilometer umfassendes Hochmoor mit Enzian und Sumpfdotterblumen in der Nähe ihres Hauses wird unter Naturschutz gestellt. Nachbarn meinen zudem zu wissen, dass die beiden Schmidts getrennte Schlafzimmer haben. Das aber folgt erst später. Und natürlich wird immer schon nach Herzenslust getratscht.

In jungen Jahren, so sagen manche zum Beispiel, sei Helmut Schmidt einem Techtelmechtel nicht prinzipiell aus dem Wege gegangen. Es wird eine Menge erzählt, immer schon. Auf jeden Fall ist dies ein anderes Kapitel – aber ganz bewusst nicht in diesem Buch. Mögen beide in Frieden ruhen.

Wahrscheinlich würden die eben genannten, liebenswerten, auf dem bodenständigen Naturell der Schmidts basierenden Details kaum eine Menschenseele interessiert haben, hätte es nicht den 5. Mai 1974 gegeben, ein weiteres für die Familie Schmidt epochal bedeutendes Datum. An diesem Tag führt die Enttarnung des DDR-Spions Guillaume zum Rücktritt des Bundeskanzlers Willy Brandt. Konsterniert sitzt der SPD-Politiker mit seinen Getreuen in Bad Münstereifel beisammen und erwägt die desaströse Situation. Der Agent in seiner direkten Nähe, gewichtige Probleme mit der bundesdeutschen Konjunktur und ein latenter Hang zu Depressionen lassen den Tag von Grund auf düster erscheinen. Ob Brandt auch die Enthüllung irgendwelcher Frauengeschichten und damit verbundene Erpressungsversuche befürchtet, bleibt Spekulation. Wie auch immer. Schon bevor die Beratungen in Bad Münstereifel richtig losgegangen sind, meint Brandt aus dem Bauch heraus: »Der Helmut muss das machen!« Der damit gemeinte Finanzminister reagiert anfangs alles andere als begeistert, sagt dann jedoch zu Ehefrau Loki: »Erst mal muss ich das jetzt ja wohl machen.« Aus »erst mal« werden letztlich acht Jahre. Einer der Ersten, der vom überraschenden Aufstieg des Barmbekers erfährt, ist der Architekt Hartmut Scheffler. Der gebürtige Danziger mit späterem Wohnsitz in Klein Hansdorf schildert Jahre später einer Journalistin der »Ahrensburger Zeitung« eine Petitesse aus diesen turbulenten Tagen im Frühsommer 1974. Scheffler hat seinerzeit den Auftrag, das Doppelhaus der Familie Schmidt in Hamburg-Langenhorn umzubauen und zu erweitern.

Der Architekt übt seinen Job mit Professionalität und der gebotenen Diskretion aus. Der Hausherr und sein Dienstleister sprechen auch privat miteinander; die Politik bleibt außen vor. Mit einer entscheidenden Ausnahme. Eines Morgens, so berichtet Hartmut Scheffler, sei Helmut Schmidt auf ihn zugekommen und habe einen Satz gesagt, dessen Bedeutung ihm erst später klargeworden sei: »Herr Scheffler, jetzt können Sie Kanzler zu mir sagen.« Zwar verdient Deutschlands Regierungschef gut 20.000 Mark brutto im Monat, doch waren die Bezüge schon als Minister nicht schlecht. Die Bezahlung der Baumaßnahmen ist also gesichert.

Nur elf Tage nach den richtungsweisenden Gesprächen von Bad Münstereifel, am 16. Mai 1974, wird der Hamburger Helmut Schmidt zum fünften Kanzler der Bundesrepublik Deutschland gewählt. Ein Norddeutscher ganz oben! Von der Tribüne des Plenarsaals aus verfolgen Gattin Loki, Tochter Susanne und Schmidts Sekretärinnen den großen Moment. Eines späteren Tages wird Helmuts Vater Gustav Schmidt Loki fragen: »Wie heißt das noch, was der Helmut da macht?« Er macht eine ganze

Loki und Susanne Schmidt erleben Helmuts Wahl zum Bundeskanzler
auf der Gästetribüne des Deutschen Bundestages.

Bundespräsident Gustav Heinemann überreicht die Ernennungsurkunde,
Mai 1974.

Menge, bringt wirtschaftlichen Sachverstand, außenpolitisches Know-how, sein internationales Netzwerk und vor allem seine pragmatischen Fähigkeiten ins Spiel. Es passiert was in der guten, nun schon ein Vierteljahrhundert alten Bundesrepublik. Parallel ist Walter Scheel Bundespräsident, Hans-Dietrich Genscher Außenminister. Natürlich zieht nun auch Loki in den Kanzlerbungalow in Bonn. Selbstverständlich ist sie stolz auf die Karriere ihres Mannes, dem sie jetzt seit 32 Jahren vertraut und verbunden ist. Andererseits schmerzt der Umzug aus der geliebten Heimatstadt immens. Zwar bleibt das Haus in Langenhorn als Rückzugsmöglichkeit erhalten, doch kann das Ehepaar nur an den Wochenenden mit einem Bundeswehr-Jet von Köln/Bonn in die Heimat fliegen – wenn überhaupt. Während Helmut, von der plötzlichen Wahl beflügelt, quasi rund um die Uhr arbeitet, ist Loki klar: Die gemütlichen Tage in Hamburg gehören der Vergangenheit an. Vorübergehend zumindest.

Freunden gegenüber macht sie ihre Einstellung zum neuen Leben ganz oben unmissverständlich klar: »Ich bleibe so, wie ich bin.« Basta. Auch fortan wolle sie mit ihrer selbst genähten, schwarzen Einkaufstasche die für den Alltag notwendigen Besorgungen erledigen. Eine Putzfrau für die Bodenpflege sei prinzipiell in Ordnung, den Rest könne sie erledigen – zumindest im privaten Teil der neuen Heimat. Kostspielige, womöglich noch maßgeschneiderte Kleider und Kostüme, wie sie Rut Brandt bisweilen bevorzugte, seien ihre Sache ohnehin nicht. Sie könne, wie ihr Gatte auch, problemlos von der Stange kaufen.

Und Helmuts Hemden bügeln? Kein Thema. Besser, als die Wäsche immer von der Elbe an den Rhein und umgekehrt zu bringen. Meint Frau Schmidt. Und ein Grundsatz schwebt über allem: »Ich ziehe zehn Besuche in Kinder- oder Altenheimen alle Male einer Cocktailparty vor.« Small Talk, von den Schmidts auf gut Hamburgisch »dumm Tüch« genannt, ist der Hanseatin von jeher ein Gräuel. Nicht immer wird sie ihre

Grundsätze und Vorstellungen in den kommenden acht Jahren so einfach in die Tat umsetzen können, aber sie bemüht sich mit der Kraft ihres Herzens.

Soweit es das neue Amt zulässt, stimmt Helmut ihr zu. Als Wirtschafts- und Finanzminister hat sich der Norddeutsche zuvor schon einen Ruf als Mann hart erarbeitet, dem Luxus und Verschwendung Fremdworte sind. Und nun folgt der »Sparkanzler«, der privat mit gutem Beispiel vorangeht. Der spätere und 2012 wahrlich nicht in Ehren zurückgetretene Bundespräsident ist gerade 13 Jahre alt und noch nicht einmal Mitglied der Jungen Union, als der Sozialdemokrat Helmut Schmidt seine Prinzipien beeindruckend beweist.

»Lasst das Zeug stehen«, weist er kurz und knapp an, als es um das neue Heim im Palais Schaumburg direkt am Rhein geht. Die Rede ist vom Mobiliar in dem zu Ludwig Erhardts Kanzlerzeiten von Sep Ruf erbauten Bungalow in der Haupt-stadt. Rund drei Millionen D-Mark, in Euro gerechnet etwa die Hälfte, haben die beiden ineinanderverschachtelten Atri-umbauten gekostet. Schön ist nach heutigem Geschmack etwas anderes. Der Kanzlerbungalow zeichnet sich durch eine höchst funktionelle, nüchterne und kühle Architektur aus.

Die Schmidts haben die Qual der Wahl. Soll das neue Kanz-ler-Quartier am Kiefernweg 12 auf dem Bonner Venusberg aufgeschlagen werden? Dort wohnt nach dem überstürzten Rücktritt nach wie vor Willy Brandt, und seinen Vorgänger und (Partei-)Freund will Genosse Helmut keinesfalls vertrei-ben. Loki, wie immer unkompliziert und pragmatisch denkend, hat ein entscheidendes Argument pro Palais Schaumburg parat: »Dann fällst du nicht direkt von der Haustür in den Dienstwa-gen, sondern kannst durch den Park ein paar Schritte zu Fuß ins Kanzleramt laufen.« Natürlich ist die Grünanlage in Ufernähe hermetisch abgeriegelt und steht unter starker Bewachung.

Also geht's in aller Eile ins Palais – die Amtsgeschäfte lassen keinen ausgeruhten Umzug zu. Der von Kanzler Kurt Georg

Kiesinger Jahre zuvor neu eingerichtete Bungalow mit den hohen Fensterfassaden wird für die vergleichsweise spärliche Summe von 45.000 Mark umgebaut. Ein halbes Jahrzehnt lang hat der Kasten als Gästehaus fungiert: Während ihrer Deutschland-Reisen wohnten hier auch der japanische Kaiser sowie das belgische Königspaar.

Einen kleinen Luxus gönnt sich das Ehepaar Schmidt: Der Swimmingpool, mit Maßen von drei mal sechs Metern alles andere als prachtvoll, wird beheizt. Loki liebäugelt kurzzeitig mit Schwimmeinlagen in der weit feudaler ausgestatteten Villa Hammerschmidt des Bundespräsidenten Walter Scheel nicht weit entfernt, verzichtet aber letztlich auch mit Blick auf die Sicherheitsleute auf dieses feuchte Vergnügen.

Das Mobiliar, darunter eine klobige Sitzgruppe, wird wie schon erwähnt nahezu komplett übernommen. Auch die holzgetäfelte Decke, anfangs an sich das einzig wirklich Gemütliche im neuen Wohnzimmer, bleibt so, wie sie ist. Natürlich wird auch das weiße Klavier von Möbelpackern in den Kanzlerbungalow transportiert. Das gute Stück stammt aus den Anfangsjahren der Ehe, finanziert durch mühsames Sparen, und hat nicht nur optisch eine wechselvolle Geschichte hinter sich. Erst war es rot, dann schwarz, und nun ist es weiß. Da es im offiziellen, repräsentativen Part des Palais bereits einen Konzertflügel gibt, wird das Piano im Privatbereich aufgestellt. Nicht selten wird der neue Chef in die Tasten greifen, um sich Ablenkung zu verschaffen. Randbemerkung: Auch noch kurz vor seinem Tod vollzog Helmut Schmidt dieses beruhigende Ritual – auch wenn er mit seinem Hörgerät die Töne gar nicht mehr hören konnte. »Ich fühle die Musik«, pflegte er zu sagen.

Zurück ins Jahr 1974. Loki widmet sich der Inneneinrichtung. Sie hängt ein Ölbild aus Bali an die Wand, platziert die besonders von Helmut geschätzten Meereslandschaften von Christian Modersohn in einem Nebenraum und stellt ihre afrikanischen Masken sowie ihre geliebten roten Gläser auf. Alles hat seine Ordnung, wenn auch auf bescheidenem Niveau.

Am Tag darauf ist es so weit: Am 7. Juni um Punkt 7.55 Uhr verlässt der preußische Hanseat Schmidt den Kanzlerbungalow und geht durch den Park ins Kanzleramt. Der erste Diensttag beginnt so, wie er es vorher angekündigt hat: »Wenn ich nicht arbeiten kann, bin ich tot.« Dass dieser Grundsatz hochprozentigen Einsatzes von Anfang an auch sehr viel später, selbst nach Lokis Beerdigung, Gültigkeit haben sollte, kann in diesem Moment niemand ahnen. Ist der Staatsmann mit der Helgoländer Lotsenmütze nicht auf kleiner oder großer Reise, kommt er selten vor zwei Uhr nach Hause – nicht mittags, sondern nachts.

In der Regel hat sich Loki, so keine Verpflichtungen anstehen, um diese Zeit längst zur Ruhe begeben. Allerdings erhält sie kurz vor der nächtlichen Ankunft ihres Ehemannes einen kurzen Lockruf. Dann bleibt Zeit, Milch zu erwärmen. Manchmal schafft sie es auch, Helmuts Lebensgeister mit einem heißen Kakao zu wecken. Dazu gehören ein Klönschnack, möglichst ohne dienstlichen Bezug, eine Einlage am Klavier oder zwecks Zerstreuung eine Partie am Schachbrett.

Bei Weitem jedoch überwiegt die Arbeit. An medienwirksamen Auftritten mangelt es dennoch keineswegs. Folglich wird eine Mütze zur Marke. Und vielleicht nicht ausschließlich zum Spaß marschiert der Bundeskanzler eines Morgens um 8.30 Uhr mit einer Trillerpfeife durch den Park ins Amt, in die er kräftig bläst. »Das war ein Anpfiff!«, lässt der Chef wenig später vermelden. Intern heißt es, dieses Signal zu pünktlichem Erscheinen sei auf offene Ohren gestoßen. Nicht dass in der Brandt-Ära in den Amtsstuben ein süßes Leben gepflegt wurde, jetzt indes herrscht ein anderer Wind. Hoch aus dem Norden kommt er, aus Hamburg-Langenhorn.

Kleiner Scherz am Rande: Bei allem Einsatz für die res publica ist Helmut Schmidt immer wieder mal zu einem Späßchen bereit. In seiner Zeit als Finanzminister im Vorfeld der

Kanzlerschaft erhält er ein originelles Geschenk: einen Spazierstock mit anmontiertem Flachmann (Asbach Uralt) sowie einer Fahrradklingel. Damit zieht der Hamburger eines Tages durch die Flure des Dienstgebäudes und lässt es fröhlich bimmeln. Die Beamten trauen ihren Augen kaum – und Schmidt präsentiert sein wunderschönes Haifischlachen, das der politische Gegner sonst zum Fürchten gern hat.

Über den Regierungsstil des pflichtbewussten und emsigen Hanseaten streiten sich von Anfang an die Geister. Die Einstufung als direkt und forsch sei allzu höflich formuliert, sagen die einen. Andere behaupten, »Schmidt Schnauze« fahre seinen Mitarbeitern gelegentlich über den Mund oder sei in Fachgesprächen gar ein Oberlehrer. Das Gros des Stabes aber schwört auch später noch auf Durchsetzungsvermögen und Tatkraft des Mannes von der Elbe. Mancher Mitarbeiter bleibt ihm ein Leben lang treu – in Gedanken, aber auch ganz real im Vorzimmer später im »Zeit«-Verlag oder dem Privatarchiv am Neubergerweg.

Über die politischen Verhältnisse in den Jahren 1974 bis 1982 wurden inzwischen zig Bücher veröffentlicht, sodass diese nur kurz gestreift werden sollen. Zum Beispiel liegt die Inflationsrate 1976 über 4,5 Prozent. Und die Arbeitslosenzahlen steigen von 2,6 Prozent bei Amtsantritt auf 5,5 Prozent drei Jahre später. Von Beginn an muss Helmut Schmidt gegen die weltweite Rezession ankämpfen. Nach überwiegendem, rückwirkendem Urteil macht er das nüchtern, pragmatisch und letztlich gut. Hinter vorgehaltener Hand testieren ihm sogar Oppositionspolitiker eine ausgeprägte Kompetenz in Finanz- und Wirtschaftsfragen. Unter dem Strich geht Schmidt nicht nur als Mann der Zahlen, sondern auch als Miterfinder des Nato-Doppelbeschlusses in die Geschichte ein. Als Profi in Sachen Außen- und Sicherheitspolitik ist es seine Absicht, Abrüstung voranzutreiben, ohne sich wehrlos zu machen. Die brutalen Erfahrungen des Zweiten Weltkriegs sind tief in seiner

Seele verankert und manifestieren den Willen, dass in Europa nie wieder Waffen das Sagen haben sollen.

Der »Stern« meint in seiner Ausgabe vom 3. Oktober 1974, also knapp vier Monate nach dem Neustart, der Kanzler kommandiere lieber, als dass er diskutiere. Unter dem Titel »Der Herrscher« befindet das Magazin »Capital« nach der Wiederwahl, dass der Norddeutsche als Staatschef wie Charles de Gaulle im Nachbarland Frankreich regiere. »Le Feldmarschall« schreiben dort einige Zeitungen. Schmidt fühlt sich dadurch eher geehrt.

Natürlich wird das noch geteilte Deutschland aus dem Ausland argwöhnisch beobachtet. Aufmerksam registriert die Welt, dass im Palais Schaumburg ein Regierungschef mit Kunstsinn Einzug gehalten hat. Zwar platziert Schmidt an der Wand hinter dem Schreibtisch seines Arbeitszimmers ein Bild des sozialdemokratischen Veteranen August Bebel, doch dominiert sonst die Moderne. Im Kabinettssaal hängt ein sieben Quadratmeter großes Monumentalgemälde des expressionistischen Malers Ernst Ludwig Kirchner mit dem ergreifenden Namen »Alpsonntag«. Dabei handelt es sich um eine Leihgabe aus der Schweiz. Hinter den Kulissen murrt der Sparkanzler über 400 Mark Zollgebühr, die der Fiskus für das Kunstwerk verlangt.

Dabei darf es durchaus auch noch eine Nummer größer sein. Schmidt selbst, von Loki beraten, wählt eine Bronzeplastik von Henry Moore für den Garten abseits des Kanzleramtes aus. Das gewichtige Teil ist 3,5 Meter hoch und sechs Tonnen schwer. Über Geschmack lässt sich bekanntlich nicht streiten. Der Norddeutsche ist längst außer Dienst, als die Plastik beim Umzug des Amtes von Bonn in die neue Hauptstadt Berlin schwerwiegende Probleme aufwirft: Wohin mit dem Teil? Diese Sorge zumindest ist Helmut Schmidt los.

Im Gästezimmer des Kanzleramtes fällt alles etwas kleiner aus. Auf einem kleinen Tisch sind mehr als 25 Fotos in Silber- und Lederrahmen aufgestellt. Sie zeigen die Großen dieser

Bundeskanzler Helmut Schmidt im Gespräch mit dem
sowjetischen Staats- und Parteichef Leonid Breschnew, 1974.

Helmut Schmidt lauscht einer Ansprache des englischen Künstlers Henry Moore.

Welt. Lästermäuler behaupten, dass sie von dienstbaren Geistern so platziert wurden, dass sich der jeweilige Staatsgast im Heckel-Zimmer auf der richtigen Seite fühlen durfte.

Auch wenn herrliche Anekdoten über lauschige Whiskey-Runden in der Führungsetage kursieren, ist die Wahrheit ernüchternd. Zeit seines Lebens hatte Helmut Schmidt mit harten Sachen wenig am Hute. Nur in Ausnahmefällen gibt es zu fortgeschrittener Stunde einen dünnen Scotch on the rocks. Das war's dann aber auch. Loki erzählt im internen Kreis, dass Helmut mehrere Jahre, von dem einen oder anderen Höflichkeitsschluck abgesehen, praktisch auf dem Trockenen saß – und dass er nie in seinem Leben so richtig volltrunken war. Zu Studentenzeiten in der Nachkriegsära standen Zechgelage in Kneipen ohnehin nicht zur Debatte. Jeder war froh, wenn er halbwegs über die Runden kam und genug zu essen hatte.

Jede Regel hat mindestens eine Ausnahme. Und diese heißt Leonid Breschnew. Der kapitale und trinkfreudige Sowjetführer schafft es, sogar den weltgewandten Helmut Schmidt in die Bredouille zu bringen. Bei einem Staatsbankett verblüfft Gospodin Leonid den Kanzler ebenso wie den Bundespräsidenten Walter Scheel mit einer ungewöhnlichen Wodkaquelle. Breschnews persönlicher Leibwächter Aljoscha, ein Bär von einem Mann mit Armen wie Stahl und angeblich gütigem Lächeln, sitzt unentwegt in der Nähe seines Herrn und Gebieters. Auf ein kurzes Kommando des KPdSU-Chefs greift der Bodyguard in seine rechte Brusttasche, zieht diskret einen inhaltsreichen Flachmann hervor – und schenkt ein. Reichlich. Und nicht nur seinem Chef, sondern auch den Brüderchen Kanzler und Bundespräsident. »Nach je zwei gut gefüllten Wodkagläsern war bei uns beiden Deutschen Schluss«, erinnerte sich Helmut Schmidt später. Gemeinsam mit dem FDP-Kollegen hisst er – im übertragenen Sinne – die weiße Flagge alkoholfreier Kapitulation. Was auch besser so ist, da Aljoscha immer wieder Nachschub holt. Nur für den Russen ist längst noch nicht Ende.

Gemeinhin zieht Schmidt stark gesüßten Kaffee, jede Menge Cola und manchmal auch warme Milch vor. In der Zeit vor seinem Tod steigt er immer öfter auf Tee um. Und Essen? »Darauf hat Helmut nie gesteigerten Wert gelegt«, sagte Loki einmal. Zumindest nicht während der Arbeit, also mehr oder weniger ganztags. »Helmut, du kannst ja nicht immer nur Suppe zu dir nehmen«, ruft sie einmal geradezu verzweifelt. Der Grund: Bei dieser Form flüssiger Nahrung kann der Kanzler mit der rechten Hand löffeln und mit der linken in Aktenordnern blättern. Spart Zeit. Kein Witz.

Derweil ihr Mann im Dienste der Nation malocht, kümmert sich Loki um den Haushalt. Neben der bereits erwähnten Reinmachefrau assistiert ihr eine Art Haushälterin. Allerdings nicht für den Privatbereich im Palais Schaumburg, bewahre, sondern im angeschlossenen Trakt – bei Empfängen. Klaglos nimmt die First Lady, die diesen Begriff so sehr hasst, auch offizielle Pflichten war, aber nur wenn es partout sein muss. Lieber widmet sie sich ihrer großen Leidenschaft, der Botanik und dem Naturschutz. Unumwunden bekennt sie, die Pluspunkte einer Kanzlergattin im Interesse der Sache effektiv zum Einsatz zu bringen.

Den Schuldienst hat sie bereits 1972 quittiert – mit einer erheblichen Portion Verdruss. Da eine langfristige Beurlaubung nicht möglich ist, so sagen es die Verordnungen, verlebt sie nach 23 Jahren bei den Kindern am Othmarscher Kirchenweg sowie anschließend im Eberhofweg ihren letzten Tag als Lehrerin mit einem weinenden Auge. In Bonn mischt sie sich sogar ins Protokoll ein und besteht darauf, nicht bloß ein Anhängsel des Herrn Bundeskanzler zu sein. Dieser Weg zur Selbstständigkeit führt sie weiter in Richtung Fauna und Flora. Auch Dienstreisen nach Übersee werden zu diesem Zweck genutzt, doch ist dies ein anderes Kapitel.

Innerdeutsch reisen die Schmidts mit der Luftwaffe und natürlich einem gepanzerten Dienstwagen. Kennzeichen: BN für Bonn, 0 – 2 für den vom Rang her zweithöchsten Mann der 1974 drittgrößten Industriemacht der Erde. Walter Scheel lässt sich mit BN – 0 – 1 durch die Gegend chauffieren. Nicht nur »Sir Walter« amüsiert sich köstlich über einen Wutausbruch des Bundeskanzlers, der in kleinen Dingen durchaus Prinzipienreiter sein kann. Schmidts Wagen parkt im Halteverbot vor dem Bundestagshaus. Dafür gibt es ein »Knöllchen« mit 20 Mark Verwarnungsgeld. Diese »Frechheit« (»Was bilden Sie sich ein!«) bringt den Kanzler in Wallung. Genüsslich wird in Bonn kolportiert, dass er persönlich interveniert habe. Begründung: Das Halteverbot gelte nicht für Polizisten im Dienst, und immerhin sei sein Fahrer zugleich ein Sicherheitsmann. Keine Frage, dass ein beflissener Behördenmensch die Sache diskret ad acta legt.

Mit der Bundesbahn, wie das Unternehmen damals heißt, erspart man sich solche Unbill. Oft und gern reist Helmut Schmidt auf der Schiene zu Terminen im Umkreis des Rheinlandes – von Schnellbahntrassen und ICE-Zügen kann man seinerzeit nur träumen. Schmidt schätzt die arbeitsame Ruhe und den bescheidenen Komfort des Salonwagens Nummer 89 90 01 außerordentlich. Der Besprechungsraum des Spezialwaggons beinhaltet acht gepolsterte Sitze, zwei Schlafräume, Gästeabteile, Duschkabinen sowie eine Bordküche. Dort wird dann die Suppe zubereitet.

Die Bezeichnung »Küchenkabinett« hat natürlich eine andere Bedeutung. Sehr zum Verdruss der Opposition, aber auch der FDP und der SPD-Linken regiert der Hamburger Macher zielgerichtet und effektiv – ohne langes Palaver, wie er es nennt. Sprich: Er bildet kleine, schlagkräftige Arbeitsgruppen, die ihre Aufgaben in seinem Sinne zügig bearbeiten. Manchem Sozi schmerzt die Seele; denn es handelt sich wahrlich nicht nur um gestandene Genossen.

Insider kennen die personelle Zusammensetzung. Zu Team 1 zählen Krupp-Direktor Ernst Wolf Mommsen, der ehemalige

Finanzminister Alex Möller sowie Bundesbankpräsident Karl Klasen, mithin jener Wegbegleiter, der Schmidt in jungen Jahren den Kredit für sein Auto bewilligte. Team 2 umfasst Kanzleramtsstaatssekretär Manfred Schüler, den amtierenden Finanzminister und späteren St. Paulianer Hans Apel plus Karl Otto Pöhl, Staatssekretär im Finanzministerium. Was Vorgänger Willy Brandt mit seinem »Küchenkabinett« exerziert hatte, nutzte nun auch Helmut Schmidt zum Anpacken ohne viel Federlesen. Zur Erinnerung: Brandt versammelte Egon Bahr, Günter Gaus und Klaus Harpprecht zu seinem persönlichen Trio, um kompetent voranzukommen. Das berühmte Kleeblatt der innigsten Schmidt-Verbündeten wird an anderer Stelle dieses Buches behandelt.

Dass der Bundeskanzler über einen Intelligenzquotienten von mehr als 120 verfügt, meinen Wissenschaftler erforscht zu haben – wie auch immer. Gewiss ist, dass er allzeit mit einem erstaunlichen Gedächtnis zu glänzen weiß. Auch vor seinem Tod verblüfft er Gesprächspartner mit Details aus seiner politischen Vergangenheit, enormem Faktenreichtum und weltwirtschaftlichen Zusammenhängen, die selbst Fachleute nicht unbedingt parat haben. Das macht den Unterschied. Immer schon.

Und was nicht im Hirn verankert ist, organisiert der Mitarbeiterstab – in der Bonner Ära, aber auch anschließend. Das Privatarchiv im Neubergerweg, das noch an anderer Stelle besprochen wird und eine Art Vermächtnis Helmut Schmidts darstellt, birgt einen üppigen Fundus deutscher Geschichte. Darunter finden sich umfangreiche Notizen eines prall gefüllten Lebens. Zwar wurden die Aufzeichnungen während der Kriegszeit zerstört, doch von Helmut Schmidt – soweit möglich – rekonstruiert. Auch regalweise Aktenordner zählen dazu. Politikwissenschaftler und Historiker aus aller Welt erhalten relativ unkompliziert und gastfreundlich Zugang. Es ist Schmidts letzter Wille, dass sich daran nichts ändert.

Dienstliche Post ist abgeheftet, private Korrespondenz ebenso. Von jeher legt er Wert darauf, praktisch jedes Schreiben zu beantworten – und sei es nur ein Autogrammwunsch. Offizielle Briefe tragen oft ein Kreuz, mit grünem Stift notiert. Zum Archiv zählen ebenfalls Wochenplaner, Tisch- und Jahreskalender aus bewegten Berufsjahren. Fast komplett sind diese Erinnerungsstücke erhalten. Sie legen ein umfangreiches Zeugnis ab vom Schaffen einer Persönlichkeit, deren Ableben Deutschland ärmer macht.

Was waren das noch für Zeiten, in denen der Barmbeker mit seiner Lotsenmütze große Politik machte, selbst bei einem Chirurgenkongress rauchte und seinen Senf dazu gab, wann immer es ihm passte. 1980, zwei Jahre vor Ende der Kanzlerschaft, muss ihn eine Art »Altersmilde« (Originalton Schmidt) befallen haben: Er zeigte der Öffentlichkeit, wie sein Palisander-Schreibtisch im Bonner Amt aussieht. Weilt er nicht außerhalb der Hauptstadt, sitzt er dort bei gedämpftem Licht bis in die Puppen und arbeitet – meist 14 Stunden und mehr. Die Klimaanlage saugt den Qualm ein und hat damit reichlich zu tun. Und zwischendurch wird Suppe gelöffelt und zur Kaffeetasse gegriffen.

Zwar wirkt der Arbeitsplatz bei Staatsterminen und Fotografenbesuchen (»Na, wie geht's euch Verbrecher?«) aufgeräumt, doch ruht auf der Holzplatte sonst ein Sammelsurium kleiner, überall gesammelter Schätze. Was übrigens auch für das Arbeitszimmer daheim in Langenhorn gilt, das später noch beschrieben wird.

Neben zwei versilberten Kästchen mit sorgsam gestapelten Zigaretten liegt 1980 eine 25-Cent-Münze, Beutestück einer USA-Reise. Zu sehen sind ein Korb mit Filzstiften, besonders grünen, ein Alabasterschälchen mit Büroklammern, ein vergoldeter Brieföffner mit einem Topas als Knauf, eine runde Tischuhr mit schwarzem Zifferblatt und eine Lesebrille. Vorn steht ein Bilderrahmen mit einem Loki-Foto, »auch wenn das sonst gar nicht unsere Art ist«. In einer Kristallvase steckt eine rote Rose, in einem Kasten sind Telegramme mit Nachrichten der Deutschen Botschaften überall auf der Erde untergebracht. Von E-Mails hat man noch nichts gehört, und Telefaxe kommen erst nach und nach ins Geschäftsleben. Rückblickend wirkt alles ein wenig beschaulich, was es fraglos nicht war.

Das Volk rätselt, welche Bedeutung die drei verschiedenfarbigen Telefongeräte haben. Auch hier hat alles seine Ordnung: Der moderne Apparat mit den Drucktasten stellt direkt Verbindungen in die Zimmer der Mitarbeiter her, das grüne mit der weißen Wählscheibe ist für normale Anrufe gedacht, und das graue, ebenfalls mit Wählscheibe ausgestattet, dient geheimen Gesprächen. Letzteres verfügt über einen Zerhacker, ein Wunderwerk damaliger Technik, der das Abhören verhindern soll. Man weiß nie, welcher Geheimdienst wie und wo sein Unwesen treibt. Noch herrscht Kalter Krieg in Europa. Sogar der Einsatz der Putzfrauen wird von Kriminalbeamten beäugt.

Diese Details deutscher Politik vor bald einem halben Jahrhundert mögen unwichtig erscheinen. Sie sind es jedoch deswegen nicht, weil sie den Politikalltag damals dokumentieren und Zeugnis ablegen vom Arbeitsstil eines Mannes, der garantiert nicht in Vergessenheit gerät.

IM VISIER DER
ROTEN ARMEE FRAKTION

Terroristen bedrohen die Familie Schmidt.
Das Haus in Langenhorn wird zur Festung
umgerüstet. Und als Loki im Bonner
Kanzlerbungalow fernsieht, liegt auf dem
Kühlschrank eine geladene Walther PP,
Kaliber 7,65.

Helmut Schmidt kondoliert Waltrude Schleyer, Witwe des von
Terroristen ermordeten Arbeitgeberpräsidenten Hanns Martin Schleyer.

Alarmstimmung im sonst so beschaulichen »Bundesdorf« Bonn. Vor dem ohnehin schon hermetisch abgeriegelten Park mit dem Kanzlerbungalow liegen Soldaten des Bundesgrenzschutzes hinter Sandsäcken in Deckung – mit Maschinengewehren im Anschlag. Deutschland hat Angst. Und am meisten gefährdet ist Helmut Schmidt.

Loki, Susanne und ihm stehen dramatische Stunden bevor, denen sie trotzen. Stichwort ist der Deutsche Herbst, die Bedrohung durch den Terrorismus. 1975 wird der Berliner Christdemokrat Peter Lorenz entführt. Von 40 Grad Fieber geschüttelt, gibt Helmut Schmidt der Erpressung letztlich nach. Es folgen das Attentat auf die Deutsche Botschaft in Stockholm und die Ermordung des Bankiers Jürgen Ponto. Bonn zittert vor weiteren Attentaten der Roten Armee Fraktion (RAF). Am 5. September 1977 erfolgt der nächste Anschlag: Um 17.25 Uhr wird der Industrielle Hanns Martin Schleyer entführt. Vier Stunden später, um 21.30 Uhr, ist ein zutiefst betroffener, jedoch entschlossener Kanzler im deutschen Fernsehen zu hören: »Der Staat muss darauf mit aller notwendigen Härte reagieren!« In einer außerordentlichen Ansprache an die Nation erbittet der Regierungschef die Mithilfe der Bevölkerung. Ernst wie selten zuvor blickt der Kanzler durch seine dunkle Brille, redet von »blindwütigen Terroristen« und nennt es die moralische Pflicht eines jeden Bürgers, die Sicherheitskräfte des Landes zu unterstützen. Auch wenn das Bundeskriminalamt erheblich verstärkt wird und der Bundesgrenzschutz fast allerorten Präsenz zeigt, könne es eine absolute Sicherheit nicht geben.

Nach 44 Tagen als Geisel wird Schleyer vom Terrorkommando ermordet. Das Land ist erschüttert. Auch im Fall der von der GSG9 später in Mogadischu befreiten Lufthansa-Maschine »Landshut« lässt sich die Regierung nicht in die Knie zwingen, sondern bleibt konsequent unerpressbar – allem bitteren Beigeschmack zum Trotze. Loki und Helmut Schmidt, die neben glorreichen Momenten auch enorm Belastendes in ihrem Dasein überstanden haben, verleben die grausamsten Tage überhaupt. Bei seiner Rede an die Nation am 20. Oktober 1977 im Bundestag sagt der alles andere als gottesfürchtige Kanzler drei bewusst gewählte, vielsagende Wörter: »Gott helfe uns!« Er wird diesen Appell in seinem Leben nicht wiederholen. Auch Tochter Susanne muss unter dem Diktat des RAF-Terrorismus leiden. Nach Studium und Promotion wechselt sie zur Deutschen Bank nach London. Auch Tokio wäre eine Option gewesen. Nach drei Jahren ergibt sich die Chance, eine Zweigstelle in Lüneburg zu übernehmen. Ein erstklassiger Job nicht weit von ihrer Geburtsstadt in einem ansehnlichen Städtchen wäre etwas Feines. Wäre. Denn die sicherheitsgefährdete Kanzlertochter müsste vor Ort mit Personenschutz leben. Aus Sicherheitsgründen bliebe nur die Bankzentrale in Frankfurt.

Doch nach diesem kleinen Einschub zurück in die bitteren Tage des Deutschen Herbstes. Wie schwer sich Helmut Schmidt und seine Ehefrau Loki mit dem Spagat zwischen einer unnachgiebigen Haltung Terroristen gegenüber und der Angst vor möglichen menschlichen Opfern tun, dokumentiert ein erst viel später bekannt werdender Entschluss des Ehepaares. Nach dem Terroranschlag in Schweden gehen die beiden durch den kleinen Park neben dem Kanzlerbungalow und diskutieren das Grundproblem: Was soll geschehen, wenn einer von uns Opfer einer Entführung wird? Es ist ein Gespräch, das an die Nieren geht. Entschlossen, doch schweren Herzens suchen Loki und Helmut Schmidt am Folgetag den Kanzleramtschef auf. »Falls einer von uns beiden gekidnappt wird, darf uns der Staat nicht austauschen«, geben sie dort sinngemäß zu Protokoll. Dieser Wille wird von beiden unterschrieben.

Eine weitere kurze Zwischenbemerkung: Nicht nur diese dramatischen Zeiten akuter terroristischer Bedrohung für den Staat, aber auch ganz persönlich, prägen die Einstellung des Ehepaars aus Langenhorn markant. Während er auf Nachfragen meist nur die Schultern zuckt und in der ihm typischen Art

Politischer Alltag im Jahr 1977.

Kanzler Schmidt hält eine bewegende Fernsehansprache.
Botschaft: Die Bundesrepublik wird sich nicht erpressen lassen.

vom Tod als »Wechseln der Adresse« spricht, geht sie offener mit ihren Gefühlen um. Auch nach außen.

Zwei Jahre vor ihrer Beerdigung im Oktober 2010 erzählt sie freimütig über ihr Innenleben: »Wenn ich erst einmal auf der Schwelle stehe, habe ich auch keine Angst mehr.« Sie sei der Meinung, dass man sich letztlich in alle Bestandteile auflöse und dass ›Mutter Natur das alles neu und anders‹ wieder zusammensetzt. Man verschwindet körperlich nicht. Und das, finde ich, ist ein tröstlicher Gedanke.«

Und was ist mit dem lieben Gott, Frau Schmidt? Schließlich wuchs sie als »Heidin« (O-Ton Loki) auf und ließ sich erst taufen, als sie Helmut kirchlich heiratete. Jahrzehnte später, das Ende ist noch nicht in Sicht, gibt sie zwei bemerkenswerte Sätze von sich: »Es wird einem eigentlich jeden Tag deutlich, dass eine übergeordnete Macht dieses ganze Gefüge zusammenhält. Ob Sie das jetzt Gott nennen wollen oder anders.«

In den Tagen des Deutschen Herbstes drängt sich diese Frage intensiver auf als sonst: Was ist, wenn ein Drama passiert und die Terroristen ihr Ziel erreichen?

Die Gefahr, meinen nicht nur Bundeskriminalamt (BKA) und Verfassungsschutz, ist akut. Die RAF hat ein Attentat auf den Bundeskanzler angekündigt. Der Kanzler wird von einem dreifachen Sicherheitskordon geschützt. Den äußeren Bereich stellt der Bundesgrenzschutz mit Profis, die Schnellfeuerwaffen, Pistolen und Raketenabwehrmunition am Mann haben. Den zweiten Ring bildet die Sicherungsgruppe Bonn des BKA. Sie bewacht Helmut Schmidt auf dem Gelände des Kanzleramtes, auf dem Flur seines Arbeitszimmers im zweiten Stock, schirmt das Palais Schaumburg ab und steht ihm bei Reisen zur Seite. Die innerste Schutzzone wird von vier Leibwächtern übernommen. Der Kanzler persönlich besteht darauf, dass diese Männer seines Vertrauens aus seiner Heimatstadt Hamburg kommen. Einer von ihnen ist Ernst-Otto Heuer, der im späteren Leben der Schmidts noch Spezialaufgaben übernehmen wird: zum Beispiel als Barkeeper im Doppelhaus in Langenhorn.

Auch dort droht Gefahr. Das Heim der Kanzlerfamilie wird in eine Festung umgebaut. Auch wenn die Opposition halbherzig lamentiert, bewilligt der Haushaltsausschuss des Bundestages 600.000 Mark für Schutzmaßnahmen – seinerzeit viel Geld. Da an Helmut Schmidt aus der Nähe nur schwer heranzukommen ist, befürchten Sicherheitsexperten ein Bombenattentat oder gar terroristische Angriffe aus der Luft. Folglich sind am Neubergerweg in Langenhorn sogar Panzerabwehrraketen und Raketen mit Infrarotköpfen in Stellung gebracht. Zündstoff erhält die Sorge nach der Verhaftung vier deutscher Terroristinnen im Quartier Latin in Paris. In der unscheinbaren Wohnung des Quartetts entdeckt die Polizei Materialien, die zum Mischen von Sprengstoff gedacht sind. Insgesamt handelt es sich um 109 Kilogramm Chemikalien, darunter Natriumchlorid. Zudem werden Funkgeräte gefunden, mit denen Modellflugzeuge ins Ziel gesteuert werden können. Der Zusammenhang scheint klar zu sein.

Als Konsequenz entsteht »Fort Langenhorn«, so wie es im Prinzip heute noch trutzt – ohne dass man es auf den ersten Blick sehen kann. Die flache Dachebene wird gepanzert, um vor Luftattacken zu schützen. Parallel bauen Glaser Panzerscheiben ein; Handwerker verstärken die Wände. Vor der eigentlichen Haustür wird eine Sicherheitsschleuse eingerichtet, und ein Teil der Garagen zur Straße hin wird zur Polizeizentrale. Noch bis kurz vor Helmut Schmidts Tod sind hier Sicherheitskräfte postiert.

Einer Boulevardzeitung gelingt ein Schnappschuss, der das Ausmaß des Schutzwalls zeigt. Eines Abends um 23.15 Uhr wird der Kanzler nach Hause gebracht. Mit rasanter Fahrt nähert sich der gepanzerte Mercedes dem Schmidt'schen Haus und biegt unter Polizeischutz in die Garage ein. Während der Hausherr mit obligatorischer Lotsenmütze und Aktentasche erledigt, aber freundlich grüßend aus der Garage schlendert, sichern drei Personenschützer auf dem Garagendach die wenigen Fußschritte bis zum Privatbereich.

Privatbereich? Eigentlich existiert ein solcher Luxus im Deutschen Herbst gar nicht. Auch Loki muss unter den ganz besonderen Verhältnissen leiden. Es gibt Warnungen, dass die Terroristen nicht nur ihren Mann, sondern auch sie entführen und den Staat erpressen wollen. Auch wenn der Kanzler auf Reisen ist, steht der Bungalow am Rheinufer unter starker Dauerbewachung. Im Umfeld sind Sicherheitskräfte postiert, die teilweise mit Maschinengewehren hinter Sandsäcken kauern und rund um die Uhr Wache halten. Außerdem ziehen ebenfalls kontrollierte Hilfskräfte noch mehr Stacheldraht. Weiträumig. Betonpoller werden errichtet.

Um ihre spezielle Situation zu beweisen, wird ein Reporter der Zeitschrift »Quick« in das mit Panzerglas ausgerüstete Palais gelassen – nach langwieriger Anmeldung und intensiver Leibesvisitation, versteht sich. Er schildert der Öffentlichkeit ein Bild des Schreckens. Sogar beim abendlichen Fernsehen sind Leibwächter im Raum. Zur allerletzten Wehr liegt auf dem Kühlschrank, per Foto bewiesen, eine Pistole der Marke Walther PP, Kaliber 7,65.

Auch sie kommt nicht zum Einsatz. Gott sei Dank.

DIENSTREISE NACH »DRÜBEN«

Von Hamburg nach Mecklenburg ist es nur ein Katzensprung, doch trennten beide Teile Deutschlands Welten. In der Adventszeit 1981 unternimmt Bundeskanzler Schmidt einen Politbesuch bei Erich Honecker. Es gab Schneebälle und einen Bonbon, aber nicht nur. Mehr als ein Jahrzehnt zuvor war die Familie Schmidt erstmals nach Osteuropa gereist: mit einem privaten Opel Rekord und Ehefrau Loki am Steuer, die gerade erst ihren Führerschein gemacht hatte – mit 50.

Private Ostblock-Tour in Zeiten des Kalten Krieges: Loki, Susanne, Helmut Schmidt und ein Begleiter machen 1966 Rast an einer russischen Landstraße.

A rchitekt, Initiator und Stratege des vorsichtigen Tauwetters zwischen West und Ost war Willy Brandt mit spektakulären und im Nachhinein bahnbrechenden Reisen in den damals noch abgeriegelten Teil Europas. Sein Nachfolger im Amt des Bundeskanzlers, Helmut Schmidt, setzte die vorsichtigen Schritte fort und hielt das am Laufen, was Helmut Kohl später in reifer politischer Zeit vollendete. Schmidts Aktivitäten begannen weit früher.

Wir schreiben das Jahr 1968, an den westdeutschen Universitäten geht es nach dem Tod Benno Ohnesorgs heftig zur Sache. Die dreiköpfige Familie Schmidt unternimmt eine höchst ungewöhnliche Reise. An Bord eines Opel Rekords bricht das Hamburger Trio, von Wissbegierde getrieben, auf zu einer fast vierwöchigen Tour durch den Osten Europas, durch Polen, die Tschechoslowakei und Teile der UdSSR. Unter anderem stehen Prag, Warschau, Minsk und Leningrad auf dem Programm. 5000 Kilometer legen die Schmidts zurück, und es zahlt sich aus, dass Loki kurz zuvor ihren Führerschein gemacht hat – im stolzen Alter von 50 Jahren.

Am Rande dieses Urlaubs trifft Helmut Schmidt an allen möglichen und unmöglichen Orten Personen zu vertraulichen politischen Hintergrundgesprächen, die von langer Hand und weitestgehend geheim eingefädelt wurden. In Moskau ist auch der Fotograf Sven Simon dabei, ein Sohn des Verlegers Axel Caesar Springer und ein ehemaliger Schüler Loki Schmidts. Die ganze Aktion ist nicht nur abenteuerlich und hoch interessant, sondern auch ein teurer Spaß. Im Gegensatz zu vergangenen Zeiten jedoch geht es den Doppelverdienern nun wirtschaftlich gut. In einem Interview mit der »Constanze« haben Loki und Helmut Schmidt fünf Jahre vorher ein bisschen aus dem Nähkästchen geplaudert, sonst gar nicht beider Art. »Als Mann fühlt sich Helmut als Herr im Hause«, kam Loki in dem Magazin zu Wort, »das ist zwar eine altmodische Vorstellung, aber ich lass ihm daheim die Rolle als Finanzminister.« Letzterer wiederum gab zu Protokoll, anfänglich Zweifel an Lokis Verhältnis zu Geld gehegt zu haben.

Er bezog sich auf einen »Skandal« aus der Nachkriegszeit, unmittelbar nach der Währungsreform 1948, als die beiden mühselig die damalige Wahnsinnssumme von 800 Mark angespart hatten. »Loki hat dieses Geld binnen weniger Tage für Möbel ausgegeben«, knurrte Helmut via »Constanze«. Danach habe er jedoch registriert, dass seine Ehefrau sparsam mit dem Familienvermögen umgehen könne. Regelmäßig am Sonntag oder Montag gibt es seitdem Haushaltsgeld für Loki, das gemeinsame Postscheckkonto indes verwaltet Finanzminister Helmut. In der Politik soll dieses Amt erst später folgen. Erst einmal ist der spätere Kanzler 1968 in überwiegend privater Mission im Osten Europas unterwegs. Erzählungen im Freundeskreis zufolge lernt er dabei eine Menge – nicht nur politisch. Zum Beispiel, wo sich im Motorraum eines Opel Rekords die Zündkerzen befinden. Oder wie der Anlasser mit dezenten Schlägen per Holzbrett in Schwung gesetzt werden kann. Für jemanden, der mit Technik eher minimal vertraut ist, bescheren solche Erfolgserlebnisse besondere Freude. »Jetzt weiß ich auch, wie Klospülungen funktionieren«, sagt der aufstrebende Politiker nach sehr praktischem Einsatz in Hotelbädern und seiner Rückkehr nach Langenhorn süffisant. Später braucht sich Helmut Schmidt mit solchen Lappalien nicht mehr zu beschäftigen – er hat Größeres und Globales im Visier.

Zum Beispiel im Sommer 1975, dem Jahr nach Antritt der Kanzlerschaft. Gemeinsam mit Außenminister Hans-Dietrich Genscher nimmt Helmut Schmidt als Repräsentant des geteilten Deutschlands an der Konferenz für Sicherheit und Zusammenarbeit in Europa teil. Der Name ist Programm. Höchst argwöhnisch und behutsam bemühen sich die mächtigen Staaten der Erde um Annäherung. Jedes Wort wird auf die diplomatische Waagschale gelegt, jeder auch noch so kleinen Geste wird Bedeutung zugemessen.

Ganz speziell ist der Fokus auf die Vertreter der zwei deutschen Delegationen gerichtet. Und wie es das politische Schicksal will, kommt es beim Festbankett in der finnischen Hauptstadt Helsinki zu einer denkwürdigen Konstellation. Das französische Alphabet führt zu der Pikanterie, dass Erich Honecker direkt neben dem US-Präsidenten Gerald Ford sitzt, mithin dem Vertreter der Weltmacht Nummer eins – und zwar an dessen linker Seite. Und einen Platz weiter wird Helmut Schmidt platziert.

Chronisten notieren, dass der knöcherne Chef des Zentralkomitees der SED verklemmt wirkt. Fraglos ist auch Bundeskanzler Helmut Schmidt innerlich angespannt, doch ist ihm das äußerlich nicht anzumerken. Der Hanseat macht Scherze und überspielt die brisante Situation. Schon am Rande der Konferenz ist es zu zwei Treffen der beiden Deutschen unter vier Augen gekommen. Aufgeregt tickern oder telefonieren die Journalisten Details in die Heimat: Jovial hatte Helmut Schmidt dem gebürtigen Saarländer Honecker auf die Schulter geklopft. Über die Gespräche selbst wurde Stillschweigen gewahrt.

Sechs Jahre später, am 12. und 13. Dezember 1981, also kurz vor dem Ende der Schmidt'schen Regierungszeit, geht es intensiver zur Sache. Unter reger Anteilnahme der Weltpolitik und viel Hoffnung sowohl in der Bundesrepublik als auch in der DDR reist Helmut Schmidt an den Werbellinsee im Osten Deutschlands. Da dieser Termin einen markanten Punkt in Helmut Schmidts Leben darstellt, über den er auch nach der Wiedervereinigung knapp ein Jahrzehnt später immer wieder spricht, sei ihm auch an dieser Stelle spezielle Aufmerksamkeit gewidmet. Für jüngere Leser ist das Geschehen heute kaum nachvollziehbar – und daher gewiss besonders interessant. Damals, nur zur Erinnerung, war Mecklenburg-Vorpommern von Hamburg weiter entfernt als Mallorca, Cornwall oder die Bretagne. Gefühlt zumindest.

Was sich schon bei der Anreise zeigt. Nach der Landung auf dem Ost-Berliner Flughafen Schönefeld wird der Hamburger Schmidt wie ein Staatsgast aus Übersee begrüßt – mit großem Bahnhof. Die Konferenz der beiden Delegationen findet im Jagdschloss Hubertusstock in der Schorfheide statt. Der Speisesaal ist zum Sitzungszimmer umfunktioniert, in dessen Mitte ein gewaltiger Mahagonitisch steht. Teilnehmer berichten im Anschluss, dass Schmidt wie ein Schlot gequalmt habe. Normal ist eben gar nichts in diesen eiskalten Tagen anno 1981.

Das Umfeld der Tagung kann rückblickend nur als pervers bezeichnet werden. Im Umkreis von 30 Kilometern hat die Staatssicherheit des DDR-Regimes einen Riegel gezogen. Wer nicht bestellt ist, in Bussen herangekarrt wird oder zu den SED-treuen Anwohnern zählt, hat keine Chance, dem Gast aus der Hansestadt Hamburg nahe zu kommen. Pressevertreter gelangen nur mit Problemen und nach umständlicher Akkreditierung an den Ort des skurrilen Geschehens. Sie wundern sich über Hunderte Männer in ähnlichen Mänteln, die vor den Häusern postiert sind. Und über ein erstaunliches Stadtbild: Nur die Häuser im Schwenkradius der Kameras sind hübsch angemalt. Eine Ecke weiter dominiert die damals typische Tristesse der DDR. Grau in Grau. Die hermetische Abschottung der Tagung ist mit teutonischer Akkuratesse gnadenlos geplant. Auf keinen Fall sollen sich die Ereignisse von 1970 wiederholen. Beim Besuch des früheren Kanzlers Willy Brandt in Erfurt bereiteten die Thüringer dem Politiker aus Westdeutschland Ovationen. Die »Willy«-Rufe klangen nicht nur in den Ohren des ostdeutschen Ministerpräsidenten Willi Stoph wie der Beginn einer Revolution.

Zurück nach Mecklenburg, kurz vor dem Christfest 1981. Um 15 Uhr an diesem Adventssonnabend, so schreiben Montag danach die Zeitungen, nähert sich die DDR-Staatskarosse, ein Citroën, der Innenstadt Güstrows. Honecker und Schmidt sitzen im Fond. Handverlesene SED-Genossen jubeln ihrem

Die Schmidts in Moskau.

SED-Chef Erich Honecker (r.) schenkt Bundeskanzler Helmut Schmidt
nach dessen DDR-Besuch bei der Abreise einen Lutschbonbon, 1981.

Kanzler Schmidt spricht vor der Konferenz für Sicherheit
und Zusammenarbeit in Europa, 1975.

Generalsekretär zu. Der Bundeskanzler macht gute Miene zum abgekarteten Spiel und lächelt vielsagend. Insgesamt sprechen die beiden 15 Stunden ohne Augenzeugen miteinander. Noch fällt das Abtasten schwer. Probleme wie Abrüstung, das Ost-West-Verhältnis allgemein, die wirtschaftlichen Beziehungen zwischen Bonn und Ost-Berlin, aber auch die Höhe des Zwangsumtausches für Bundesbürger in der DDR stehen auf der Tagesordnung.

Pro Tag und Person müssen 25 D-Mark in Ost-Währung gewechselt werden; hinzu kommen fünf D-Mark Visagebühr. Für die marode DDR-Wirtschaft sind die sinkenden Besucherzahlen von »drüben« ein handfestes Problem: Kamen zwischen Oktober 1979 und Oktober 1980 noch 2,6 Millionen West-Berliner in die DDR, so sind es im Jahr der Schmidt-Visite nur noch 1,2 Millionen. Im Finanzministerium am Alexanderplatz ist das zu spüren. Im Kaufhaus »Centrum« in der Nähe kostet ein Farbfernseher 6250 Ost-Mark, das Achtfache des Monatslohns eines DDR-Werktätigen. Abgesehen von der politischen Unfreiheit schüren solche materiellen Unterschiede Aufruhrstimmung im Arbeiter-und-Bauern-Staat. Im Verborgenen. Noch.

Helmut Schmidt, seine Beamten und die mitgereisten Presseleute wundern sich über das Angebot auf dem herausgeputzten Weihnachtsmarkt in Güstrow. Das berühmte Holzspielzeug aus dem Thüringer Wald ist im West-Berliner KaDeWe zu kaufen, nicht aber in der DDR. Plötzlich hallen doch noch »Helmut«-Rufe durch Güstrow. Verrat? Nein, Erich Honecker kann sich sicher fühlen: Es sind nur die Fotografen, die den Kanzler zum Hinschauen animieren wollen. Zwecks Entspannung der Situation schmeißt Helmut Schmidt vom Balkon des Rathauses einen Schneeball ins Medienvolk. Honecker folgt diesem Beispiel. Man lacht. Ein dezenter Hauch von Tauwetter macht sich breit. Nicht weit entfernt, an der innerdeutschen Grenze mit Mauer und Stacheldraht jedoch, sind nach wie vor Selbstschussanlagen montiert.

Während es dem weit vor Schmidt verstorbenen General-sekretär des Zentralkomitees der SED entscheidend um inter-nationale Aufwertung und wirtschaftliche Vorteile geht, hat der Kanzler die Menschen hüben wie drüben im Sinn. Was er letztlich bei seinem Spaziergang im Fichtenwald des Jagd-schlosses Hubertusstock allein mit seinem Kollegen bespricht, bleibt im Detail ein Geheimnis. Bekannt sind die beiderseiti-gen Geschenke. Der Hamburger hat für den gebürtigen Saar-länder ein Collmann-Gemälde von einer Industrielandschaft in dessen früherer Heimat im Gepäck. Quasi im Gegenzug erhält Schmidt eine Plastik des von ihm so verehrten Ernst Barlach. Es passt ins Bild, dass ein Besuch im Barlach-Museum das Privatprogramm krönt. Abends wird gemeinsam getafelt. Die Kochbrigade kredenzt Heringsfilets nach Hausfrauenart, Brandenburger Gurkensuppe sowie gelierte Joghurtspeise mit Pfirsichstücken. Und das im Winter.

Gesättigt und ob der politischen Hoffnungen tendenziell zufrieden, tritt Helmut Schmidt die Heimreise an. Ab Berlin fährt der Sonderzug nicht nach Pankow, sondern direktemang nach Hamburg Hauptbahnhof, Gleis 11. Ankunft in der Han-sestadt um 19.47 Uhr. Endstation Neubergerweg in Langen-horn. In der Tasche trägt Helmut Schmidt den vielleicht be-rühmtesten Bonbon der Weltgeschichte. Unmittelbar vor der Rückfahrt in Berlin hatte Honecker dem abreisenden Gast das süße Stück durchs Abteilfenster gereicht. Es ist nur eine Geste, aber immerhin.

Die Opposition betrachtet die Dienstreise mit anderen Au-gen. »Der Kanzler hat sich mit einem Trinkgeld abspeisen las-sen«, wettert CSU-Chef Franz Josef Strauß aus München gen Hamburg. Schmidt wird nur geschmunzelt haben. Abseits der Mikrofone hegten beide Vollblutpolitiker enorme Wertschät-zung füreinander.

SUPPE UND PUDDING
OHNE QUALLENFETT

Grundsätzlich mit seiner Heimatstadt Hamburg
im Herzen: Als Staatsdiener fliegt Helmut Schmidt
um die ganze Erde. Er schreibt Geschichte –
und manchmal befinden sich auch Rollmöpse,
Räucheraal und deutsches Bier an Bord der
Regierungsmaschine.

K üchenkabinett ist etwas anderes, kreativer Klönschnack klingt besser. Die vier Herren im Kanzleramt nennen ihren exklusiven Beratungszirkel »Kleeblatt«. Das Quartett tagt immer dienstags im Arbeitszimmer des Bundeskanzlers Helmut Schmidt. Jetzt, nach dem Tode des früheren Regierungschefs, wirken solche Erinnerungen wie Episoden aus einem alten Tagebuch. Und letztlich sind sie das ja auch.

Es sind die engsten und vertrautesten Staatsdiener, die der Kanzler meist um Punkt zwölf Uhr um sich zu scharen pflegt: Kanzleramtschef Manfred Schüler, Pressesprecher Klaus Bölling sowie Staatsminister Hans-Jürgen Wischnewski. Letzterer übernimmt eine ganz besondere Rolle in der ebenso leisen und diskreten wie effizienten Runde. Denn »Ben Wisch«, wegen seiner exzellenten Kontakte nach Arabien so genannt, dient nicht nur als Schmidts Scharnier. Bei ihm ist nicht nur der Körperwuchs pfundig: Neben Sachverstand und einem ausgezeichneten Netzwerk wirft Wischnewski gute Laune und Wortwitz in die sonst bisweilen ein bisschen spröde Runde.

Die »Frankfurter Allgemeine« bringt die Funktion dieses »Kleeblatts« in ihrer Ausgabe vom 2. Dezember 1978 trefflich auf den Punkt: »Es handelt sich um eine Mischung aus Club-Treffen und routinierter Dienstbesprechung.« Tatsächlich bereiten die vier Gentlemen hinter den Kulissen vor, was später andernorts formell auf den Weg gebracht und beschlossen wird. Eine etwas ungewöhnliche Speisenfolge gehört zum Ritual des Gipfels. Als Hauptgericht servieren dienstbare Geister eine Suppe, damit der Kanzler nebenbei in Unterlagen blättern kann, ohne Zeit zu verlieren. Dessert und Hauptgericht, wenn man so will, in einem ist jeweils ein Schälchen Pudding, den das Quartett während der Besprechung löffelt. Dazu trinkt Helmut Schmidt Coca-Cola.

Dieser Rahmen, genüsslich zelebriert, schafft eine Portion Nestwärme, die der Kanzler zum Regieren braucht. Der Zirkel gleicht einer Bruderschaft, in der nur einer das Sagen hat: Helmut Schmidt. Der Hamburger bittet ausdrücklich darum, im Gegensatz zu seiner sonstigen Mentalität, Kritik zu üben und Widerworte zu haben – nur müssen diese fundiert sein. Sonst fegt sie Schmidt vom Tisch. Das weiß jeder der drei aus Erfahrung. Dabei verwendet der Bundeskanzler einen Begriff, der den anderen fremd ist und den er in seiner Heimatstadt aufgefischt haben muss: »Bitte kein Quallenfett!« Dem Sinn nach meint er damit: keine Wortgirlanden, kein Gelaber, schnell und knackig zur Sache, kurz: »Butter bei die Fische.« Man hält sich daran.

In seinem Buch »Weggefährten« schreibt Schmidt Jahre später über den von ihm durchaus geschätzten Bölling: »Er sprach manchmal so, wie Thomas Mann geschrieben hat.« Wahrscheinlich meint er damit trockenen Sachverstand, garniert mit kunstvollen Sätzen. Bölling selbst, der 1981 zwischenzeitlich für 15 Monate als Leiter der Ständigen Vertretung nach Ost-Berlin wechselt, kontert mit einem Zitat des bärbeißigen SPD-Urgesteins Herbert Wehner. Der »Onkel« habe einst zu ihm über Schmidt gemeint: »Sagen Sie das Ihrem Oberleutnant.«

Das ist eine Anspielung auf Schmidts Arbeitsstil: nicht lange reden, sondern handeln. Zack, zack. Denn der Kanzler kann zwar auch guter Dinge sein, meist jedoch ist er in Arbeit versunken, pflegt oft zu dozieren, hört anderer Leute Meinung zwar (knurrend) an, haut dann indes mit der Faust auf den Tisch und entscheidet nach eigenem Gusto – von Unrast und Führungskraft getrieben. Das eigene Urteil, so heißt es im Kanzleramt zu Bonn, habe er sich meist schon gebildet, bevor er andere nach deren Auffassung fragt. Das Wirtschaftsmagazin »Capital« beschreibt die Handlungsweise des hanseatischen Machers im Juni 1979 so: »Sein wichtigster Berater ist Helmut Schmidt sich selbst.« Auch dieser Feststellung widerspricht niemand, am wenigsten der Kanzler.

Im Prinzip sind die drei anderen Mitglieder des »Kleeblatts« fraglos treue Gesellen, vielleicht sogar Fans der Nummer eins. Zwar gibt Regierungssprecher Bölling nach seiner Dienstzeit offen zu, dass Schmidts Vorgänger im Kanzleramt, Willy Brandt, mehr Charisma gehabt habe als das forsche Nordlicht, dennoch bezeichnet er Schmidt rückblickend als »großen Navigator«, der Krisen wie Flutkatastrophe, Ölpreisschock oder terroristische Bedrohung erfolgreich und klar gemeistert habe. Nach Schmidts Tod wirken solche Worte noch stärker als zu Lebzeiten. Was waren das für Zeiten, mehr als vier Jahrzehnte liegen sie zurück, als Bundeskanzler Helmut Schmidt im Namen des deutschen Volkes, zumindest der Hälfte davon, auf Weltreisen ging. Oft an Bord eines Regierungsjets, einer Boing 707 mit rotem Känguru am Heck und dem Kennzeichen 10 – 01. Alle diese Missionen aufzuführen würde allein ein Buch füllen – mindestens. Somit sollen nur einige erwähnt werden, die stellvertretend für die anderen stehen und besondere Erlebnisse mit sich brachten. Manchmal war Loki dabei: teilweise offiziell als Ehefrau des Kanzlers, teilweise in eigenem Auftrag, um sich der Botanik und dem Naturschutz zu widmen.

Die seinerzeit aufregenden deutsch-deutschen Konsultationen, zum Beispiel am Rande der KSZE-Konferenz 1975 in Helsinki, sind an anderer Stelle notiert. Im selben Jahr verfolgen Loki und Helmut in China die Aufführung einer Peking-Oper und unternehmen einen Ausflug zur Großen Mauer. Auch 1984 und noch im gesegneten Alter von 93 Jahren 2012 wird der Hamburger ins Reich der Mitte fliegen.

Der Staatsbesuch im November 1977 in Warschau ist schon wegen der Teilnahme Herbert Wehners interessant. Vor seiner Abschiebung nach Moskau 1934 hatte der frühere Kommunist eine Nacht in einem polnischen Polizeikeller verbracht und fliegt auch deswegen mit sehr gemischten Gefühlen mit. Nach Schweden bricht Schmidt 1975 ohne seinen nicht immer nur geliebten Parteifreund auf: In Stockholm trifft er den später ermordeten Ministerpräsidenten Olof Palme.

Der Rückflug direkt nach Hamburg steht um 9.30 Uhr auf dem Programm. Der Grund: Helmut Schmidt will es sich nicht nehmen lassen, den Start des Deutschen Galopp-Derbys in seiner Heimatstadt Hamburg mitzuerleben. Oft und mit Leidenschaft ist er Zeuge des Blauen Bandes und droht später sogar im Scherz: »Wenn eine andere Stadt Horn das Derby abspenstig machen will, lasse ich Panzer auf dem Rathausmarkt auffahren.« 2012 droht dieses Ungemach aus München und Köln, doch hält sich »Turffreund« Schmidt da verbal zurück.

1976 geht es in die Türkei und nach Saudi-Arabien. Zum Kanzlertross zählen auch 25 Journalisten. Diese Teilnehmer schätzt der Kanzler zwar nur bedingt, jedoch hat er eine Weisheit aus Hamburg mitgebracht: Klappern gehört zum Handwerk. Im Nahen Osten logiert Schmidt im Präsidentenpalast und erlebt Gastfreundschaft wie aus Tausendundeiner Nacht. Beim Galadinner ihm zu Ehren lassen König Chalid und der Kronprinz vom Feinsten auffahren. Auch am späten Abend ist es noch 38 Grad warm. Auf vergoldeten Tellern werden Truthahn und Eistorte serviert. Dazu gibt es Kamelmilch in Weingläsern. Wie gut, dass die Diplomaten zuvor vereinbart haben, dass Loki unverschleiert durch Saudi-Arabien laufen darf.

Im Jahr darauf wartet, von den politischen Diskussionen über den von Kanada angekündigten Lieferstopp für Uran einmal abgesehen, ein Unterhaltungsprogramm anderer Art. Nach dem Gespräch mit Premier Pierre Trudeau in Ottawa erleben Loki und Helmut Schmidt in Calgary eine Cowboyshow. Die Hanseaten tragen beide einen Westernhut und blicken dabei nicht gerade begeistert. Dem Rodeo folgt eine Segelpartie vor der Pazifikküste. Direkt im Anschluss reist Helmut Schmidt nach Duluth in die Vereinigten Staaten, um Robert und Philipp Hanft, Vettern zweiten Grades, einen Besuch abzustatten. »Hummel, Hummel!« heißt es zur Begrüßung, gefolgt von der passenden Antwort: »Mors, Mors!« Alle drei haben denselben Urgroßvater: den am Anfang dieses Buches erwähnten

Otto Graf Lambsdorff (l.) und Helmut Schmidt halten sich zu
Gesprächen mit Kronprinz Fahd (Mitte) in Saudi-Arabien auf, 1981.

Susanne und Helmut Schmidt: Selbst vor der Ruinenstadt
Machu Picchu in Peru wird geraucht, 1979.

Helmut Schmidt und seine Frau Loki besichtigen die
Chinesische Mauer, Oktober 1975.

Helmut Schmidt mit Journalisten im Flugzeug
auf dem Weg von Warschau nach Bonn, November 1977.

Johann Heinrich Koch. Zur Erinnerung: Nach dem Zweiten Weltkrieg hatte der junge Schmidt erwogen, dem Lockruf seines Onkels zu folgen und in die USA auszuwandern.

Ende der 70er-Jahre stehen unter anderem Touren nach Nigeria, Sambia, Rumänien, zu Fischereiverhandlungen (Kabeljau) auf Island sowie zu einem Europa-Gipfel nach Straßburg auf dem Dienstplan der Außenpolitik. In Frankreich kommen sich Schmidt und die Konservative Margaret Thatcher aus London näher – mehr oder weniger. Im selben Jahr düst die Kanzler-Entourage zum Weltwirtschaftsgipfel der »Großen Sieben« nach Japan. Zur Bewachung der Staatschefs, aber das nur am Rande, werden auch Deutsche Schäferhunde eingesetzt.

In Tokio ist für Schmidt eine Suite im 39. Stockwerk des New-Otani-Towers reserviert. Zum Empfang bei Kaiser Hirohito müsste der Deutsche eigentlich einen Frack tragen, nicht nur von ihm »Schwalbenschwanz« genannt. Die Mitarbeiter des Auswärtigen Amtes indes kennen Schmidts Abneigung gegen diese Art von steifer Kleidung und haben mit den japanischen Kollegen eine feine, aber dennoch standesgemäße Lösung ausgehandelt. »In so ein Ding kriegt mich keiner rein«, murrt der Kanzler intern.

Bei mancher Reise ist Außenminister Hans-Dietrich Genscher an Bord, der ungekrönte König der Lüfte. Die Visite in Budapest bei KP-Chef János Kádár ist der erste Besuch eines Bundeskanzlers in Ungarn überhaupt. Anschließend kommt es zu einem Treffen mit Polens KP-Chef Edward Gierek. Thema: 125.000 Deutschstämmige in dem Nachbarland – wenn man die damalige DDR zu Deutschland gehörig rechnet. Von Fehmarn aus sticht der Bundeskanzler, mit Pudel- statt Lotsenmütze, in See und segelt via Bornholm nach Polen.

Der Trip nach Peru und Lateinamerika ist aufwendiger und weiter. In Cusco, der alten Inka-Hauptstadt, wird der Hamburger zum »Ehren-Inka« ernannt. Das Foto des Kanzlers mit Inka-Kopfbedeckung zählt zu den originellsten Aufnahmen seiner Amtszeit. Etwas eisern lächelnd lässt Schmidt die Zeremonie über sich ergehen. Als Zugabe wird Zuckerrohrschnaps mit Eierschaum gereicht. Im Gegenzug hat die Kanzlermaschine Nahrhaftes aus deutschen Landen gebunkert. An Bord des Regierungsjets befinden sich zwei Eimer Rollmöpse, fünf geräucherte Speckaale, sieben Salami, 29 Kilogramm Käse, 20 Packungen Vollkornbrot sowie 30 Liter Bier. Kein Witz.

Im Sauseschritt führt der Weg weiter durch die Welt. Denn auch 1980 ist ein turbulentes Jahr. Beim Weltwirtschaftsgipfel in Venedig gibt es – nicht zum ersten Mal – Zoff mit US-Präsident Jimmy Carter. Der Amerikaner zieht Schmidts Position pro Nachrüstung in Zweifel. Die Spannungen zwischen Bonn und Washington können von den Diplomaten nur mit Mühe übertüncht werden. Hier wie dort ist Wahlkampf, das verschärft die Situation zusätzlich.

Zwar spricht Carter offiziell von »meinem guten Freund Helmut«, doch sieht der 39. US-Präsident das Verhältnis während seiner vierjährigen Amtszeit in Wahrheit ganz anders. In seinem Memoiren bezeichnet er den Hamburger später als »streitsüchtig«, »emotional« und »langatmig«. Schmidt neige zum Dozieren, wisse alles besser und spreche mit zwei Zungen.

In Lokis Todesjahr, 2010, legt der zu diesem Zeitpunkt 86 Jahre alte Carter mit der Veröffentlichung seiner Tagebücher nach. In Hamburg ist Helmut Schmidt wenig amüsiert, als wankelmütiger Nörgler tituliert zu werden, der sich während seiner Regierungszeit wie ein »paranoides Kind« verhalten habe. Die Vorwürfe gipfeln in der Behauptung: »Mir scheint, dass nicht nur Frauen ihre Tage haben.« Derart starken Tobak gab es selten gegen den Hanseaten, auch wenn er äußerlich gelassen reagierte.

Anscheinend, so ist aus Washington zu hören, wurde sogar ein Psychologe des Geheimdienstes CIA beauftragt, das angeblich wankelmütige Verhalten des »German Chancellor« zu analysieren. Als Ursache der Stimmungsschwankungen wird die Schilddrüsenerkrankung Schmidts vermutet. Jimmy Carter gibt seine Einschätzung so zu Protokoll: »Helmut spielt sich auf, labert und labert, hält Vorträge über Volkswirtschaftsvorlagen.«

Kein Wunder, dass Schmidt aufatmet, als er 1981 in Washington von 19 Salutschüssen willkommen geheißen wird. Der erzkonservative, aber wohl umgänglichere Ex-Schauspieler Ronald Reagan ist neuer Präsident der Vereinigten Staaten. Die Bande zum alten Vertrauten Henry Kissinger sind unverändert eng. Lebenslang.

Doch auch aus Bayern gibt es Zunder für den Norddeutschen. Keiner kann das besser als der von Schmidt im Kern geschätzte Ministerpräsident und CSU-Chef Franz Josef Strauß. Nach einem Kreml-Besuch bei Leonid Breschnew (mitgestoppte Redezeit des Russen 70 Minuten, die des Deutschen 90 Minuten) will FJS beweisen, dass er mitreden kann: Im Bundestag geißelt der Christsoziale die Ostpolitik der Bundesregierung. 40 Minuten geht er mit seinem »Lieblingsfeind« Schmidt rhetorisch trefflich ins Gericht.

Der Hanseat schmunzelt erhaben und will dokumentieren, dass er über den Dingen thront. Was Strauß noch mehr in Rage bringt. Vielleicht ist der redegewandte Bajuwar ja auch nur sauer, dass er im Katharinensaal des Kreml nicht dabei sein konnte – im Gegensatz zu Genscher. Der herzkranke, aber trinkfreudige Breschnew erhält vom Kanzler einen Geländewagen als Mitbringsel. Kleine Geschenke erhalten die Freundschaft. Nach den Höflichkeiten geht es um handfeste Probleme wie atomare Mittelstreckenraketen, Erdgaslieferungen nach Deutschland und einen Abzug der sowjetischen Truppen aus Afghanistan. Am Rande besucht Helmut Schmidt den Friedhof Ljubino, auf dem 600 deutsche Soldaten begraben sind.

1981 wird ein entspannteres Reisejahr. Im September lädt Papst Johannes Paul II. im Vatikan zu einer Privataudienz. Doch auch hier drehen sich die Gespräche um Abrüstung und

US-Präsident Jimmy Carter und Bundeskanzler Helmut Schmidt
auf dem Kurfüstendamm in Berlin, 1978.

Helmut Schmidt bei Papst Johannes Paul II, Juli 1979.

215

um die Lage in Osteuropa, speziell in der Heimat des Kirchen-
oberhauptes, in Polen. Es ist der erste Besuch eines ausländischen
Regierungschefs nach dem Attentat auf Johannes Paul II. Von
Rom aus führt der Trip weiter in die Sommerresidenz Castel
Gandolfo. Ebenfalls 1981 düst der Kanzler zu König Hassan
II. nach Marokko. Auf einem Basar in Marrakesch beobachtet
Helmut Schmidt die Künste eines Schlangenbeschwörers.

Das alles hilft wenig; denn 1982 kommt es zum konstruk-
tiven Misstrauensvotum durch die CDU/CSU und Helmut
Kohl. Statt Washington, London oder Moskau wartet nun
Hamburg-Langenhorn. Was bei aller Bitterkeit über das vorzei-
tige Aus auch wiederum seine Pluspunkte hat. Außerdem hin-
dert diese Entwicklung nicht grundsätzlich am Reisen: Bereits
1983 fliegt Schmidt, der jetzt als Altkanzler bezeichnet wird,
zu einem Vortrag der »Singapore Lecture« nach Asien. Auch
2012 reist er nach Singapur.

Ganz besonders innig sind und bleiben die Kontakte nach
Frankreich. Das zeigt sich auch im Jahr des Ausscheidens aus
dem Amt in Bonn. In Den Haag schaut sich Schmidt mit seinen niederländischen Gastgebern das WM-Duell Frankreich
gegen Deutschland im Fernsehen an. Im Elfmeterschießen verlieren unsere Nachbarn denkbar knapp. Aus Holland schickt
der Kanzler ein Trosttelegramm an Frankreichs Staatspräsiden-
ten François Mitterrand. Anschließend fliegt er nach Madrid,
um sich live das Finale Deutschland gegen Italien anzuschauen.
Mit nicht nur für ihn schlechtem Resultat: Die Südeuropäer
obsiegen 3:1.

Und auch wenn sich Helmut Schmidt gut mit dem Sozialis-
ten Mitterrand versteht, ist sein Verhältnis zu Valéry Giscard
d'Estaing besonders formidabel. Die beiden eint das Band der
Sympathie, der Intellekt, der Sinn für Literatur und Kunst. Daran ändert sich auch nichts, als beide außer Dienst sind.

»Giscard küsst nicht jeden«, schreibt der »Spiegel« am
11. Februar 1980 in Anspielung auf das exzellente Miteinander

des Sozis und des Aristokraten. Während Schmidt dem eigenen Bekunden nach nur »Moulin Rouge« und »Champs Elysées« halbwegs korrekt aussprechen kann, bestand der Liberal-Konservative aus Frankreich das Abitur im Fach Deutsch mit Gut. Eines indes verstand der Kanzler: Wenn die Zeitungen in Paris ihn »Le Feldwebel« nennen. Die deutsche Eiche stört das nicht. Angeblich.

Umso größer ist die Freude, wenn der Partner Verständnis für Schmidts Hobbys aufbringt. Beide parlieren leidenschaftlich über Kunst oder vertiefen sich ins Schachspiel. Giscard, der mit Vorliebe eine Rosette der französischen Ehrenlegion im Revers seines Anzugs trägt, überreicht dem beglückten Helmut ein Schachbrett mit Porzellanfiguren, von Hand hergestellt in der Manufaktur in Sèvres.

Auch nach Helmut Schmidts Tod bleiben Monsieur Giscard d'Estaing angenehme Erinnerungen an bewegende Treffen im Hause Neubergerweg 80 – 82: »Das erste Mal war ich überrascht gewesen über die Einfachheit und die natürliche Bescheidenheit des Wohnhauses der Schmidts. Keinerlei Prunk oder Luxus schmückte das Heim des Bundeskanzlers, und doch wirkte es gleichzeitig sehr gepflegt und schön gehalten«, weiß der französische Staatspräsident a. D. zu berichten. »Ich weiß noch, dass ich damals dachte, das Haus gleicht seinem Herrn: norddeutsch und authentisch. Helmut Schmidt legte immer Bescheidenheit an den Tag und mied jegliche Zurschaustellung oder Inszenierung im politischen Leben. Er machte sich regelmäßig lustig über die protokollarischen Vorlieben der Franzosen. Ich schätzte die langen Gespräche mit ihm sehr.«

Derweil der Franzose über weitere Details nach wie vor diskret schweigt, plaudert er in seinem 1988 erschienen Buch »Macht und Leben« auf 400 Seiten ein wenig aus dem Nähkästchen. Am Rande eines deutsch-französischen Treffens im Elysée-Palast in Paris erleidet sein politischer Weggefährte und Freund Helmut Schmidt eine Malaise. Der Kanzler, der nach wie vor Kettenraucher ist, zwischendurch immer wieder aufzuhören versuchte und via Boulevardzeitung sogar jedem 100 Mark versprach, der ihn je wieder mit einer Zigarette erwischen würde, sinkt schlicht und ergreifend nieder.

Außer den beiden Staatschefs ist niemand im Raum – und Aufsehen erregen möchte der Franzose partout nicht. »Ich helfe ihm, aufzustehen und sich auf dem Sofa auszustrecken. Er antwortet mir nicht. Sein Kopf fällt zur Seite, seine Augen stieren zur Decke«, schreibt Valéry Giscard d'Estaing. »Helmut muss das Bewusstsein verloren haben.« Um die Presse nicht hellhörig zu machen, ruft er selbst den Arzt. Am Ende, wie so oft in seinem langen Leben, steht Schmidt wieder auf den Beinen, und alles ist nur halb so schlimm.

Der frühere Präsident der benachbarten Republik berichtet zudem von einem bewegenden Vorfall aus dem Jahre 1980, ein Jahr vor dem Ende seiner und zwei Jahre vor dem Ausklang von Schmidts Amtszeit. Unter vier Augen erzählt der Deutsche dem Franzosen ein Geheimnis, das heutzutage bekannt, seinerzeit jedoch tatsächlich aufregend ist. So erfährt Monsieur Giscard, dass Schmidts Vater Gustav in Wahrheit Sohn eines jüdischen Bankiers namens Gumpel ist.

Nach der Schilderung dieser eigentlich harmlosen, während der Nazidiktatur indes verhängnisvollen Tatsache »ist Helmut in den Wagenfond gesunken«, erinnert sich Giscard d'Estaing. »Er hat nichts anzufügen. Ich auch nicht. Was ließe sich schon sagen, was nicht eine unwürdige Banalität wäre?« Anlässlich Lokis Tod schickt der Franzose einen persönlichen Brief nach Hamburg, über dessen Inhalt Stillschweigen bewahrt bleiben soll. Giscard war willkommener Besucher im Privathaus der Schmidts in Langenhorn.

Quasi »Stammgast« und weiterer enger Vertrauter war der amerikanische Staatsmann und Stratege Henry Kissinger, ein gebürtiger Franke, dessen Familie vor dem Nationalsozialismus nach Übersee flüchtete. Auch diese beiden Persönlichkeiten verband mehr als Macht und weltpolitischer Einfluss. Erstmals besuchte Henry Kissinger seinen späteren Freund als Professor und Wissenschaftler in dessen Heim.

»Insgesamt war ich gewiss 30-mal am Neubergerweg«, sagt Kissinger. »Zuletzt 2009. Wie immer sprachen wir über große Politik, aber auch über Privates.« Gern erinnere er sich an Lokis bodenständige Gerichte und an das eine oder andere gemeinsame Glas Wein. Manchmal redete man englisch, meist jedoch deutsch. Die spezielle Atmosphäre im Hause Schmidt trägt auch in einem besonders originellen Fall dazu bei, sich privat näherzukommen. Zu fortgeschrittener Stunde, das Menü ist beendet und die vierköpfige Küchenbrigade abgerückt, steht dem amerikanischen Gast der Sinn nach einem Absacker. Die Weingläser indes befinden sich komplett in der Spülmaschine, und die funktioniert ausgerechnet jetzt nicht. Unkompliziert wie sie ist, wäscht Loki das Geschirr ab, derweil Helmut eine Flasche entkorkt.

Selbstverständlich finden alle diese hochrangigen Treffen unter starken Sicherheitsvorkehrungen statt. Was auch für die heimlichen Besuche des bayerischen Ministerpräsidenten und CSU-Chefs Franz Josef Strauß gilt. »Geheimdiplomatie im Küchenkabinett Schmidt« nennen es die einen, andere wundern sich über den enormen Stellenwert der Hansestadt. »Heimliche Hauptstadt Hamburg«, schreibt die »Welt am Sonntag« im April 1980 und befindet: »Helmut Schmidt verlegt die Macht vom Rhein an die Elbe.« Nicht ganz »unschuldig« an diesem Trend pro Hamburg, dem nun auch politischen Hoch im Norden, war Schmidts alter Freund und Nachbar Hans Apel, leider schon vor Schmidt verstorben. Der Finanzminister wohnte in der Nähe und gehörte fast schon zum Inventar.

Unter solchen Gesichtspunkten erdulden die Nachbarn zeitweise Unruhe mit norddeutscher Gelassenheit. Nicht immer ist es schließlich so aufregend wie beim Breschnew-Staatsbesuch, als der Sicherheitsstab 4000 Personen umfasst, Autos aus dem

Neubergerweg und den Anrainerstraßen abgeschleppt werden und die Kolonne des KPdSU-Chefs aus 30 schwarzen Limousinen besteht – Peterwagen und die Motorradstaffel der Polizei gar nicht mitgerechnet. 1978 sind die Staatskosten für die große Politik in Langenhorn so hoch, dass zu den kalkulierten 660.000 Mark (gut 300.000 Euro) weitere 280.000 Mark kommen. Die Opposition zürnt. Zeitweilig wird sogar Jaspis, Susanne Schmidts Hovawart, zum Medienstar.

Beste Tradition, bis fast zuletzt, hat eine über viele Jahre bewährte Einrichtung, die Helmut Schmidt mit seinem Freund Peter Schulz ins Leben ruft: die berühmte Freitagsgesellschaft. Zu den Persönlichkeiten der ersten Stunde zählen neben den Christdemokraten Volker Rühe und Martin Willich auch Handelskammer-Präses Klaus Asche, Siegfried Lenz, natürlich Henning Voscherau, der Bankier Max Warburg und der Mediziner Heiner Greten.

1985 etabliert, entwickelt sich diese aus gut einem Dutzend Köpfen bestehende Runde zu einem hochkarätigen Gesprächskreis, dessen Treffen diskret behandelt und nach festem Ritual zelebriert werden. Bis zu Schmidts Ableben hat der exklusive Zirkel mehr als 150 Mal am Neubergerweg getagt.

Always the same procedure. An sechs Abenden im Winterhalbjahr, stets der zweite Freitag im Monat, öffnen die Schmidts ihre Haustür für Freunde. Ziel ist es, den Horizont zu erweitern, Neues zu erfahren, den Geist zu wecken, gepflegten Gedankenaustausch zu betreiben. »Unter dem Strich hatte Helmut diese Idee als Instrument erdacht, um schlauer zu werden«, sagte der frühere Bürgermeister Dr. h.c. Peter Schulz. »Er wollte schlicht Wissen aufsaugen.« Dieses Ansinnen glückt auch durch namhafte Referenten (Bundespräsidenten, Minister, Wissenschaftler, Künstler), die nicht Mitglieder der Runde sind.

Das Ritual: Gegen 20 Uhr versammelt sich der Kreis an der bei Schmidt »Kneipe« genannten Bar zum Warmwerden.

Derweil ist Loki in der Küche beschäftigt. Etwa um 20.30 Uhr läutet sie mit einer kleinen Glocke und bittet in das Esszimmer nebenan. In der Regel gibt es Hausmannskost, zum Beispiel Grünkohl und/oder Bratkartoffeln. Anschließend, meist gegen 21.45 Uhr, wird das gut halbstündige Referat gehalten, an das sich traditionell eine lebhafte Debatte anschließt.

Der Notar übernimmt den Vorsitz. Eine feste Sitzordnung gibt es nicht. Oft nimmt Loki neben Peter Schulz Platz; sie ist Patin eines seiner Kinder. Selbst bei den letzten Treffen, wie im Februar 2010 mit dem ehemaligen Bundespräsidenten Horst Köhler, lehnt Loki jede Hilfe ab, auch wenn sie sich sichtbar quält und nur mit dem Rollator durch die Wohnung gehen kann.

Die Themenpalette ist ebenso breit wie das Interessengebiet des Hausherrn. Ob Weihbischof Jaschke über die »Keuschheit der Engel« referiert oder Ex-Bundespräsident Köhler über »Die Lage der Weltwirtschaft« sinniert, stets ist Helmut Schmidt mit größter Aufmerksamkeit dabei, wie nicht nur Professor Heiner Greten aus eigener Erfahrung weiß. Der renommierte Internist, der heute im Krankenhaus St. Georg wirkt, lernte Helmut Schmidt Mitte der 80er-Jahre im Universitätsklinikum Eppendorf kennen, in dem er Direktor war.

»Der Bundeskanzler kam mit sehr dezidierten Fragen«, erinnerte sich Heiner Greten. »Er ist auch auf medizinischem Sektor Profi und ungeheuer diszipliniert.« Auf Anhieb habe man sich gut verstanden und gemocht. Konsequenz: Aus dem sachlichen Arzt-Patient-Verhältnis wird alsbald mehr. »Beim ersten Besuch der Freitagsgesellschaft war ich schon ein bisschen nervös«, bekennt der Professor freimütig. Diese anfängliche Anspannung weicht aber rasch der Freude, dabei sein zu können.

»Für uns war Helmut Schmidt ein väterlicher Freund«, schätzte Heiner Greten die Situation ein. Wobei der Gastgeber, typisch Schmidt, auch in diesem illustren Zirkel das »Hamburger Du« favorisiert. »Heiner« und »Sie« heißt es dann eben. Was auch deshalb urig wirkt, da sich die Sozis in der Runde quasi automatisch zu duzen pflegen.

Doch beehrt Heiner Greten nicht nur gut 20 Jahre die Freitagsgesellschaft, er besucht seinen Patienten hin und wieder auch rein privat. Besonders nach Lokis Tod – auf einen Schoppen Wein oder einen kleinen Whiskey. Die beiden sind Witwer, sie eint das gleiche Schicksal. »Anfangs hatte ich den Eindruck, Helmut betäubt sich mit Arbeit«, sagt Professor Greten, »danach hat er sich wieder aufgerappelt, diszipliniert wie er ist.« Beide schreiben Vertrauen und menschliche Nähe groß.

Heiner Greten hat ein praktisches Beispiel parat. Als der Professor Anfang 2005 mit Vollendung des 65. Lebensjahres aus dem UKE scheidet und nach St. Georg wechselt, kommt er zu einem Besuch in den Neubergerweg. Helmut Schmidt spielt Klavier. »Heiner, ich habe auf Sie gewartet«, sagt er und bittet den Mediziner in sein privates Büro im Hochparterre. Hat er gesundheitliche Probleme?, fragt sich Greten. Schmidt bietet einen Portwein an, schenkt ein. »Sie haben eine neue Tätigkeit«, stellt Helmut Schmidt fest. »Sind Sie zufrieden?« Als Greten bejaht, nickt Schmidt beruhigt – und erhebt sich. Nicht mehr und nicht weniger. Er wollte nur wissen, wie sein langjähriger Vertrauter zuwege ist.

Der frühere Bürgermeister Peter Schulz teilte die Sympathie seines Freundes Heiner Greten. Sozialdemokrat Schulz ist es auch, der die Satzung der Loki und Helmut Schmidt Stiftung entwirft. Dass diese auch ihren Namen trägt, ist Helmut Schmidts ausdrücklicher Wunsch. Ebenso, dass das Doppelhaus in Langenhorn auf Dauer erhalten bleibt – genau so, wie es jetzt ist. Als eine Art »Kanzler-Museum« soll es für Besucher geöffnet werden, als zeitgeschichtliches Denkmal quasi und als Erinnerung an jene keineswegs vergessene Ära, in der Hamburg heimliche Hauptstadt der Bundesrepublik war.

Neben den Bürgermeistern Peter Schulz und Henning Voscherau zählten auch die Amtskollegen Hans-Ulrich Klose und Ortwin Runde zu regelmäßigen Gästen im Hause Schmidt. So kann sich Klose noch an den Breschnew-Besuch 1978 erinnern, als wäre es gestern gewesen: »In ihrer unnachahmlichen Art und mit großer Normalität moderierte Loki und sorgte dafür, dass alle auf dem Teppich blieben.« Klose ist Schmidt seit bald einem halben Jahrhundert vertraut. Man kennt sich gut genug, um ein bisschen frotzeln zu dürfen. »Wenn er wollte, konnte man wunderbar mit ihm reden und diskutieren«, fasst Klose zusammen. »Wenn er allerdings nicht wollte, redete er allein.«

Praktisch im Fluge geht auch die Exkursion in diesem Kapitel durch die ganze Welt – und endet am Neubergweg in Langenhorn. Getreu dem von Gorch Fock entlehnten und traditionell auf der Titelseite des Hamburger Abendblatts manifestierten Leitsatz: Mit der Heimat im Herzen die Welt umfassen. Diese Devise hat Bestand – auch wenn die Aktivitäten Helmut Schmidts ein irdisches Ende gefunden haben.

ZWEI LANGE LEBEN UNTER EINEM DACH

Eine Kanzler-Ära lang war Langenhorn heimliche Hauptstadt der Bundesrepublik. Einblicke in ein Doppelhaus, das nun als Museum geöffnet werden soll.

Altbundeskanzler Helmut Schmidt im Arbeitszimmer seines Hauses in Hamburg-Langenhorn.

Zeitweise vermuteten einige Deutsche, dass die Landkarte der Bundesrepublik Deutschland einer Änderung bedurfte: Nicht Bonn, konnte man manchmal meinen, sondern Hamburg sei die Hauptstadt des Landes. Und zwar keinesfalls die Hansestadt im Ganzen, sondern ganz speziell ein Stadtteil im Norden der Alster: Langenhorn. Als Berlin politisch noch links im Abseits lag, wurde nicht weit des Flughafens Fuhlsbüttel in einem kleinen Doppelhaus große Politik gemacht. Und der Neubergerweg Nummer 80–82 war etliche Jahre lang in aller Munde. Helmut Schmidt sei Dank.

Doch was wird jetzt, nach dem Tod des Hausherrn im November 2015, aus einem der bekanntesten Wahrzeichen Hamburgs? Nach Helmut Schmidts letztem Willen werden das umfangreiche Archivgebäude in einem Neubau direkt nebenan sowie das Doppelhaus als eine Art Museum erhalten. Jeder, so sein Vermächtnis, soll sich einen persönlichen Eindruck verschaffen von Räumen, die Geschichte schrieben.

So wie im Mai 1978, also vor bald vier Jahrzehnten. Als sich Ost und West ganz vorsichtig näherkommen, wird eine uralte Volksweisheit wiederbelebt: Sympathie geht auch durch den Magen. Das muss man sich einmal auf der Zunge zergehen lassen. An diesem 6. Mai 1978 werden im Hause Schmidt Tomatensuppe mit Kalbfleischklößchen und Spargel mit Holsteiner Katenrauchschinken gereicht, allesamt Köstlichkeiten. Doch delikat ist etwas ganz anderes: Da reist der seinerzeit zweitwichtigste Mann der Welt, KPdSU-Chef Leonid Breschnew, mit einem 130-köpfigen Tross aus Moskau nach Deutschland, um ganz große Politik zu machen. Und wo setzt sich der mächtige Russe mit dem deutschen Kanzler an einen Tisch? In einem ganz normalen, rot geklinkerten Doppelhaus in Hamburg-Langenhorn. Mit Jägerzaun, kleiner Pforte, putziger Gartenlampe, Rhododendren und Tannen dahinter.

Fast ist es nicht zu glauben, und tatsächlich reibt sich mancher verblüfft die Augen, als Fernsehbilder dieses höchst ungewöhnlichen Polittreffs in aller Herren Länder gezeigt werden. Auch Breschnew selbst weiß offensichtlich nicht so recht, ob er im richtigen Film mitspielt. »Wo ist denn die Mauer?«, will er wissen. In Anbetracht der hermetisch abgeriegelten Privathäuser und Datschen der herrschenden Kommunisten in der DDR und daheim in der Sowjetunion konnte sich Gospodin Breschnew partout nicht vorstellen, dass Deutschlands Regierungschef in solchen bescheidenen, alles andere als luxuriösen Verhältnissen lebt.

Auch dem Moskauer Protokoll können die besonderen Umstände dieses Besuchs nicht absolut klar gewesen sein, sonst hätten sie ihren allmächtigen Chef besser gebrieft. »Welche Mauer, Herr Staatspräsident?«, fragt Loki Schmidt via Dolmetscher nach. Na ja, meint Breschnew, die Sicherheitsabsperrung, der Schutz, das ganze Gedöns, wie der Hamburger so sagt. Dass die Mauer zwischen beiden deutschen Staaten ein gutes Jahrzehnt später fallen wird, kann der Gast aus dem Osten in diesem Moment keinesfalls ahnen, doch begreift er rasch, dass im Falle Schmidt andere Grundregeln herrschen als von ihm bis dato angenommen.

An seinem Appetit ändert das nichts: Die im Esszimmer von Loki und Helmut Schmidt kredenzte Speisenfolge ist sehr nach seinem Geschmack. Neben dem erwähnten Süppchen kommen nach und nach Spargel, Schinken, neue Kartoffeln sowie Buttersoße auf den Teakholztisch, an dem ausgezogen zwölf Personen Platz finden. Auch das Dessert, so berichten die Tafelgäste Willy Brandt und Hans-Dietrich Genscher später, sei nach Breschnews Gusto gewesen: sahniges Speiseeis mit Rumtopffrüchten.

Gekocht hat diesmal nicht die Hausfrau persönlich, sondern Peter Lüttgens aus der »Neuen Milchwirtschaft« am Stadtpark in der Nähe. Das läuft exzellent so, seit sich bei ihm telefonisch eine »Frau Schmidt« meldete und nach Außer-Haus-Küche fragte. Geht leider nicht, so die Antwort. Der zaghafte Hinweis, sie sei die Frau des Kanzlers, machte dann

Weltpolitik in Langenhorn: Staatsbesuch von Leonid Breschnew am Neubergerweg, Mai 1978.

———

Exzellente Stimmung in Schmidts Wohnzimmer.

doch Unmögliches möglich. Gemeinsam mit einem Koch und zwei Kellnerinnen hat sich Restaurantchef Lüttgens, soweit möglich, in Lokis Miniküche breitgemacht. Dagegen hat Frau Schmidt die Blumen selbst ausgesucht: Anemonen, Babyrosen und Freesien, in Harmonie mit den rosafarbenen Vorhängen und dem Wandschmuck, einer rot-grünen Batik.

Gemütlich ist es bei den Schmidts, keine Frage. Gut gesättigt und bester Dinge kommen sich der Kanzler und sein Moskauer Gast auch beim vertraulichen Gespräch weltpolitisch näher. Ein bisschen zumindest. Denn auf das Klima kommt es entscheidend an. Offensichtlich hat es jene spezielle Note, die es anderswo in dieser Form nicht gibt.

Konsequenz: Helmut Schmidt, von sozialdemokratischem Bürgerstolz beseelt, bittet immer öfter die Großen der Erde in sein kleines Refugium nach Langenhorn. Wohnfläche in der Anfangsphase: 120 Quadratmeter. Was den Amerikanern der Landsitz Camp David, ist den Deutschen der Neubergerweg, die nach dem Mediziner Professor Theodor Neuberger benannte Verbindung zwischen Langenhorner Chaussee und Tangstedter Landstraße. Grün und beschaulich ist es hier südlich von Ochsenzoll, dennoch absolut keine Villengegend.

Quasi Premierengast ist am 8. Juni 1976, zwei Jahre nach Helmut Schmidts erstmaliger Wahl zum Bundeskanzler, Polens Parteichef Edward Gierek. Zu diesem Anlass werden die Ehrenkompanie der Bundeswehr wie auch das Bonner Protokoll in die Hansestadt dirigiert. Loki reicht ein kleines Frühstück mit Matjessalat nach Hausfrauenart, Katenschinken, selbst eingekochter Marmelade und knusprigen Rundstücken. Man kommt sich näher.

Und zwar immer öfter. In den insgesamt acht Jahren Schmidt'scher Kanzlerschaft geben sich namhafte Persönlichkeiten fast die Klinke in die Hand. Kanadas Premier Pierre Trudeau reist ebenso nach Hamburg wie Ägyptens Staatschef Sadat oder König Juan Carlos aus Spanien. Dänemarks Ministerpräsident Anker Jørgensen kommt mehrfach am Wochenende zum Hausbesuch in den Neubergerweg, und auch Griechenlands Konstantin Karamanlis wird von Loki und Helmut Schmidt herzlich willkommen geheißen.

Für den Politiker aus dem Südosten Europas bereitet die Crew aus der »Milchwirtschaft« Blankeneser Rauchsalat mit allem möglichen Fisch, Gurkenrahmsuppe, Braten und zum Ausklang Eisbecher Alaska. Weitere Ehrengäste auf privatem Parkett sind Hollands damalige Kronprinzessin Beatrix und Spitzenpolitiker aus Portugal, der Tschechoslowakei, Mexiko, Kamerun und Italien. Wer sonst in Palästen und prunkvollen Sälen Hof hält, weiß das persönliche Ambiente als Kontrast zu schätzen.

Auch die Deutschen wissen mehr denn je, dass Hamburg oben ist. Zumal Schmidt unentwegt seine Treue zur Hansestadt bekennt. Das Schmidt'sche Heim hat sich längst von der kleinen, kargen Doppelhaushälfte für 128.000 Mark (umgerechnet gut 60.000 Euro) aus dem Jahr 1961 zu einem schnuckeligen Heim gewandelt. Niemals handelte es sich um ein Reihenhäuschen, wie bis zum heutigen Tage immer wieder geschrieben wird. Kompletter Quatsch, hätte der Hausherr noch zu Lebzeiten gesagt. Das Doppelhaus befindet sich nur in einer Reihenhaussiedlung am Neubergerweg, die in Wirtschaftswunderzeiten von der Neuen Heimat und der Schiffszimmerer-Genossenschaft errichtet wurde.

Anfangs gab es dort noch nicht einmal eine richtige Straße. Später investieren die Schmidts selbst eine Menge: 1974 rund 280.000 Mark für Anbauten, ein Schwimmbad und Garagen. 1978 werden noch einmal 145.000 Mark aufgebracht. Hinzu kommen etwa 600.000 Mark vom Staat, um das Kanzlerheim mit schusssicheren Scheiben und Sicherheitstechnik auszurüsten. Schließlich besteht durch die RAF latente Terrorgefahr.

Bis zu Helmut Schmidts Tod war neben den vier braunen Garagentoren ein Aufenthaltsraum für die Polizei untergebracht. Wobei der Bundeskanzler schon in aktiven Zeiten darauf besteht, Männer seines Vertrauens als Bodyguards an der Seite zu haben. Waschechte Norddeutsche wie Waldemar Guttmann und Ernst-Otto Heuer. »Otti« kommt später auch anderweitig zum Einsatz: nicht mit einem Revolver, sondern mit einem Shaker in der Hand – als Barkeeper im Schmidt'schen Haus.

Apropos: Sowohl Loki als auch Helmut Schmidt beweisen ihre menschliche Note auch dem Sicherheitspersonal gegenüber bis ins hohe Alter. Was für die Bewacher vom Brahmsee ebenso gilt: Am Wochenende, so die Schmidts da sind, geht es regelmäßig in einen Dorfgasthof zum gemeinsamen Essen. Sauerfleisch und Bratkartoffeln werden dort aufgetischt, pfundige Schnitzel oder Gulasch Hausmacherart. Helmut Schmidt ist von jeher ein »schlechter Esser«: Während der Kanzler-Ära in Bonn ernährt er sich tagsüber manchmal ausschließlich von Dosensuppen, und im Dorfkrug lässt er stets etwas auf dem Teller liegen. Gilt auch für das geliebte Labskaus, das er gern im Old Commercial Room gegenüber dem Michel bestellt – am Tisch ganz vorn rechts vom Eingang. »Beim Labskaus wurde er schwach«, erinnert sich Wirt »Buttje« Rauch.

Vor seinem Wechsel in das Seniorenstift in Rissen bewohnt Helmut Schmidts Vater Gustav die zweite Doppelhaushälfte, später zieht dort Tochter Susanne ein, anschließend nutzen Loki und Helmut beide Seiten. Natürlich haben sie ihre privaten Nischen und Kämmerlein, doch ist ein Teil des Hauses der Öffentlichkeit durchaus vertraut.

Weil bei dermaßen vielen Staatsbesuchen natürlich auch Fotografen zugelassen werden, sodass sich ein gutes Bild der Wohnverhältnisse ergibt. Daran soll sich auch nach dem Ableben von Loki und Helmut Schmidt nichts ändern.

Ganz bewusst an dieser Stelle sei ein persönlicher Hinweis des Autors gestattet. Im Vorfeld des Abendblatt-Buches »Ein Leben«, das nach Loki Schmidts Tod erschien, gewährte der nun selbst verstorbene Altkanzler ungewöhnliche Einblicke in sein zuvor so streng abgeschirmtes Privatleben.

Er traf den Verfasser dieser Zeilen nicht nur mehrfach in seinem Büro im Presshaus am Speersort, sondern öffnete auch in Langenhorn die Tür zu seinem Refugium. Ein kleines Wunder, für das Helmut Schmidt auch posthum ein persönliches Dankeschön gebührt. Auch im Interesse der Öffentlichkeit und der Sache: Das Treffen bei dem Witwer ist nach dessen Ende umso wertvoller einzuschätzen. Zeigt es doch die Umstände und die Geborgenheit eines Lebens, das einmal war und bleibt. Schon zuvor am Speersort verblüfften das exzellente Gedächtnis, die enorme Hilfsbereitschaft und die erstaunliche Herzenswärme des früheren Bundeskanzlers. Auf die letzten beiden Punkte direkt angesprochen, entgegnete der 92-Jährige in der ihm eigenen Art: »Wenn es so ist, dann muss es Altersmilde sein.« Dabei zog ein breites Lächeln über sein Gesicht. Und er blickte seinem Gegenüber über die Brille hinweg direkt in die Augen: amüsiert, verschmitzt, ein bisschen provozierend.

Zurück zum Hausbesuch am Neubergerweg. Es ist ein herrlicher Frühlingstag 2011. Der Sicherheitsmann in der Butze neben dem grünen Eingangstor vergleicht die beiden Personalausweise mit den Namen auf einer Liste und winkt freundlich durch. Zwei Meter sind es bis zum nächsten Zaun. »Schmidt« steht über dem Klingelknopf. Hier beginnt der Privatraum des Witwers. Also Knopf drücken, wie bei anderen Leuten auch.

In der Haustür des Doppelhauses erscheint eine ältere, freundliche Dame mit Strickpulli. Erst viel später wird dem Besucher klar, wer in diesem Moment die Tür öffnet und so gastfreundlich wirkt: Es ist Ruth Loah, schon seit 1955 Schmidts Sekretärin, Vertraute und von 2012 an seine neue Lebensgefährtin. »Aber in einem anderen Sinne«, weiß ein Vertrauter der Familie, »eher als Gesellschaftsdame.« Wie auch immer, es bleibt auch nach Helmut Schmidts Tod Privatsache.

»Herr Schmidt wartet schon«, sagt Frau Loah und bittet hinein. Durch diese Haustür sind sie also gegangen, die Großen dieser Welt, von Breschnew über Kissinger bis zu Giscard.

Überall hängen gerahmte Bilder, hinten links ist ein schwarz lackierter Flügel zu sehen. Perserteppiche. Glasvitrinen mit Kleinkram. Gemütlich wirkt es. Durch den Flur und das Wohnzimmer führt die freundliche Dame zu einer kleinen Treppe, die mit einem Fahrlift ausgestattet ist. Damit fuhr einst Reinhold Beckmann in den ersten Stock, als ihn Loki darum bat. Die Tür des Zimmers im Zwischengeschoss steht offen.

Der Hausherr sitzt im Trainingsanzug am Schreibtisch und blickt entgegenkommend. »Moin, Herr Schmidt!« Jede andere Anrede hat er sich verbeten. »Moin!«, murmelt er. Auf einem kleinen Beistelltischchen mit Glasplatte stehen zwei Teetassen, Zucker, Milch, eine Thermoskanne, ein Porzellanschälchen mit Keksen, eine große weiße Kerze. Und ein Aschenbecher, natürlich. »Nehmen Sie Platz, junger Mann«, sagt Helmut Schmidt. Offensichtlich ist in seinem Alter jeder andere ein junger Mann.

Derweil der Gastgeber mit seinem Rollstuhl um die Schreibtischkante rangiert und dabei leise vor sich hinflucht, schweift ein erster Blick durch das Arbeitszimmer. Die Einbauschränke sind randvoll mit Büchern und Kleinkram gefüllt – Schätze aus aller Welt. Auf der Fensterbank stehen ein Globus, ein Gipsrelief auf einer kleinen Holzstaffelei und ein Farbfoto seiner Tochter Susanne. Durch das Fenster ist viel Grün zu sehen. Zwischen den Bäumen hängt eine Eule aus Beton. Und auf dem Schreibtisch stehen eine Uhr, mehrere Zinkbecher mit Stiften, Brieföffnern, Scheren, daneben liegt eine große Lupe. Wie alles andere auch ist das Telefon nicht jüngsten Baujahres. Handy, Computer? »So etwas kommt mir nicht ins Haus«, hat er vorher schon gesagt.

Schmidt hievt sich vom Rollstuhl in den braunen Rattansessel. Irgendwie mag man gar nicht so recht hinsehen. Andererseits tut es der Würde keinen Abbruch. Ganz im Gegenteil. »Wenn ihr erst mal 93 werdet, geht's euch auch nicht besser«, knurrt er. Wenn's später so ginge, wär's schon gut. Der Hausherr bittet um etwas Tee »mit ordentlich Mich«, süßt ihn. Dann öffnet er die Silberschatulle. Prall gefüllt ist sie mit ak-

Einblicke in das Schmidt'sche Heim: das Wohnzimmer.

————————

Refugium für den Vielleser und Bestsellerautor: die Leseecke.

Bis ins hohe Alter spielte der schwerhörige Helmut Schmidt Klavier.

Lokis Sammlung wurde immer in Ehren gehalten.

Der Altkanzler in seinem Langenhorner Arbeitszimmer.

Schmidts Privatbar, »Kneipe« genannt.

236

kurat gestapelten Zigaretten Reyno Menthol und hellblauen Plastikdöschen mit Schnupftabak. Feuer frei. Für beide Seiten.

Vom Zwischengeschoss geht es ein paar Stufen hinunter ins Wohnzimmer. An den Wänden hängen jede Menge Bilder, die meisten sind Ölgemälde. Sonnenblumen, Schiffe, das Teufelsmoor. Werke von Otto Modersohn sind zu sehen, ebenso von Paula Modersohn-Becker. Sie sind einträchtig vereint mit Hamburger Malern wie Paul Kayser oder Hugo Schmidt. Offensichtlich die Saat, die Lehrer Börnsen einst in die Seelen der Schmidts pflanzte. In die weißen Wände eingelassen sind Vitrinen mit gläsernen Schiebetüren, dahinter stehen Steine, Muscheln, kleine Figuren und Skulpturen. Lokis Mitbringsel aus aller Herren Länder.

Überall liegen Perserteppiche, und die Dachflächen sind mit Holz verkleidet. Die Schrägen machen die Räume gemütlich. Auf einer Fensterbank stehen Grünpflanzen und eine Holzmaske aus Übersee. Auf einem Tisch davor liegen Notenhefte, unter anderem von Johann Sebastian Bach. Auch im hohen Alter hat sich Helmut Schmidt an den schwarzen Flügel gesetzt und nach Lust und Laune improvisiert. Hören konnte er das Resultat zwar nicht, aber das Klavierspiel diente dem inneren Frieden.

Neben dem Pianohocker steht eine bunt bemalte Bodenvase mit langstieligen orangefarbenen Lilien. Auf Blumen wurde im Hause Schmidt Wert gelegt – auch nach Lokis Beerdigung. Im Kontrast zur weißen Wand auf der linken Seite steht die rot geklinkerte nebenan. Eingelassen ist ein breiter Kamin, über dem ein großes Blumengemälde hängt. Holzscheite sind in dem Eisenkorb daneben untergebracht. Vor den Bücherregalen stehen zwei mit Intarsien verzierte Holzsessel. »Loki Schmidt« ist in die eine Lehne eingearbeitet. »Helmut Schmidt« in die andere. Beide eint das Datum: 23. 12. 1983, der 65. Geburtstag des Hausherrn. Lang ist das her.

Gemütlicher indes wirkt die braune Couchgarnitur in einer anderen Ecke. Diese Ledersofas und Sessel sind weltberühmt.

Bisweilen erhielten Fotografen für einen Moment Zutritt, um Loki und Helmut Schmidt mit ihren illustren Gästen abzulichten. Überall liegen Kissen, und auf dem niedrigen Holztisch ist eine weiße Decke zu sehen, auf der ein Kerzenleuchter steht. Wann Loki und Helmut hier wohl zuletzt vertraut beisammen saßen und lange Gespräche führten? Auch in diesem Raum stehen Hunderte Bücher in den Regalen.

Im hinteren Bereich des Doppelhauses befindet sich das Esszimmer. In der Mitte stehen ein ausziehbarer Holztisch und acht Holzstühle mit grünen Sitzauflagen. Eine Flasche Baileys steht bereit, ebenfalls Mineralwasser und Saft. Auch hier sind die Wände voller Ölgemälde, meistens vom Hamburger Hafen oder von norddeutschen Landschaften. Auf den Kommoden befinden sich Bücher und allerlei Erinnerungsstücke – Beute von Lokis Reisen. In einer beleuchteten Vitrine sind Porzellanstücke, Tonkrüge und viele weitere Figuren zu entdecken.

Alles ist sehr ordentlich platziert, alles perfekt sauber. Dennoch schleicht sich für einen Moment Wehmut ein: So richtig Leben wie früher einmal ist nicht in den vielen Räumen. Die freundliche Dame, Frau Loah, unterbricht einen Anflug von traurigem Gefühl mit dem Hinweis: »Und hier geht's in die Kneipe.« So pflegt Helmut Schmidt alter Hamburger Sitte gemäß die Bar neben dem Esszimmer zu nennen. Zwischen mit Enzyklopädien, Kunstwerken, Bildbänden und Reiseführern prall gefüllten Bücherregalen führt eine offene Tür in diese Kneipe. In ihrem Rahmen sind Masken aus Übersee und ein Schwert angebracht. An der Seite auf dem Boden stehen Elefantenstoßzähne mit kunstvollen Gravuren.

Die Theke ist aus Backsteinen gemauert und mit einer dicken Holzauflage bedeckt. An den Wänden hängen maritime Bilder, Schiffszubehör, nautische Geräte, Seemannsknoten, Seekarten. Eine Schiffsleuchte ist zu sehen, eine Dreimastkogge, eine wuchtige Messingglocke. Die Regale im hinteren Bereich sind gut bestückt mit allen möglichen Spirituosen. Darüber sind ein paar Buddelschiffe beleuchtet. Auf beiden Seiten der Theke befinden sich Barhocker. Und, natürlich, stehen überall Aschenbecher. Nichtraucher haben hier gewiss kein leichtes Spiel.

Auf der Theke steht ein schwarzer Butler, der sich bei Knopfdruck bewegt und lustige Sätze sagt. Ein Geschenk von Tochter Susanne, die den Sinn für solche Späße mit ihrem Vater teilte. Von ihr stammt auch das Plastikschwein dahinter. Welcher Staatsmann sich daran wohl ergötzt hat? Ein Ruf aus dem Flur sorgt für Unterbrechung: Helmut Schmidt ist mit seinem Gehwagen aus dem Büro gekommen. Er erklärt, warum das Piano mit einem Teppich geschützt ist. Dann deutet er auf die Wand: Eines der Bilder dort ist von Lilli Palmer gemalt. Jedes einzelne Stück im Hause, so wird klar, hat seine Bedeutung. Es sind höchst persönliche Erinnerungen an fünf lebhafte Jahrzehnte unter diesem Dach.

Und welch historisch prägende Rolle hat der Mann eingenommen, der in diesem Moment auf seinen Gehwagen gestützt im Wohnzimmer steht, lächelt und »Tschüs« sagt. Eine Gänsehaut stellt sich beim Besucher ein. Zukünftig können sich die Hamburger und deren Gäste persönlich ein Bild davon machen, wo viele Jahre lang große Politik zu Hause war. In Öl gemalt hängen im Flur Loki und Helmut Schmidt. Getrennt in dunklen Rahmen, aber doch Seite an Seite.

Mensch, was waren das für Zeiten. Im September 2015 lässt Helmut Schmidt über sein Sekretariat ausrichten, dass er erneut gern als Gesprächspartner in seinem Privathaus zur Verfügung stehe. Themen sollen die fünf Jahre nach Lokis Tod sowie sein bevorstehender Geburtstag sein, der 97. Als Termin wird die erste oder zweite Novemberwoche angepeilt.

Leider wird es dieses Treffen nicht mehr geben. Andere bleiben umso intensiver haften.

EIN KAPITEL FÜR SICH

Manfred Lahnstein würdigt Helmut Schmidt.
Es ist die Geschichte von drei wegweisenden
Gesprächen, einem späten »Du« und
einem Verhältnis zwischen Meister und –
angeblichem – Gesellen.

Helmut Schmidt mit seinem Vertrauten Manfred Lahnstein.

Zu den Menschen, denen Helmut Schmidt über Jahrzehnte mit Respekt und Anerkennung, aber auch menschlicher Sympathie begegnete, zählt Manfred Lahnstein, der für den früheren Bundeskanzler mehr als nur ein politischer Wegbegleiter war. Bei Tee, Kuchen und Muße in der Caféteria der Zeit-Stiftung, der Lahnstein schon so lange Format und Gesicht verleiht, sinniert der ehemalige Finanz- und Wirtschaftsminister über eine Persönlichkeit, die nicht nur er schmerzlich vermissen wird.

»Du hast wenige Menschen in deinem Leben, deren Überlegenheit du neidlos anerkennst«, formuliert ein Mann, der selbst so viel auf die Beine gestellt hat. Manfred Lahnstein wurde als Sohn eines Landarztes in Erkrath geboren. Der Vater starb, als der Junge acht Jahre alt war. Dieser ging seinen Weg, studierte Wirtschafts- und Sozialwissenschaften in Köln und machte 1961 sein Diplom als Kaufmann – ein Jahr bevor Helmut Schmidt der Sturmflut Herr wurde. Zwei Jahre zuvor war Lahnstein der SPD beigetreten.

Seine Karriere startete der Rheinländer im Landesbezirk Nordrhein-Westfalen des Deutschen Gewerkschaftsbundes; 1964 wurde er zum stellvertretenden Bürgermeister seiner Heimatstadt Erkrath gewählt. Im Anschluss an einige Jahre für Europa in Brüssel wechselte der hoch aufgeschossene Sozialdemokrat als Abteilungsleiter Wirtschaft und Ministerialdirektor im Bundeskanzleramt unter Willy Brandt nach Bonn. 1974 folgte der Einsatz als Leiter der Abteilung Grundsatzfragen im Finanzministerium unter dem Hamburger und Schmidt-Freund Hans Apel. Diese Details muss man kennen, um Manfred Lahnsteins gewichtige Rolle im politischen Leben Helmut Schmidts zu verstehen – und darüber hinaus.

Denn schon vorher, im Premierenjahr der Schmidt'schen Kanzler-Ära 1974, gab es ein interessantes Gespräch zwischen den beiden Finanzprofis. »Wollen wir mal 'ne Tasse Kaffee trinken?«, fragte der Hamburger den Rheinländer. Was sollte das bedeuten? »Was glauben Sie, Herr Lahnstein, warum ich

Sie ins Finanzministerium versetzt habe?«, fragte Schmidt. Die Antwort gab er selbst: »Sie brauchen Führungserfahrung.« Die beiden Herren siezten sich. Noch.

Im Mai 1977, Schmidt war im dritten Jahr Kanzler, folgte die Ernennung zum Staatssekretär im Bundesministerium für Finanzen. Doch sollte es ein weiteres, für Lahnsteins Karriere entscheidendes Gespräch mit dem Macher aus Hamburg geben. 1980 war das, nach der für die SPD gewonnenen Bundestagswahl. Schmidt nahm zwei Staatssekretäre zu Regierungsgesprächen mit nach Paris – einer von ihnen war Manfred Lahnstein. Im Hotel Bristol in Frankreichs Hauptstadt sagte Schmidt erneut: »Herr Lahnstein, lassen Sie uns mal ein bisschen reden.« So geschah es dann auch, in aller Ruhe, unter vier Augen.

»Das war ein Prüfungstermin«, meinte Lahnsteins Ehefrau anschließend daheim. Wie recht sie hatte, bewies kurz darauf ein Telefonanruf. »Herr Lahnstein, Sie müssen als Chef ins Bundeskanzleramt wechseln.« Groß gefragt wurde nicht. Typisch Schmidt. Andererseits gibt es Angebote im Berufsleben, die man nicht ablehnen kann. »Vom 1. Dezember 1980 bis Frühjahr 1982 waren wir dann quasi jeden Tag zusammen«, erinnert sich Lahnstein rückblickend.

Doch sollte der dienstliche Höhepunkt in der Trilogie dieser vertraulichen Unterhaltungen zwischen dem Hanseaten und dem Rheinländer noch folgen. 1982, am Rande eines SPD-Bundesparteitages, bat Schmidt seinen Kanzleramtsleiter in sein Hotelzimmer. Dort war ein dritter Gast anwesend: Finanzminister Hans Matthöfer, eine Person, die Schmidt besonders schätzte und mochte. Nur Eingeweihte wussten damals, dass Matthöfer unter Herzrhythmusstörungen litt und kürzertreten musste. In bewährter Manier, relativ schnörkellos also, kam Helmut Schmidt auf den Punkt: »Manfred, Hans und ich denken, du kannst das.«

Was aus zweierlei Gründen bemerkenswert war. Erstens wegen Lahnsteins Aufstieg zum Finanzminister der sozialliberalen Koalition, die somit quasi beschlossene Sache war. Und zweitens wegen des plötzlichen »Du«. Auch wenn sich die beiden Seelenverwandten fortan niemals richtig aus den Augen verlieren sollten, definiert Lahnstein sein Verhältnis zum nun verstorbenen Staatsmann so: »Er war der Meister, ich der Geselle.« Man könnte meinen, der Rheinländer habe Schmidts hanseatische Lebensart inhaliert – zumindest die Bescheidenheit sowie das Understatement betreffend.

In der eben geschilderten Zeit konnte Manfred Lahnstein nicht ahnen, dass ihn sein Weg eines Tages tatsächlich nach Hamburg führen sollte. Erneut in die unmittelbare Nähe Helmut Schmidts.

Erst einmal jedoch überschlagen sich die Ereignisse in Bonn. Wir schreiben das Jahr 1982. Durch ein konstruktives Misstrauensvotum wird Helmut Schmidt als Bundeskanzler abgelöst: Helmut Kohl übernimmt die Federführung. Der Mann mit der Mütze stellt sich diesem demokratischen, indes für ihn sehr schwierigen Prozess mit der Größe einer Persönlichkeit von Stil und Ehrbarkeit. »An-stand«, würde Schmidt jetzt sagen, mit spitzem »st«.

In einem Nachruf zu Ehren seines »Meisters« im Hamburger Abendblatt erinnert sich Manfred Lahnstein an die turbulenten, geschichtsträchtigen Tage von damals. Er ist fast auf den Tag 19 Jahre jünger als der Verstorbene. Seine Worte gehen auch Fremden deswegen so nahe, weil sie so aufrichtig sind, so bescheiden und so authentisch. Einen besseren Zeitzeugen kann es nicht geben.

»Es wird einer der ganz einsamen Tage in seinem Leben gewesen sein. Helmut Schmidt war am 1. Oktober 1982 als Kanzler der Bundesrepublik Deutschland gestürzt worden. Unmittelbar danach verließ er sein Büro in Richtung Hamburg. In Bonn hielt ihn jetzt nichts mehr.

Loki weilte in Brasilien auf einer botanischen Expedition, und ich wusste, dass er sie gebeten hatte, diese Reise nicht vorzeitig abzubrechen. Unsere Herzen waren schwer und unsere Gedanken bei dem verehrten Chef. Helmut Schmidt allein am Neubergerweg – an diesem Tag? Dieses Gefühl war schwer zu ertragen, und so habe ich mich mit meiner Frau aufgemacht und bin ihm gefolgt.

Das war so ein nassgrauer Herbsttag, einer von denen, an denen Abschiedsbriefe geschrieben werden. Und richtig – es war außer der Haushälterin niemand bei ihm an diesem Nachmittag. Jedoch: Da war keine Bedrückung, vielleicht leiser Zorn, vor allem aber eine beeindruckende innere Ruhe. Ein Mann hatte seine Pflicht getan.

Als es dunkel wurde, erhielten wir von irgendwoher – inzwischen waren noch ein oder zwei Freunde eingetroffen – die Nachricht, dass sich ein Fackelzug auf das Schmidt'sche Haus zubewegte. Helmut ging vor die Türe und stellte sich wie selbstverständlich an den Straßenrand. Hamburg-Langenhorn und Neubergerweg, nicht Berlin und Rathaus Schöneberg, ja nicht einmal Bonn und Rathausmarkt. Hamburger Sozialdemokraten hatten diesen Fackelzug spontan organisiert – wenige Hundert nur, aber doch ein zu Herzen gehendes, von großem Dank geprägtes Zeichen der Solidarität.

Dann drehte er sich zu uns um, sagte: ›Jetzt möchte ich noch ein wenig Klavier spielen‹, und ging ins Haus.

Als wir uns wieder ins Auto setzten, wusste ich, dass ich diesen Mann bis ans Ende meines Lebens lieben würde. Das war und ist eine Liebe geblieben, die sich aus Verehrung speiste und aus der Dankbarkeit, einem Menschen nahe bleiben zu dürfen, zu dem man ohne Neid und gezwungenen Abstand aufschauen konnte. Wie groß ist doch das Geschenk, dass diese Nähe dann noch über drei Jahrzehnte getragen hat! Immer bin ich für ihn ein ›junger Mann‹ geblieben, nie habe ich ihm darin widersprochen.

Man hat Helmut Schmidt im Lauf der Zeit viele Etiketts angeklebt. Sie alle sind nicht falsch, sind sie doch Hinweis auf

Abschiedsrede als Bundeskanzler.

Mit Ronald Reagan (Mitte) und Richard von Weizsäcker am
»Checkpoint Charlie« inmitten des noch geteilten Berlins, 1982.

Nach dem Misstrauensvotum im Bundestag trifft
Ex-Kanzler Schmidt in Langenhorn ein.

Würde auch in bitteren Momenten:
Helmut Schmidt gratuliert seinem Nachfolger Helmut Kohl.

die bezwingende Vielfalt seiner Interessen, seines Wissens und seiner Erfahrungen. Diese Vielfalt machte ein Streben nach Erkenntnis sichtbar, wie ich es bei keinem anderen Menschen erlebt habe. Es hat in seinem Leben viel weniger Gewissheit gegeben, als sein sicherer Auftritt und seine überragende Überzeugungskraft es vermuten ließen.

In der Zeit, in der ich ihm als Chef des Bundeskanzleramts dienen durfte, kam es vor, dass abends gegen 21 oder 22 Uhr das Telefon klingelte, als ich mich gerade auf den Heimweg machen wollte. ›Können Sie noch einen Augenblick herüberkommen?‹ Dann saßen wir in seinem Büro, redeten über Gott und die Welt, wobei er an so gut wie allem zweifelte, was ihm der Politik- und Medienbetrieb an diesem Tage als unabänderliches Faktum präsentiert hatte. Unvergessliche Stunden der offenen Herausforderung an sich selbst und an die anderen! Da hat ihn dann vom Schreibtisch her der Kaiser und Philosoph Mark Aurel angeblickt. Da war aber auch Immanuel Kant nie weit.

Streben nach Erkenntnis, Wissen um die Grenzen derselben, aber auch das Gefühl, am nächsten Morgen wieder handeln zu müssen – das hat bei Helmut Schmidt die ›Leidenschaft zur Verantwortung‹ geprägt, die so viel mehr ist als der Wunsch nach Selbstverwirklichung. Und er wusste nicht nur um diese Leidenschaft, sondern auch um seine Fähigkeit, Führung zu übernehmen. Schmidt, der ›Macher‹? Ja, aber nur vor diesem Hintergrund!

Das ist vielleicht der Kern der Faszination, die Helmut Schmidt auf die Menschen ausgeübt hat und die ihn noch Jahrzehnte nach seiner Kanzlerzeit zur großen Autorität nicht nur für uns Deutsche werden ließ. Einiges aber muss noch hinzugerechnet werden. Er hatte die seltene Fähigkeit, komplizierte Zusammenhänge, aber auch seine eigenen, facettenreichen Gedanken in schnörkellose Worte zu kleiden. Wir haben uns nie fragen müssen, was er eigentlich sagen wollte. Wir haben verstanden, was er gesagt hat.

Wer außer ihm hätte den Deutschen die komplizierten weltwirtschaftlichen Zusammenhänge der 70er- und 80er-Jahre erklären können, wie sie in den Ölkrisen und der Neuordnung der Währungsverhältnisse gleich einem Menetekel vor dem eingeschliffenen Denken unseres Wirtschaftswunderlandes standen? In den Folgejahren hat er die Probleme der Globalisierung benannt, als andere Politiker noch nicht einmal über sie nachgedacht hatten. Und noch im Dezember 2011 hat er in einer großartigen Rede auf dem Parteitag der SPD aus diesen Zusammenhängen eine zwingende Schlussfolgerung gezogen, die nämlich, dass wir unsere Zukunft nur als Europäer angehen können. Mit großen Worten wie dem der ›geistigen Erneuerung‹ hat er nie viel anfangen können. Das aufgeregte Gegackere des Tagesgeschäfts (nie habe ich mit ihm über irgendeine Meinungsumfrage geredet) war ihm ebenso zuwider wie das selbstgerechte Gehabe der ›Gutmenschen‹. Dafür aber hat der Bundeskanzler, der ›Zeit‹-Herausgeber und Buchautor, der Patriot aus Hamburg und der Weltbürger Helmut Schmidt uns an das erinnert, was für die Politik wirklich wesentlich ist: Denke gründlich, rede klar, übernimm Verantwortung und erfülle deine Pflicht!

Helmut Schmidt ist ein langes Leben beschieden gewesen. Wir anderen hatten Zeit, uns auf den Abschied vorzubereiten. Jetzt aber überfällt mich dennoch das Gefühl einer großen Leere. Und ich weiß, dass es nur die Dankbarkeit ist, die über diese Leere hinweghelfen kann.«

Atem holen und kurz innehalten. Dann fortfahren. Denn mit dem 1. Oktober 1982, dem Sturz des Bundeskanzlers Helmut Schmidt, gingen die beiden, der Hanseat und der hanseatische Rheinländer, keineswegs auseinander – auch wenn es anfangs so schien. Während Schmidt in sein Haus nach Langenhorn zurückkehrte, ging Manfred Lahnstein 1983 aus dem Bundestag zur Bertelsmann AG nach Gütersloh. Dort war der seinerzeit 46-Jährige im Vorstand des Unternehmens verantwortlich für Neue Medien. Elf Jahre später wechselte er in den Aufsichtsrat des Medienkonzerns; zwischen 1998 und 2004 war er als Sonderbeauftragter von Bertelsmann aktiv.

Doch unternahm der Sozialdemokrat mit der Attitüde eines Gentleman vom Scheitel bis zur Sohle noch viel mehr. Zum Beispiel als Professor am Institut für Kultur- und Medienmanagement der Hochschule für Musik und Theater in Hamburg. Als langjähriger Präsident der Deutsch-Israelischen Gesellschaft. Als erster Deutscher und Nicht-Jude im Aufsichtsrat der Universität Haifa. Aber auch als Inhaber einer eigenen Unternehmensberatung. Kein Wunder, dass es jede Menge Gesprächsstoff zwischen Manfred Lahnstein und Helmut Schmidt gab. Immer schon.

Dass die beiden dennoch erneut sehr eng miteinander zu tun bekamen, basierte auf dem Engagement des Wahlhamburgers für das Kuratorium der Zeit-Stiftung, dessen Mitglied auch der Altkanzler war. Diese hanseatische Institution war 1971 vom Verleger Gerd Bucerius gegründet worden. Der Coup des früheren CDU-Politikers und parteiübergreifenden Strategen, Helmut Schmidt als Herausgeber der Wochenzeitung »Zeit« im Anschluss an die Kanzlerzeit zu gewinnen, wird im nächsten Kapitel erzählt.

Nach seinem Tod 1995 hinterließ Bucerius ein Vermögen von schätzungsweise 750 Millionen Euro – neben der »Zeit« insbesondere seine Anteile an der Bertelsmann AG. Die Stiftung engagiert sich, immer wieder auch dank Helmut Schmidts Unterstützung, vielfach und gemeinnützig. Dazu zählen die Bucerius Law School, das Bucerius Kunst Forum und die Bucerius Summer School. Im Kuratorium saßen und sitzen drei Männer, die sich nicht nur beruflich verstanden: Helmut Schmidt, Manfred Lahnstein und der ehemalige »Zeit«-Chefredakteur Theo Sommer, der an anderer Stelle umfangreich zu Wort kommt.

Geschäftliche Verbundenheit, fast deckungsgleiche Prinzipien und menschliche Nähe schaffen ein Vertrauen, das seltenen Charakter hat. Wie ein Vorfall aus dem Frühjahr 1981 dokumentiert.

In Lahnsteins Dienstwagen klingelte das Autotelefon. Diese schwergewichtigen Kästen waren überhaupt nicht zu vergleichen mit den Handys der Neuzeit. Dennoch klappte die Verbindung, und auf der anderen Seite meldete sich Loki Schmidt. »Herr Lahnstein, mein Mann ist umgefallen und liegt bewusstlos vor mir«, sagte die aufgeregte Ehefrau. »Was soll ich machen?« Natürlich hatte sie zuvor den Notarzt informiert. Lahnsteins Ratschlag, der sich logischerweise nicht auf das Medizinische bezog, folgte prompt: »Lassen Sie niemanden außer dem Arzt an den Bundeskanzler heran. Und sagen Sie bloß niemandem ein einziges Wort!«

Diese Worte waren, aus des Bundeskanzlers Sicht, Gold wert. So konnte er in Ruhe, ohne Blitzlichtgewitter und Eilmeldungen der Nachrichtenagenturen, ins Bundeswehrkrankenhaus nach Koblenz gebracht und angemessen versorgt werden. Anschließend informierte der Regierungssprecher die Öffentlichkeit pflichtgemäß, also mit aller gebotenen Zurückhaltung. Manfred Lahnstein bat seinen Chauffeur, die nächste Autobahnabfahrt zu wählen und die Richtung zu wechseln: Auf zum Kanzler nach Koblenz. Kurz darauf sprach er Schmidt persönlich Mut zu. Es ging um einen Herzschrittmacher, und das war damals noch eine komplizierte Angelegenheit. Hier half das Beispiel des berühmten Springreiters und Unternehmers Josef Neckermann, der trotz Herzschrittmachers eine olympische Medaille gewonnen hatte. Doch zum Thema Helmut Schmidts Gesundheit äußert sich an anderer Stelle noch dessen Leibarzt und Vertrauter, Professor Heiner Greten.

Beide, Greten wie Lahnstein, verletzten mit ihren detaillierten Darstellungen keinesfalls die Privatsphäre des verstorbenen Bundeskanzlers. Ganz im Gegenteil helfen sie mit ihren Einblicken aus nächster Nähe, die Erinnerung an eine Persönlichkeit zu wahren, die unvergessen bleibt.

DIE ZEIT BEI DER »ZEIT«

Scharmützel Seite an Seite mit den Kollegen »Indiskretins«. Ein Alltag als Arbeitstier – geprägt von Sendungsbewusstsein und preußischer Disziplin. Nachrufe, die schon zu Lebzeiten erschienen. Ein Sockenanzieher vom Herausgeber. Und eine seit 1955 vertraute Sekretärin namens Ruth, die später eine unglaubliche Rolle im Leben des Altkanzlers einnehmen sollte.

Helmut Schmidt war Mitherausgeber der »Zeit«.

Es war ein Coup von Meisterhand, als der Bundeskanzler außer Dienst seinen Wechsel zur »Zeit« verkündete. Mit allem hatte die Öffentlichkeit gerechnet, aber nicht mit einem Wechsel ins eigentlich doch wenig wertgeschätzte Metier. Hatte Schmidt seine Hassliebe zur Journaille bisher doch stets inbrünstig gepflegt und Medienvertreter als »Indiskretins« verhöhnt. Und nun das! Erst reagierte die ehrbare Gilde der »Zeit«-Schreiber verblüfft, dann leicht verunsichert, letztlich jedoch neugierig. Dabei ging es nicht nur um Inhalte.

Schafft er es? Oder schafft er es nicht? Immer wieder beobachten die Redakteure der »Zeit«, wie Helmut Schmidt bei anstrengenden Konferenzen mit seinem Krückstock nach dem Sahnekännchen und der Zuckerdose angelt, diese nach und nach behutsam in seine Richtung dirigiert und zugreift. So genüsslich von Augenzeugen beschrieben. Andere haben genau mitgezählt: Bei 13 Zigaretten liegt Schmidts Rekord – während einer Sitzung von der Dauer eines Fußballspiels.

Auf die Vorliebe für parfümierte Glimmstängel der Marke Reyno Menthol kam Schmidt übrigens Mitte der 60er-Jahre des vergangenen Jahrhunderts. Im Rahmen der Kohlekrise besuchte der Politiker damals mehrfach Grubenarbeiter unter Tage. Da dort das Rauchen wegen Explosionsgefahr verboten war, verwendeten viele der Bergleute Schnupftabak. Dessen Mentholgeschmack gewöhnte sich Helmut Schmidt damals an – und blieb ihm bis zum Tode treu.

Zurück in die »Zeit« Mitte der 80er-Jahre des vergangenen Jahrhunderts. Mit gesüßtem Kaffee und einer reichlichen Dosis Nikotin auf Betriebstemperatur, demonstriert der Staatsmann bei der Diskussion rasch alte Klasse. Geschafft hat er das Angel-Kunststück übrigens immer noch. Wie fast alles, was er sich in seinem Leben vornahm. Den Abschied vom Paffen einmal ausgeklammert. Dass Helmut Schmidt nach der großen Politik überhaupt noch eine zweite Karriere starten kann, liegt an der Weitsicht des Verlegers Gerd Bucerius. Dessen Idee, den

Kanzler an Bord und auf die Kommandobrücke der »Zeit« zu holen, reifte länger und wird Mitte 1982 konkret. Das Ende der sozialliberalen Koalition in Bonn vor Augen, fädelt Bucerius den Deal mit diplomatischem Geschick ein: Beider Freund Karl Klasen, der ehemalige Bundesbankpräsident, ein Hanseat nicht nur von Geburt, spricht also im Auftrag des Westfalen Bucerius bei Schmidt vor – und stößt auf offene Ohren. Grundsätzlich hochinteressant, meint der Kanzler. Das Aber bezieht sich auf politische Unwägbarkeiten. Doch übernimmt Helmut Kohl durch ein konstruktives Misstrauensvotum am 1. Oktober 1982 tatsächlich das Kanzleramt, womit der Weg ins Verlagsgebäude am Speersort in der Hamburger Innenstadt geebnet ist. Nur acht Tage nach dem Führungswechsel in Bonn sucht Bucerius, zwischen 1949 und 1962 für die CDU im Bundestag, Helmut Schmidt im Neubergerweg auf, um seine Vorstellungen zu unterbreiten: Der Hausherr solle neben Marion Gräfin Dönhoff Herausgeber der Wochenzeitung werden. Mehrere vertrauliche Gespräche schließen sich an; auf dem gelben Sofa in Bucerius' Büro und auf einem gemeinsamen Flug nach Tokio. Silvester schreibt der Verleger dem Politiker einen Brief in Schmidts Urlaubsdomizil auf Gran Canaria. Es kann losgehen. Zwar stellen eine mögliche erneute Kanzlerkandidatur sowie Schmidts engagierter Einsatz für die SPD im Wahlkampf plötzlich Hürden dar, doch ist mit dem CDU-Wahlsieg am 6. März 1983 endgültig alles klar.

Bucerius darf sich die Hände reiben. Sein Bauchgefühl hat ihn nicht getrogen: Helmut Schmidt, allen gegenteiligen Behauptungen zum Trotze immer schon von einem ausgeprägten Sendungsbewusstsein beseelt, kann im Jahr nach seinem Abschied aus dem Kanzleramt nach seinem Gusto leben – und arbeiten. Er verschafft sich weiterhin Gehör, kann seinen Interessensgebieten Außen- und Sicherheitspolitik treu bleiben, seinen Tagesablauf selbst bestimmen – und seinen Lebensunterhalt verdienen. Vor allem aber, ganz entscheidend, kann er in

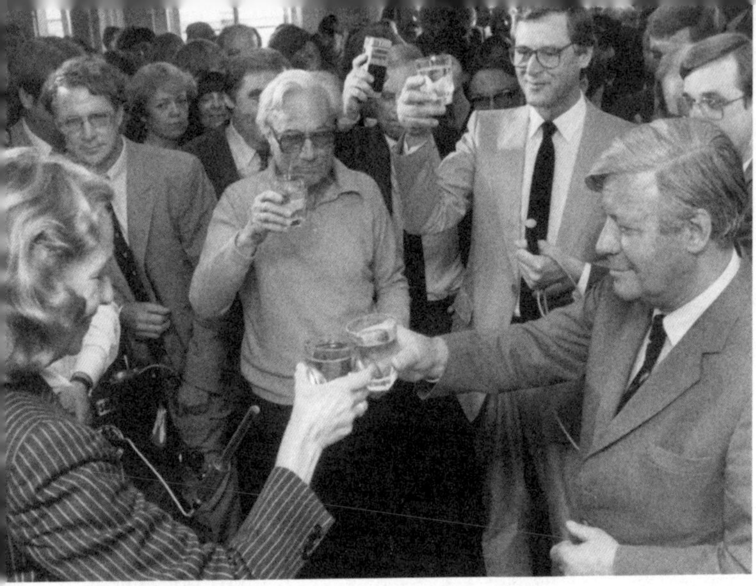

Helmut Schmidt gibt seinen Einstand bei der »Zeit«.

Hanseaten von Format: Verleger Gerd Bucerius mit seinem »Kollegen« Helmut Schmidt.

seiner Heimatstadt leben. Ein unschätzbarer Vorteil nach den Jahren in Bonn.

Insider schätzen sein Jahresgehalt am Speersort seinerzeit auf 200.000 bis 300.000 Mark, umgerechnet also knapp unter 150.000 Euro. Dass sich seine Bücher später wie »geschnitten Brot« verkaufen, war ja nicht zu erahnen. Und auch nach Vorträgen geht Helmut Schmidt selten unter 15.000 Euro nach Hause. Für seinen bis zum Ende bescheidenen Lebenswandel benötigte er diesen Mammon nicht, für den Betrieb seines aufwendigen Archivs schon.

Ein Fuchs vom Schlage Bucerius weiß ganz genau, dass man eine Persönlichkeit wie den Barmbeker mit Geld ohnehin nicht locken kann. Bucerius ist ein hervorragender Kaufmann und Menschenkenner, zudem ein Demokrat der ersten Stunde und ein Macher vor dem Herrn. 1946 hatte er die »Zeit« gegründet, mit Zustimmung und Hilfestellung der britischen Besatzungsmacht, 1957 wurde er deren alleiniger Gesellschafter. Acht Jahre später wurde die Gruner + Jahr GmbH & Co KG ins Leben gerufen.

Außerdem ist Bucerius ein politischer Mensch, allerdings von der »anderen Feldpostnummer«, wie Helmut Schmidt zu Lebzeiten scherzte. Tatsächlich war sein Seelenverwandter Gerd Mitglied der CDU, wirkte als Christdemokrat im Deutschen Bundestag und war auch als Bausenator in Hamburg aktiv. Wichtiger allerdings sind die Gemeinsamkeiten der beiden Alphatiere – abgehoben von kleinkariertem Parteienhickhack.

So kommt die Entwicklung im Jahre 1983 Bucerius wie Schmidt höchst gelegen. Immerhin ist der Verleger von echtem Schrot und Korn 1906 zur Welt gekommen und mithin zwölf Jahre älter als sein neuer Partner. Für Bucerius vollzieht sich alles nach Plan: Am 1. Oktober 1985 nimmt er Abschied vom Verlagsgeschäft, nachdem er sich bereits 1977 als aktiver Verleger zurückgezogen hatte. Zumindest auf dem Papier. Denn so ganz konnte einer wie er es nicht lassen.

Helmut Schmidt kennt das. Sein beruflicher Neustart gleicht dem Einzug eines Triumphators auf fremdem Terrain. Am 9. Mai 1983 ist es so weit. Der Kanzler bezieht sein neues »Zeit«-Büro. Raum 605 im sechsten Stock. Der Neuling hat – typisch – ausdrücklich auf einem »nicht repräsentativen Umfeld« bestanden, und so ist es dann auch: Die Butze umfasst gerade einmal 16 Quadratmeter, bietet dafür jedoch einen grandiosen Blick über die Keimzelle der Hansestadt. Eingeweihte wissen: Nur das Kontor des Hamburger Kaffeekönigs Albert Darboven am Pinkertweg in Billbrook glänzt in der Hansestadt mit noch mehr Bescheidenheit.

Günter Stiller, damals Chefreporter des Hamburger Abendblatts und leider weit vor Schmidt verstorben, ist als Erster zur Stelle. Genüsslich beschreibt er die spartanische Einrichtung der winzigen Kemenate: Palisander-Schreibtisch, darauf ein Keramikpott mit Milchkaffee und eine Lampe mit kreisrundem Glasaufsatz, eine kleine Sitzecke, brauner Teppich. Und nur zwei Fotos an den Wänden: Nordlicht Schmidt an Bord einer Segelyacht sowie ein signiertes Bild des ehemaligen Bundespräsidenten und gestandenen Sozialdemokraten Gustav Heinemann. Zur Erbauung hat Gerd Bucerius seinem neuen Mitarbeiter ein Gemälde des von ihm so geschätzten Henry Moore aufhängen lassen. Das war's dann auch.

Bevor der neue Mitherausgeber Schmidt seinen noch ungewohnten Arbeitsplatz besetzt, ist eine unvermeidliche Prozedur zu überstehen, die der Novize überhaupt nicht mag: Sektempfang mit Redaktion und Verlagsmitarbeitern. Schmidt schüttelt artig Hände und macht muntere Miene zum für ihn gemeinhin als »Dummschwätzerei« bezeichneten Beisammensein. Doch wie sagte schon sein Vater: Watt mutt, dat mutt. In einer kurzen, launigen Ansprache nimmt der namhafte Neuling sich selbst und seine neuen Kollegen auf die Schippe. »Politiker und Journalisten sind in ähnliche Kategorien einzusortieren«, befindet Helmut Schmidt, »vom Staatsmann bis zum Verbrecher.« Erleichtertes Gelächter, zustimmender Applaus. Während sich Bucerius bewusst locker in einem hellblauen Poloshirt präsentiert, bevorzugt Schmidt gedeckte, hanseatische Töne und feines Tuch.

Bemerkenswert sind zwei weitere Randnotizen. Erstens wird über Geld nicht gesprochen. Schmidt verlangt »so viel wie die Gräfin«, und das bekommt er nun auch. Trockener Kommentar: »Frau von Dönhoffs bescheidener Lohn hat mich schon überrascht.« Mit Aussicht auf anständige Buchtantiemen und stattliche Einnahmen aus Vorträgen ist der Kontostand für die Schmidts ohnehin nur sekundär. Zumal das Doppelhaus in Langenhorn mittlerweile abbezahlt ist. Und zweitens: Die Vereinbarung wird per Handschlag geschlossen, wie es gute Sitte in Hamburg ist. Ein schriftlicher Vertrag existiert nicht. Bis zum Schluss nicht. Am ersten Arbeitstag stehen viele der künftigen Kollegen vor ihren Büros auf dem Flur und spenden dem Neuling Applaus. Diese Willkommensgeste ist alles andere als selbstverständlich, regte sich zuvor bei manchem Freigeist in den Ressorts doch Skepsis. Hatte Schmidt Mitglieder der Zunft doch zuvor leicht, aber auch wirklich nur leicht augenzwinkernd als »Wegelagerer« oder gar »Banditen« bezeichnet. Und würde Schmidt das Blatt zur Parteinahme drängen? Würden die Sicherheitsvorkehrungen das Redaktionsklima verändern? Denn nun kann man mit dem Fahrstuhl nicht mehr direkt nach oben fahren, sondern muss eine Zwischenstation im dritten Stock einlegen. Wie angebracht solche Vorsichtsmaßnahmen sind, wird später der Fall des Amerikaners Edward Kearl beweisen. Unter der Vorgabe, Helmut Schmidts unehelicher Sohn zu sein, dringt der Mann bis zum Empfang vor, entleert dort einen Kanister und entzündet das Benzin. Dass es sich keinesfalls um einen harmlosen Spinner handelt, zeigt sich später: In Spanien wird Edward Kearl wegen Mordes an zwei Frauen zu langer Haft verurteilt. Sonst haben die vier Leibwächter auf dem Flur glücklicherweise wenig zu tun. Jeweils zwei von ihnen werden des Öfteren beim Klönschnack in der Verlagskantine gesichtet.

Der Premierenartikel aus der Feder (sic!) des 64 Jahre alten Jungjournalisten Schmidt trägt den Titel »Der Westen ist nicht schwach«. Er beschäftigt sich trotz der Überschrift mit fehlenden Gemeinsamkeiten in der Sicherheits- und Europapolitik. Wohlgemerkt soll der politische Frühling zwischen Ost und West ja erst wenige Jahre später folgen. Auch der Zusammenbruch der Mauer zwischen beiden Teilen Deutschlands ist in diesem Moment selbst für einen Seher wie Helmut Schmidt nicht zu erahnen. In jedem Fall liefert der Kanzler a. D. der Bundesrepublik frischen Diskussionsstoff und darf zudem seinem Hobby frönen und die Regierung piesacken.

Ohne dass er es zugibt, behagt ihm die Rolle als übergeordnete Institution, die sich nun nicht mehr am Rednerpult im Bundestag, sondern via Zeitung Gehör verschafft. Die »Zeit« verbucht seinerzeit eine Auflage von rund 400.000 Exemplaren.

Helmut Schmidt und die Medien, das war zeitlebens ein prickelndes Thema. Unvergessen ist ein Scharmützel mit der »Frankfurter Allgemeinen« noch aus Kanzlertagen im Jahre 1980. »Ist das Friedenspolitik?« wagte das Blatt in der Titelzeile zu fragen. Kritisiert wurden Schmidts Haltung in der Nachrüstungsfrage sowie sein angebliches Abrücken vom Doppelbeschluss der Nato. Der entrüstete Regierungschef reagiert mit einem Protest-Telegramm an die Zeitung.

Natürlich wurde auch hier später Frieden geschlossen. So intensiv sogar, dass Helmut Schmidt 2012 für ein Anzeigenmotiv der Frankfurter Allgemeinen posierte: »Dahinter steckt immer ein kluger Kopf.« Von dem man allerdings in diesem Fall in bewährter Manier nichts sah. Nur Lokis Ehering, den er am kleinen Finger trug, und jede Menge Rauch wiesen auf den prominenten Zeitungsleser hin.

Doch zurück zum Scharmützel mit der »FAZ« 1980 und Schmidts Verhältnis zu den Medien. Bereits zwei Jahre zuvor hatte der Bundeskanzler für lautstarken Wirbel gesorgt, als er während einer Rede auf dem Jahreskongress des Deutschen Gewerkschaftsbundes vom Thema abwich und kurzerhand einen fernsehfreien Tag in Deutschland vorschlug. Die Menschen, mahnte Schmidt, sollten sich lieber auf ihre Familie besinnen, miteinander reden oder Mensch ärgere Dich nicht spielen. »Wir leben in einem freien Land«, meinte er, »und jeder hat das Recht zum Fernsehen, bis er schwarz wird.« Aber ...

Damit hatte Schmidt, bewusst oder unbewusst, eine Lawine losgetreten. Die Debatte hielt wochenlang an und bewies, wie sehr Schmidt ins Schwarze getroffen hatte. Er selbst sah nur selten auf die Mattscheibe. Quotenrenner wie »Derrick« oder »Tatort« waren ihm von jeher fremd. »Dallas« und »Denver« gab's im politischen Alltag auch zu Bonner Zeiten ausreichend.

Ein paar Jahre später lockte der Streiter für mehr Freizeit abseits des Bildschirms das Fernsehvolk dann doch zum Einschalten: 1986 übernimmt er im von Regisseur István Bury gedrehten NDR-Film »Ein Mann und seine Stadt« die Hauptrolle. Einschaltquote im Dritten Programm: 20 Prozent. Immerhin. Für keine andere als für seine Geburtsstadt hätte Helmut Schmidt eine solche Ausnahme gemacht. Zusätzlicher Pluspunkt der Rolle als Schauspieler: Schmidt konnte mit seinem Plattdeutsch brillieren und einige Döntjes vom Stapel lassen. Gewohnt trocken, aber mit Humor und Wortwitz. Ach, wie werden wir diese typische Art vermissen.

Der vorübergehende Wechsel zum Fernsehen spielt sich also während der »Zeit«-Ära ab, die fast bis zu seinem Tod anhielt – und zu der wir nun zurückkehren.

Für die anderen Medien bleibt der Macher aus Langenhorn eine spannende Persönlichkeit. Und da Schmidt immer wieder Kollegen (diese Formulierung behagte ihm eigentlich ganz und gar nicht ...) in seinem Redaktionsrefugium empfängt, dringen alle möglichen Details über seinen neuen Arbeitsalltag nach draußen.

1986 darf das damals aktuelle und bisweilen recht pfiffige Boulevardblatt »Quick« in das Allerheiligste im sechsten Stock vordringen. Das Magazin beschreibt Schmidt als »vornehm gekleidet«, hanseatisch eben: dunkelblauer Nadelstreifenanzug, hellblaues Hemd und passendes Kavalierstuch. Extra für den quicken Fotografen? Wohl kaum!

Spannend ist die Reportage vom Arbeitsplatz des Altkanzlers aber nur wegen zweier Details, die erst Jahrzehnte später interessant werden. Es handelt sich um Schmidts Sekretärinnen, beide altgediente Vertraute mit höchster Verschwiegenheit. Die eine ist Birgit Krüger-Penski, die später als eine Art persönliche Referentin und Organisationschefin im Einsatz sein wird. Zusätzlicher Job: Abwimmeln allzu penetranter Presseleute.

Die andere ist Ruth Loah, eine Parteifreundin und Vertraute, die zum Zeitpunkt des »Quick«-Artikels von 1986 nur Insider kennen. Ein gutes Vierteljahrhundert später wird ihr Name in aller Munde sein – als neue Lebensgefährtin knapp zwei Jahre nach Loki Schmidts Beerdigung. Der Zeitschrift gibt der Altkanzler seinerzeit an, Ruth Loah »seit 31 Jahren« als Sekretärin und treue Seele an seiner Seite zu haben. So gerechnet, kannten sich die beiden also seit 1955. Welche wichtige Rolle sie in Helmut Schmidts späterem Leben einnehmen soll, ahnt zum Zeitpunkt des Interviews natürlich kein Mensch. Und Frau Loah am allerwenigsten ...

Drei Jahre später ist das Magazin »Esquire« zu Gast in Schmidts kleinem Büro im Verlagshaus am Speersort. Der Reporter weidet sich 1989 am kargen Umfeld des früheren Weltpolitikers und notiert eher beiläufig die Anwesenheit einer Büroangestellten namens Ruth Loah, die hinter den Kulissen diskret, indes couragiert die Fäden zieht.

Ruth wie Helmut, die beiden duzen sich, fühlen sich wohl im Hauptquartier der Wochenzeitung. Bei der »Zeit« herrscht menschlich Harmonie. Auch seine Frotzeleien, er werde letztlich niemals richtiger Journalist sein, weil er sich das Arbeiten

Mittenmang: Helmut Schmidt während einer Redaktionskonferenz.

Sie schrieben »Zeit«-Geschichte: Marion Gräfin Dönhoff und Helmut Schmidt.

eben nicht abgewöhnen könne, werden wohlwollend weggesteckt. Zu seinem näheren Umfeld zählt eine Reihe guter Bekannter, denen der neue Ko-Herausgeber von früher vertraut. Marion Gräfin Dönhoff kennt er aus einem Blankeneser Gesprächskreis, Ressortleiter Kurt Becker war bis zu Klaus Böllings abermaliger Ernennung sein Regierungssprecher, vor allem jedoch besteht eine intensive Bindung zum Chefredakteur: Theo Sommer, im Hause nur »Ted« genannt, ist ein langjähriger Wegbegleiter. Die beiden verstehen sich prächtig – beruflich wie privat. »Wir haben uns erstmals im Schlafwagen gesehen – bei ein paar Flaschen Fürstenberg Pils«, sagt der langjährige Chefredakteur und Mitherausgeber der »Zeit« bei einem Gespräch 2011 in seinem Büro am Speersort. Auf einer Zugfahrt von Genf nach Hamburg ereignete sich das erste Treffen, in einer Zeit, als »Billigflieger« noch ein Fremdwort war. Schmidt schlief unten, Sommer oben. Beide befanden sich auf der Heimfahrt von einer Tagung des Londoner Instituts für Strategische Studien und kamen im Abteil auf das gemeinsame Interessengebiet zu sprechen. Derart intensiv, dass die Unterhaltung bis zum Morgengrauen dauerte. Themen: Verteidigung, Abschreckungsvarianten, Nato. Fortan wurde Kontakt gehalten. Konsequenz: 1969 beauftragte Verteidigungsminister Helmut Schmidt den Journalisten Theo Sommer, der nach der Bundestagswahl 1965 schon als Staatssekretär vorgesehen war, mit der Entwicklung eines politisch-militärischen Planungsstabes. B 9, Abteilungsleiter. Ein Dreivierteljahr nahm sich Sommer eine Auszeit als stellvertretender Chefredakteur der »Zeit« und malochte quasi rund um die Uhr. Er war nicht der Einzige im Ministerium. »Nachts um drei brannte bei Helmut Schmidt oft noch Licht«, erinnert sich Sommer. »Manchmal habe ich dann meinen Kopf durch die Tür gesteckt und wurde auf einen dünnen Whiskey eingeladen.« Betonung auf dünn. Umso gehaltvoller geriet das »Weißbuch«, das er in des Ministers Auftrag verfasste. Es war eine erste kritische

Bestandsaufnahme der Bundeswehr. In den 70er-Jahren war Sommer immer wieder Gast bei Loki und Helmut Schmidt zu Hause. Letztmals übrigens sah er seine Duzfreundin dort anlässlich der bereits ausführlich geschilderten Freitagsrunde acht Monate vor ihrem Tod. Der Besucher und Freund Ted hielt ein Referat über Japan. Insgesamt weiß Theo Sommer mehr über den Menschen Helmut Schmidt, als er in seinem 2010 bei Hoffmann und Campe in Hamburg veröffentlichten Buch »Unser Schmidt – Der Staatsmann und der Publizist« veröffentlichte. Das Werk wurde zum Bestseller und befasst sich ebenso lesenswert wie informativ mit Schmidts Wegen vom Staatslenker zum Staatsdenker und vom Kanzleramt ins Pressehaus. Unter dem Strich ergeben diese Karrieren ein Spiegelbild deutscher Zeitgeschichte aus entscheidenden Jahrzehnten. »Helmut hat eine weiche, eine künstlerische Seele«, weiß Sommer. »Hinter einem auf den ersten Blick harten Politiker stand von jeher ein empfindsamer Mensch.« Er hat lieber scharf formuliert als laut gebrüllt. Die beiden mögen sich; das ist zu spüren. Was auch ein ganz praktisches, freundschaftliches Geschenk Sommers in der Neuzeit beweist: ein Sockenanzieher für den rechten Fuß. Gern denkt der passionierte Journalist »Ted« Sommer an den August 1975 zurück: »Im Ferienhaus der Schmidts am Brahmsee habe ich meinen halbjährigen Sohn auf Helmuts Schreibtisch gewickelt.« Loki habe meist leckere Suppen gekocht. Oder Würstchen mit Kartoffelsalat zubereitet. Auch im Urlaub trank Schmidt Coca-Cola oder naschte mit Vorliebe Kekse und Schokolade. Im Café durfte es gern ein Baileys sein. Ausgefallene Gerichte seien noch nie seine Sache gewesen. »In Cöllns Austernkeller hat Helmut lieber Steaks als Muscheln oder Krustentiere gegessen.« Unabhängig von solchen Schmankerln – Theo Sommers Bilanz aus Schmidts bisher 28 Jahren Einsatz für die »Zeit«: »Er blieb Staatsmann und verstand sich meisterhaft darauf, die Mittel der Publizistik zu nutzen, um seinen An- und Einsichten Gehör zu verschaffen.«Zwar wird dem ehemaligen Kanzler allseits attestiert, an Geduld gewonnen zu haben und sich äußerst kollegial zu verhalten, doch verläuft diese Zusammenarbeit nicht immer ohne Anstrengung. Schmidt schätzte es, Memoranden zu schreiben. Manche waren fünf oder fünfzehn, andere mehr als dreißig Seiten lang.

In einem legendären Memorandum an den Chefredakteur (Tenor: »Lieber Theo, was ich Ihnen schon immer mal sagen wollte ...«) mit sage und hiermit schreibe 29 Seiten Umfang mokierte sich Kollege Helmut über das angebliche Tohuwabohu in der »Zeit«-Redaktion. Stapelweise lägen ausgelesene Zeitungen auf den langen Fluren mit den vielen Einzelzimmern – wie Altpapier. So etwas gab es im Kanzleramt niemals. Und vier von fünf Redakteuren würden aus Reihen der linken und von Schmidt wenig geliebten Tageszeitung »taz« stammen. Schockierend, meinte der Neue. Alle Ressorts tendierten zu einer »weinerlichen Art«. Und, einmal so richtig im Brass, forderte er quasi im gleichen Atemzug die Entlassung des Kulturchefs. Dieser schreibe tendenziös und falsch. Im Schmidt-Deutsch hieß Abberufung damals »Rücktritt«.

Klar, dass Theo Sommer dieses Ansinnen höflich, jedoch entschieden zurückwies (Tenor: »Lieber Helmut, ich muss mal ehrlich sagen ...«) und sich von Anfang an gegen Einmischung in seine Redaktionspolitik verwahrte. Da der frühere Bundeskanzler mit Widerworten und offenem Visier grundsätzlich unkompliziert umzugehen verstand, akzeptierte er die klaren Worte, gab allerdings keinesfalls klein bei. Sprich: Weitere Hausmitteilungen sollten folgen. Ausklang: »Stets Ihr Helmut.« Auch Ergebnisprotokolle wurden von Helmut Schmidt rasch zu Papier gebracht, diktiert oder mit der Hand geschrieben; PC und E-Mails nutzte nur der Mitarbeiterstab. »Mit so 'nem modernen Kram kann ich nichts anfangen«, pflegte Schmidt zu sagen. »Das ist nicht meine Welt«. Nur in Ausnahmefällen nahm er ein Handy zur Hand. Murrend.

Mails ließ er sich ausdrucken. Und surfen? Sollten andere machen. »Dennoch hat das Internet Zukunft und bringt die Länder der Erde näher zusammen«, erkannte er 2012. Allerdings warnte er im gleichen Zusammenhang vor einem aus seiner Sicht bedrohlichen Faktor: Durch die mit der Computer- und Internettechnologie verbundene kulturelle Veränderung weltweit werde eine oberflächliche Kommunikation gefördert.

In der »Zeit«-Redaktion geht es – zumindest für Schmidt – gemütlicher zu. Ein bisschen wie früher in den Ministerien, als ein Fernschreiber schon Hightech und das Fax noch ein Fremdwort war. Von Mails ganz zu schweigen. So gehört es zur Kultur des Hauses, schriftlich miteinander zu verkehren – selbst wenn die Büros nur ein paar Schritte auseinanderliegen. Die Korrespondenz zwischen Bucerius und Schmidt, weiß Sommer, »füllt viele Ordner«. Sommer weiß aber auch: »Bei einem wie Helmut Schmidt ist nicht Quantität, sondern Inhalt alleiniger Maßstab.

1995, nach dem Tod des Verlegers der ersten demokratischen Stunde, bezieht der Kanzler a. D. dessen Eckbüro in der sechsten Etage. Größer als die Butze zuvor ist es nicht. Am markantesten neben Schmidt bleiben dem Besucher die ebenso herzliche wie couragierte Vorzimmerdame Rosemarie Niemeier, die Bücherwände in dem ansonsten karg eingerichteten Raum, die Karikaturen aus vergangenen Politikerjahren und der schlichte Resopal-Schreibtisch haften. Vom Qualm ganz zu schweigen. Von seinem Zimmer bis zur großen Freitagskonferenz geht es zwei lange Flure entlang. Gleich links neben der Tür nimmt der Herausgeber Platz. »Er kann zuhören«, wissen sie in der Redaktion. »Wenn er sich einmischt, grundsätzlich pointiert, sachlich und letztlich überzeugend.« Der Rückweg des Autorenbesuchs in den Redaktionsräumen der »Zeit« 2011 führt am Büro des Chefredakteurs Giovanni di Lorenzo vorbei. Motto: Auf eine Zigarette. So heißt denn auch di Lorenzos 2009 veröffentlichter Bestseller: »Auf eine Zigarette mit Helmut Schmidt«. Mal dauerten die Gespräche zehn Minuten, mal mehr als eine Stunde.

Herausgekommen ist immer Lesens- wie Beachtenswertes: kurze Antworten auf kleine oder große Fragen. In der Kürze liegt die Würze. Erstmals 2007 erhielten diese niveauvollen Wortgefechte eine feste Rubrik auf der letzten Seite des »Zeit-Magazins«. Auch damit ist es jetzt leider vorbei.

»Herzlich willkommen!«, sagt der Chefredakteur und bittet in sein Zimmer. Vor dem Schreibtisch pflegte Helmut Schmidt ihm vis-à-vis Platz zu nehmen. Natürlich durften starker, intensiv gesüßter Kaffee und ein Aschenbecher aus Aluminium nicht fehlen. Sodann ging's zur Sache. Mit Tiefgang, bisweilen etwas frotzelnd, manchmal trotzig gar, jedoch grundsätzlich mit warmem Unterton. Anschließend musste Nichtraucher di Lorenzo lange lüften. Über die anstehenden Themen hatten sich die beiden Gentlemen zuvor schriftlich verständigt. Die fertigen Interviews wurden Schmidt noch zum Autorisieren vorgelegt. »Aber er nimmt höchst selten etwas zurück«, wusste der Chefredakteur. Ohnehin verfügte der Kanzler a. D. über »ein großes Gefühl für Sprache«. Nicht nur di Lorenzo wird fortan etwas Wichtiges, Einmaliges vermissen.

Die beiden kongenialen Partner kannten sich noch aus di Lorenzos Zeiten beim »Tagesspiegel« in Berlin. Wobei dem Journalisten dieses erste Treffen für immer haften bleibt. Themen: Nato und militärische Grundsatzfragen. »Egal, was ich sagte«, erinnert sich di Lorenzo, »jede Frage war falsch.« Dass Schmidt ein bisschen renitent war, will er indes nicht behaupten. Das Wiedersehen folgte später in Schmidts Doppelhaus in Langenhorn. Di Lorenzo, mittlerweile designierter Chefredakteur bei der »Zeit«, traf dort auf seinen neuen Herausgeber. Diesmal, sagt er, seien ihm Schmidts Humor und die bestechende Fähigkeit, Stärken und Schwächen der »Zeit«-Redakteure zu beschreiben, besonders im Gedächtnis geblieben. Wer hätte damals gedacht, dass mehr als 90 »Zigaretten-Gespräche« folgen würden? »Hier leistet sich noch jemand eine Meinung«, versucht di Lorenzo ein Geheimnis des Erfolges auf den Punkt

Helmut Schmidt im Gespräch mit »Zeit«-Chefredakteur Giovanni di Lorenzo.

Das leider ebenfalls verstorbene SPD-Urgestein Peter Struck besucht den
Genossen Schmidt in der Redaktion am Speersort.

zu bringen. »Auch auf die Gefahr hin, selbst seine Anhänger gelegentlich vor den Kopf zu stoßen.« Diskussionspunkte waren Gipfeldiplomatie, die Nutzlosigkeit politischer Talkshows, die Bedeutungslosigkeit des Essens bei Staatsbanketten, Machtworte, abwegige Sentimentalitäten, atomare Bedrohung oder Politikerwitze. Hier wie dort wird der Leser von der geglückten Kombination aus knappem, gelegentlich schnoddrigem Tonfall, der freien Denkart und dem offensichtlich großen Herzen Helmut Schmidt gefangen genommen. »Er ist kein alltäglicher Mensch«, resümiert di Lorenzo, »sondern eine Persönlichkeit, die weit aus dem Rahmen fällt.« Jede einzelne Begegnung sei beeindruckend gewesen und habe zu der Erkenntnis beigetragen: »Ich verstehe jetzt, was Personen der Zeitgeschichte sind.«

Giovanni di Lorenzo schenkt sich Mineralwasser nach, schweigt kurz. Das vielleicht emotionalste Gespräch, fährt er fort, habe er nicht innerhalb der »Zigaretten-Serie« geführt, sondern bei einem langen Interview über die Schleyer-Entführung und den Deutschen Herbst. Vier Stunden habe man im Ferienhaus am Brahmsee beisammen gesessen, über Eingemachtes und auch Grenzen gesprochen.

Über zig Titelseiten seiner Wochenzeitung an der Wand fällt Giovanni di Lorenzos Blick bei der Verabschiedung auf eine Tafel im Regal. »When too perfect, lieber Gott böse« steht darauf, ein Zitat des südkoreanischen Künstlers Nam June Paik. »Darüber kann sich Helmut Schmidt jedes Mal wieder amüsieren«, sagt er. Auch am Ende der Zwiegespräche sei ihm ein Bild geblieben: »Wie er sich nach den Interviews unter Schmerzen erhebt, seinen Stock greift und langsam aus dem Zimmer und zurück in sein Büro geht. Er hat stets jede Hilfe abgelehnt.« Zum Schluss wurde der Rückweg mit dem Rollstuhl gemeistert.

Leider sei ein Wunsch nicht in Erfüllung gegangen, sagt Giovanni di Lorenzo an der Tür: »Ich wollte Loki und Helmut

Schmidt immer mal zum Essen bei mir zu Hause einladen – mit selbst zubereitetem Risotto.«

Auch nach Lokis Tod im Herbst 2010 lässt sich Helmut Schmidt in der Regel dreimal wöchentlich vom Neubergerweg in die Innenstadt fahren. Sogar im Sommer 2015, unmittelbar vor seinem Tod im November, sitzt er dort am Schreibtisch. »Der liebe Gott hat mich als Arbeitstier geboren«, sagte er dem Verfasser dieses Buches. Das ist die preußische Pflichtauffassung, die in einer Persönlichkeit lebt, die von sich sagt: »Ich bin Hamburger von Geburt und Gesinnung.« Einige Zeit vor seinem Tod wurde er von einem Szenemagazin zum »coolsten Typen« Deutschlands gewählt. Wahrscheinlich wusste er gar nichts davon; denn nichts war Helmut Schmidt mehr zuwider als Aufhebens um die eigene Person. »Bitte nicht noch mehr Popularität«, sagte er dem Autor dieser Zeilen während der Recherchen für das Buch »Helmut und Loki Schmidt – ein Leben«. Dann machte er aber doch eine Ausnahme und schließlich mehrere: Loki zuliebe und für seine Heimatstadt Hamburg.

Zu seinem 90. Geburtstag am 23. Dezember 2008 plante und gestaltete die »Zeit« zwei Extra-Beilagen, um den Jubilar passend zu würdigen. Knurrend registrierte dieser die gute Absicht der Redaktion. Verhindern konnte er sie ohnehin nicht. Wahrscheinlich wollte er es auch gar nicht, sondern kokettierte lieber mit der Bescheidenheit. Denn ganz ohne Eitelkeit, das schildern seine Freunde übereinstimmend, konnte ein Mann vom Werdegang des Altkanzlers nun doch nicht leben. Und warum sollte er auch.

Jedenfalls reagierte das Geburtstagskind, fast sieben Jahre vor seinem Ende, in einmaliger Art grantelnd: »Dann könnt ihr ja ein paar Texte drucken, die ihr für mein Ableben vorbereitet habt.«

Typisch Helmut Schmidt.

LOKI GING VORAUS

Im Herbst 2010 trug Hamburg Trauer, als im Michel Abschied von Hannelore Schmidt genommen wurde. »Hoffentlich habe ich noch ein paar Jahre«, meinte Witwer Helmut Schmidt gramgebeugt. Es wurden gut fünf Jahre. Fortan trug er auch ihren Ehering – als äußeres Zeichen lebenslanger innerer Verbundenheit. Im November 2015 ist er seiner geliebten Ehefrau gefolgt. In beiden Fällen überwiegen Dankbarkeit und intensive Erinnerungen an schöne Zeiten.

Ein Bild von einem Paar: Loki und Helmut in Ägypten, 1977.

Irgendwie ist jetzt wieder vereint, was ein Leben lang zusammengehörte: Auf dem Ohlsdorfer Friedhof hat Helmut Schmidt neben Ehefrau Loki und seinen Eltern ewige Ruhe gefunden. Dass Hannelore vor ihm Abschied vom Irdischen nehmen musste, hatte den äußerlich so stabilen Menschen Helmut Schmidt im Mark erschüttert – weit heftiger, als andere vermuteten und er sich selbst eingestehen wollte.

Es ist ein bewusst schlicht gehaltenes Familiengrab: ein verwitterter Stein, eingerahmt von zwei Rhododendren, davor ein hellgrauer Marmorquader mit blaugrauer Schrift. Bescheidenheit ist bekanntlich eine Zier, und so passt die letzte Ruhestätte des Ehepaars Hannelore und Helmut Schmidt zu ihrer Einstellung und zu ihrem Werdegang. »Bloß die Nase nie nach oben halten und immer mit beiden Beinen auf dem Erdboden bleiben«, das war beider Motto. Lebenslang.

In der Ohlsdorfer Friedhofsverwaltung im Nordosten der Hansestadt wird die Grabstätte nahe der Mittelallee unter der Nummer U 33 244-249 geführt. Doch dahinter verbirgt sich eine der bemerkenswertesten Geschichten – mit Erinnerungswert weit über Hamburg hinaus. »Das Leben im hohen Alter ist wegen der sehr vielen Unzulänglichkeiten nicht mehr lustig«, hatte Loki Schmidt weit vor ihrem Tod ganz sachlich gesagt. Für sich selbst bestimmte sie eine Urnenbestattung. »Mein größter Wunsch ist es, dass mein Mann und ich einmal beide gleichzeitig davongehen.« Zudem hatte sie Folgendes erkannt: »Das Sterben selbst kann etwas sehr Wunderschönes sein. Der Schritt dahin muss aber bitte, bitte nicht mit Schmerzen verbunden sein.«

Weitestgehend wurde dieser Wunsch erfüllt – bei Hannelore wie Helmut Schmidt. Von den letzten Wochen ihres Lebens einmal abgesehen, meinte es der liebe Gott gut mit Hannelore »Loki« Schmidt, geborene Glaser. Ganz große, unheilbare gesundheitliche Dramen blieben ihr erspart. Und bei Problemen halfen ihr Courage, Kampfgeist sowie ihr unerschütterliches, positives Denken. Das zeigte sich bei insgesamt sechs Fehlge-burten und bei diversen Krankheiten im Laufe der Zeit.

1978 wurde ihr der Blinddarm entfernt, zwei Jahre später brach sie sich nach einem Sturz mit dem Fahrrad die linke Elle. 1985 folgten ein Bänderriss und ein gebrochenes Fersen-bein. Nach und nach litt sie an einem Herzanfall, zwei Lun-genentzündungen (1990), Lendenwirbelbrüchen und diversen Schwächeanfällen. Der Lebensmut verließ die Hanseatin auch dann nicht, als die körperlichen Schwierigkeiten gegen Ende ihres langen Lebens immer niederschmetternder wurden. Am 23. September 2010 musste sie nach einer Fraktur des rechten Sprunggelenks im Heidberg-Krankenhaus von Professor Hei-ner Greten, dem guten Freund der Familie, operiert werden.

Richtig erholen konnte sich Hamburgs unvergessene Ehren-bürgerin davon nicht. Wahrscheinlich hat sie die bevorstehen-de Erlösung gespürt. Umso glücklicher war sie, wieder an den Ort zurückkehren zu dürfen, den sie über alles in der Welt lieb-te: das Doppelhaus am Neubergerweg in Langenhorn, an dem ein halbes Jahrhundert zuvor so vieles begann. »Ich habe ge-ahnt, dass es zu Ende geht«, sagte Helmut Schmidt nach dem Tod seiner geliebten Loki. Freimütig gab er seinen Schmerz zu, in Hannelores letzter Nacht nicht bei ihr gewesen zu sein. Da nichts auf eine dramatische Entwicklung hinwies, reiste der Altkanzler zu einem Vortrags- und Diskussionsabend nach Berlin und überließ Tochter Susanne die Wacht an Lokis Bett. »Ich kann es auch nicht mehr ändern«, murmelte er später im Freundeskreis. Die Abwesenheit im entscheidenden Moment lastete auf seiner Seele, ohne dass ihm je einer Vorwürfe ge-macht hatte. Warum auch?

Noch am Sterbebett, wenige Tage vor Lokis Tod, machte Helmut seiner Hannelore eine enorme Freude. Stolz zeigte er seiner Ehefrau das erste druckfrische Exemplar ihres Buches »Auf dem roten Teppich und fest auf der Erde«. Posthum soll-te es ein Bestseller werden, wie so vieles, was die kämpferische

Persönlichkeit anpackte. Zwar ist der Witwer nun auch von uns gegangen, die schönen Erinnerungen jedoch blieben ihm während des restlichen Daseins. Das gab Trost. Für einen Mann wie Schmidt, der sein Innenleben von jeher abkapselte und mit preußischer Disziplin lebte, war es ein erstaunliches Zeichen, eine äußere Geste, für jedermann ersichtlich, zu präsentieren: Bis zur letzten Sekunde – und darüber hinaus – trug Helmut Schmidt Lokis Ehering am kleinen Finger seiner rechten Hand.

Dabei hatte er den eigenen jahrelang nicht anlegen können. Die Finger waren zu dick geworden. Nur mit »größter Mühe« und viel grüner Seife, wie er Vertrauten verriet, konnte er das gute Stück abstreifen und im Nachttisch verwahren. Später, als sein Körper zusehends an Gewicht verlor, passte der Ehering wieder, sodass er seit Oktober 2010 zwei trug.

Es passte ins Bild, dass der jetzt verstorbene Staatsmann a. D. auch zu Hause praktisch nichts veränderte. Alles blieb so, wie es war, als Loki noch für Leben in der Doppelhaushälfte sorgte.

Hannelores Heimatstadt Hamburg trug Trauer, als am 1. November 2010, fünf Jahre vor ihrem Ehemann Helmut, im Turm von St. Michaelis die Glocken zum letzten Geleut erklangen – keine vier Monate nach dem Besuch im ihr so verbundenen Gewächshaus zu Klein Flottbek. Auch den Freunden des Botanischen Gartens, deren Ehrenvorsitzende Loki Schmidt war, wird sie in unsterblicher Erinnerung bleiben. Nicht nur Helmut Schmidt freute sich noch zu Lebzeiten über einen würdigen Akt: Der Botanische Garten trägt Loki Schmidts Namen.

Und der Hanseat Walter Marsand, vor seinem Ruhestand langjähriger Mitarbeiter des Hotels Vier Jahreszeiten am Neuen Junfernstieg, besucht – wie so viele andere Hamburger auch – regelmäßig das reetgedeckte Informationshaus »Schafstall« der Loki Schmidt Stiftung in der Fischbeker Heide. Nebenan steht ein Heidschnuckenstall. Die Schäferin ist oft mit ihren Tieren unterwegs in der Heide. Es ist eine Attraktion auch für

Schulklassen. Und es ist eine wunderschöne Art, Lokis Wirken in Ehren zu halten. Nicht nur Herr Marsand als einer der vielen Verehrer der Schmidts, weiß das zu schätzen.

Ihr Todestag ließ die Mitarbeiter des Botanischen Gartens in Trauer innehalten. Natürlich. Trotz der Tränen jedoch überwiegt auch hier Dankbarkeit. Irgendwie passten der überwiegend sonnige, trockene Herbsttag zu Loki Schmidts Wirken. Rot leuchtete der Zierahorn des Botanischen Gartens; Sumpfzypressen und Ginkgos präsentierten sich von ihrer besten Seite. Vor der Büste der heutigen Namenspatin ein paar Meter vom Haupteingang in Klein Flottbek entfernt, hatten Besucher einen Kranz platziert: buntes Herbstlaub, Hortensienblüten, Pfaffenhütchen. Davor brannte ein rotes Teelicht. Es war alles andere als Prunk, das hätte auch nicht gepasst, aber es hatte eine stille Würde, die sprachlos machte.

Bei einer von Stil und enormer Dankbarkeit getragenen Trauerfeier gab es einen Augenblick, der besonders zu Herzen ging. »Die Blätter fallen, fallen wie von weit, als welkten in den Himmeln ferne Gärten«, sprach Hamburgs langjähriger Bürgermeister Henning Voscherau mit gebrochener Stimme in das Kirchenmikrofon. »Und doch ist Einer, welcher dieses Fallen unendlich sanft in seinen Händen hält.« Ein tiefer Atemzug, dann ergänzte der Jurist das Rilke-Gedicht mit seinem ganz persönlichen Wunsch für seine verstorbene Freundin Hannelore: »Falle sanft, Loki. Ruhe sanft. Wir werden dich nicht vergessen.« Möge dies nun auch für Helmut Schmidt gelten.

Dies war auch der Moment, in dem Gefühle die Hoheit gewannen über die preußische Selbstbeherrschung des Witwers ganz links in der ersten Reihe. Helmut Schmidts Kopf sackte nach vorn, sein Körper bebte, Tränen flossen. Sanft streichelte Tochter Susanne den weißen Hinterkopf ihres Vaters. Orgelklänge lösten das bedrückende, fast schmerzende Schweigen in St. Michaelis ab. Bis dass der Tod euch scheidet. Acht Träger

Abschied von Loki Schmidt im Michel.

Die große Hanseatin und Ehrenbürgerin bleibt unvergessen.

Traute Zweisamkeit im heimischen Garten in Langenhorn, 1974.

Juli 2000: Loki Schmidt erhält die Ehrendoktorwürde der Universität Hamburg.

hievten den Eichenholzsarg in die Höhe. Langsam schritten sie dem Ausgang entgegen. Gefolgt von Helmut Schmidt im Rollstuhl, das Haupt auf die rechte Hand gestützt. Einsam wirkte der einst starke Kanzler, zerbrechlich fast. Hinter ihm ging Tochter Susanne. Aufrecht. Äußerlich aufrecht. Dieser vorletzte, schwere Gang führte vorbei an der amtierenden Kanzlerin Angela Merkel, ihrem Vorgänger Gerhard Schröder, an früheren Bundespräsidenten, Ministern, Bürgermeistern, Senatoren und anderen Würdenträgern. Selten, vielleicht noch nie, waren in Hamburgs Hauptkirche derart viele hochkarätige Ehrengäste zusammengekommen.

Sie alle erhoben sich, um einer Persönlichkeit Ehre, Respekt und Dankbarkeit zu erweisen, die viel mehr darstellte, als nur Kanzlergattin oder Ehrenbürgerin zu sein. Bereits zwei Stunden vor der Zeremonie stand eine Menschenschlange vor der Sicherheitsabsperrung rund um den Michel. Schleifen an vielen Kränzen zollten Respekt wie Dank. Einige waren in den Deutschlandfarben, andere in den Hamburger Tönen gehalten.

Hinter dem Sarg erinnerte ein großes Foto an Loki Schmidt, wie sie nicht nur die Hamburger mochten: selbstbewusst, kraftvoll, stolz, mit einem natürlichen Lächeln gesegnet. Hanseatisch eben. Ebenso wie Henning Voscherau, der zum Abschluss einer überhaupt nicht prunkvollen, eher schlichten, aber genau deswegen stilvollen und würdigen Zeremonie nach vorn schritt. Am Sarg hielt er inne, verneigte sich. Der Bürgermeister a. D., mehr Freund als Weggefährte der Schmidts, hatte hörbar einen Kloß im Hals. Er war nicht der Einzige. Mehrfach brach dem sonst stets beherrschten Voscherau die Stimme, als er an Loki Schmidt erinnerte.

»Darf ich noch eine Bestellung aufgeben, Henning?«, hatte sie Jahre vor ihrem Ende gefragt. Wie so oft hatte Henning Loki am Neubergerweg besucht, selbst zubereitetes Quittenbrot gegessen, starken Kaffee getrunken, passiv geraucht. Gemeint war die Ansprache für den Fall des Falles. Mit klarem

Verstand setzten sich beide vier Stunden in Ruhe zusammen und besprachen jenes, was eines Tages zu sagen sein würde. Jetzt war es so weit.

Ob er noch irgendwelche Wünsche hätte für die Trauerrede, wollte Voscherau von seinem Freund Helmut Schmidt zuvor wissen. »Mach man, Henning«, war die Antwort. Mit einer Ausnahme: Schön wäre es, könnte die Menschlichkeit von Lokis Eltern Erwähnung finden, die während der Nazizeit Juden auf dem Boden vor den SS-Häschern versteckten. So geschah es dann auch.

Irgendwie war in St. Michaelis ein übergeordnetes Gefühl zu spüren, dass es genau so richtig war, was an diesem Montag passierte. An einem Novembertag, an dem sich der Himmel grau verschloss und die Blätter wie von weit fielen. Und doch ist Einer, so die Hoffnung, welcher dieses Fallen unendlich sanft in seinen Händen hält.

Vielleicht auch getragen von diesem Trost und enormer Dankbarkeit, kämpfte Helmut Schmidt gegen die Trauer an – mit äußerlich preußischer Disziplin. So war es für ihn eine Frage der Ehre, aber auch der Disziplin, im Bürgerschaftswahlkampf 2011 seinen Mann zu stehen. »Helmut Schmidt besuchte eine Diskussion, die ich im Rahmen des Wahlkampfes in Langenhorn veranstaltet habe«, schrieb der triumphale Wahlsieger und heutige Bürgermeister Olaf Scholz für das Buch »Ein Leben – Helmut und Hannelore Schmidt« aus der Edition des Hamburger Abendblatts. »Am nächsten Tag wurde Helmut Schmidt in einigen Hamburger Zeitungen mit dem Satz zitiert, ich hätte meine Sache an diesem Abend ›ganz ordentlich‹ gemacht.« Scholz' Erkenntnis: »Ich glaube, über eine solche Aussage von diesem Mann darf man sich freuen.«

Auch in den Tagen des Abschieds von seiner geliebten Ehefrau bewies Helmut Schmidt Souveränität. Wie oft hatten sich Loki und er abends im Langenhorner Doppelhaus darüber unterhalten, wie es sein würde, wenn einer nicht mehr für den anderen da sein könne. Doch was nutzen viele vergangene Worte, wenn der nicht nur insgeheim gefürchtete Moment plötzlich Realität ist? Zur Auseinandersetzung mit diesem unvermeidlichen Thema gab es nicht nur ausreichend Muße, sondern auch konkrete Anlässe. Auch Helmut Schmidt erlebte – im wahrsten Sinn des Wortes – mehrfach äußerst kritische Situationen. Dabei sprang er, um in seinem Vokabular zu bleiben, dem »Tod von der Schippe«. Welch' ein gesegnetes Alter, in dem auch Lokis Ehemann Abschied nahm.

Dramatisch war es schon im Kanzlerjahr 1980, als Helmut Schmidt nach einer Herzattacke ohnmächtig in ein Koblenzer Krankenhaus eingeliefert wurde. Oder 1981, als sein Herz viermal stillstand und ein Schrittmacher implantiert wurde. Oder als er nach 1990 auch 2002 nach einem Herzinfarkt in allerhöchster Not vom Brahmsee in die Kieler Universitätsklinik gebracht werden musste. Einmal wurden vier Bypässe implantiert. Wie harmlos ist im Vergleich die vom Vater geerbte Schwerhörigkeit auf dem linken Ohr. Das rechte ist seit einem Hörsturz fast taub.

Vielleicht tragen solche Ereignisse dazu bei, die akute Furcht vor dem Ende zu verlieren. Hinzu kam eine weitere, fast unbeschreibliche Stärke, die Loki und Helmut Schmidt einte: Die beiden verfügten über die Kraft der zwei Herzen. Zumal sie beide ihrer Art stets treu geblieben sind. Sonst vielleicht nicht unbedingt; das jedoch möge ihr Geheimnis bleiben. Die Schmidt'sche Ehe, die mit Fug und Recht als Jahrhundertliebe bezeichnet werden darf, hielt allen zwischenzeitlichen Belastungen stand, gewann von Jahr zu Jahr an Intensität und ist unter dem Strich eine Verbindung gewesen, von der viele andere träumen können. Einmal, sagte Loki vor ihrem Tod, nur ein einziges Mal hätten sich beide »so richtig gezankt«. Da sei sie so im Brass gewesen, dass sie einen nassen Waschlappen nach Helmut geworfen hatte. Verdammt lang ist das her, irgendwann kurz vor der Währungsreform. Den Anlass haben beide längst vergessen.

Nicht nur glanzvolle Erlebnisse, sondern auch alltägliche Momente prägten das Leben des Ehepaars Schmidt. Beider Kunst bestand darin, hier wie dort einen bodenständigen, natürlichen Eindruck zu hinterlassen – soweit es das Protokoll erlaubte. Und oft sind es Kleinigkeiten, die ein Herz zum Hüpfen bringen. Was für einen Spaß hatte Loki Schmidt am Mäusebussard im seit November 2012 nach ihr benannten Botanischen Garten, der ausgerechnet ihre Büste als bevorzugte Aussichtsplattform auswählte, um hervorragende Sicht über die Natur in Klein Flottbek zu genießen.

In den letzten Jahren ihres Lebens holte der Leiter des Botanischen Gartens Loki Schmidt manchmal zu Hause in Langenhorn ab, brachte sie nach Klein Flottbek und anschließend wieder zurück. Am 2. Juli 2010 ließ sich Loki Schmidt auch von subtropischen Temperaturen in Hamburg nicht vom Besuch im Botanischen Garten abhalten. An Helmuts Seite saß sie bei mehr als 40 Grad im Gewächshaus, um die »Silberpflanze« für Verdienste um den Artenschutz zu verleihen. Es war ein ergreifender Moment – und der letzte in der ihr ans Herz gewachsenen Umgebung.

FREUNDE FÜRS LEBEN –
UND DARÜBER HINAUS

Ein jahrzehntelanges Wirken für Hamburg und Deutschland schafft Verbundenheit. Viele Weggefährten nahmen Abschied, andere verstarben schon vor dem Altkanzler.

Ehrenbürger Hamburgs: Siegfried Lenz mit Helmut Schmidt.

Es war eine Trauerfeier, wie sie Hamburg in der jüngeren Geschichte nicht erlebt hat. Wahrscheinlich gab es eine solche Ehrerweisung noch nie in unserer Stadt. Nicht nur Staatsoberhäupter aus aller Welt, amtierende Regierungschefs und Politiker aus Deutschland erwiesen am 23. November 2015 in einer ebenso berührenden wie beeindruckenden Zeremonie in St. Michaelis dem Verstorbenen Respekt. Auch persönliche Freunde nahmen in Trauer und Dankbarkeit Abschied von einer Persönlichkeit, die zeitlebens für ihre Heimatstadt Hamburg gewirkt hat – und weit darüber hinaus. Da Helmut Schmidt ein segensreiches Alter erreichen durfte, waren viele frühere Weggefährten wie Egon Bahr, Siegfried Lenz oder der frühere Hamburger Bürgermeister Peter Schulz schon vor ihm gegangen. In Erinnerung bleiben sie allesamt.

So wie Werner Otto, der legendäre Gründer des gleichnamigen Versandgeschäftes. Schmidts Duzfreund wurde die Gnade zuteil, 102 Jahre alt werden zu dürfen. »Er war ein Mann ohne Pomp und Brimborium«, sagte der Altkanzler über den am 21. Dezember 2011 verstorbenen Hanseaten. Bei der Trauerfeier ihm zu Ehren saß Helmut Schmidt – natürlich – in der ersten Reihe, nachdenklich auf den Sarg mit den vielen roten Rosen blickend.

Ob er an alle jene gedacht hat, die ihn selbst während seines fast hundertjährigen Lebens begleiteten? Eine komplette Auflistung würde den Rahmen dieses Buches sprengen. So seien nur einige Mitstreiter und Freunde erwähnt – stellvertretend für so viele andere. Ein Mann der ersten Nachkriegsstunde war zum Beispiel der Filmproduzent Gyula Trebitsch, der 1953 Schmidts Bundestagskandidatur mit einem fantasievoll produzierten Werbespot in Szene setzte. Was heute selbstverständlich ist, war vor mehr als sechs Jahrzehnten ein Novum.

Weit vor dem Altkanzler ging auch der Industrielle, Stifter und Idealist Alfred C. Toepfer, ein Seelenverwandter, im Alter von 99 Jahren. Bei der Trauerfeier im Oktober 1993, gleichfalls in St. Michaelis, hielt Helmut Schmidt eine bewegende Ansprache. Stille herrschte in der Hauptkirche, als das Lied »Es dunkelt schon in der Heide« intoniert wurde. Gut ein Jahr davor nahm die Hansestadt Abschied von einem weiteren Vorbild. Beim Staatsakt für den Ehrenbürger Kurt A. Körber im Großen Festsaal des Rathauses sprach Schmidt von einem »langjährigen Freund«, den er als »Erfinder, Unternehmer, Philanthropen, politischen Menschen, Deutschen und Weltbürger« charakterisierte.

Zur Gilde seiner ältesten und engsten Vertrauten zählte ebenso der Privatbankier Eric M. Warburg. Politisch war man nicht immer einer Meinung, Prinzipien und Freude am Segelsport indes schweißten zusammen. Im Flur des Doppelhauses Neubergerweg hängt auch heute noch ein gerahmtes Foto, das Helmut Schmidt an Bord der Warburg-Yacht »Atalanta« zeigt. Weitere Verbündete im Geiste waren der Banker Alwin Münchmeyer sowie der Reeder Rolf Stödter, der einst die Deutschen Afrika-Linien zur wirtschaftlichen Blüte führte. Letzterer verbrachte mit Schmidt einen Winterurlaub in Marbella, einen der wenigen, die sich der verstorbene Barmbeker privat gönnte.

In der Kanzler-Ära tourte er schon mal auf einem schnittigen Kahn durch den Golf von Mexiko, rastete ein paar Tage in Landhäusern fremder Regierungen oder sonnte sich in Florida – soweit das Spaß machte mit ein paar Leibwächtern im Windschatten und Touristen, die ganz beglückt »Unser Helmut!« ausriefen. Selten waren auch Ferien mit der Familie. Vor der Bundestagswahl 1980 reiste er mit seinen beiden Damen, Loki und Susanne, für elf Tage nach Mallorca, wohnte dort in Suite 332 des Hotels Formentor, wanderte zum Leuchtturm Cap Formentor oder speiste im Restaurant Cova Negre, die »Schwarze Höhle«. Im selben Jahr, offensichtlich erholungsbedürftig, ging es über Neujahr in ein Ferienhaus auf Gran Canaria – mit dem Ziel, zehn Pfund abzunehmen.

Wobei angemerkt werden muss, dass Schmidt mit den Kilos nie so richtig Probleme hatte. »Eigentlich lebe ich von Arbeit, Kaffee und Zigaretten«, meinte er selbstironisch. Immerhin stellte er klar, Dosensuppen und Tütenbouillon »kochen« zu können. Kein Wunder, dass er sein Gewicht von plus minus 80 Kilogramm eigentlich konstant hielt. »Ich bin weder Gourmet noch Gourmand«, sagte er. Während einer Chinareise im Dienste des Volkes habe er angeblich Insektenaugen gegessen, die als Kaviar serviert wurden. Man wusste aber nicht ganz genau, ob er das im Scherz behauptet hatte oder ob es ernst gemeint war. Zum Nachfragen ist es jetzt leider zu spät.

Auch Alkohol war eigentlich kein Thema. Selten gab es im Kanzleramt für enge Mitarbeiter einen Whiskey, wenn, dann grundsätzlich erst nach Mitternacht. Auch in der Hausbar in Langenhorn gab es harte Sachen im Prinzip meist nur für die gelegentlich für einen Moment zugelassenen Fotografen. »Cola schmeckt mir besser«, knurrte Schmidt hinter den Kulissen und öffnete eine Flasche der US-Brause. Immerhin verstand er es Gästen zufolge mit durchaus geübter Hand, hinter der Theke Bloody Mary zu mixen – mit Tomatensaft und Gin, für ihn selbst indes bitte ohne Pfeffer.

Gepflegt volltrunken, so gab er zu Protokoll, sei er nur einmal in seinem langen Leben gewesen. Ewigkeiten vor seinem Tod war das, in einer Kneipe in der Nähe des Michels. Anfang der 50er-Jahre des vergangenen Jahrhunderts muss das gewesen sein. Bei einem Betriebsfest des Hamburger Verkehrsamtes, dessen Leiter der spätere Kanzler war. Um sich zu fortgeschrittener Stunde nicht selbst in die Bredouille zu bringen, überreichte der Finanzprofi Loki seine Brieftasche, damit sie in sicheren Händen war.

Da das Thema Damenwelt in diesem Buch auch zum Ende im Kern unberücksichtigt bleiben soll, bleibt als einziges offizielles Laster eines sehr langen Lebens der Rauchgenuss. Zwar behauptete der Staatsmann unverdrossen, »von heute auf morgen aufhören zu können«. Wenn er denn wolle. Nur wolle er nicht. Typisch Schmidt. Wobei diese schöne Geschichte ein wenig an der Realität vorbeigeht. Wie das Beispiel eines Gran-Canaria-Urlaubs 1983 beweist. Erklärtes Ferienziel unter anderem: Stopp dem Tabak! »Von den Zigaretten bin ich los«, bekundete der Altkanzler fröhlich lächelnd am Rande einer Silvesterparty im Hotel Oasis. Zum Abgewöhnen würde er nur dann und wann ein Pfeifchen schmöken. Auch dabei, so hieß es, habe Schmidt inhaliert – und sich kurz darauf doch wieder eine Mentholzigarette angezündet.

Die Feier stieg im Hotel, er selbst wohnte damals mit Loki im Ferienhaus seines Freundes Justus Frantz. Den Pianisten schätzte er nicht nur wegen dessen Begabung am Flügel. Die intensive Beziehung zum Virtuosen Herbert von Karajan war ebenso bekannt. Dieser beglückte Helmut Schmidt einst mit einem Geschenk, das mit Technik zu tun hatte und dennoch gut ankam: einem der ersten Walkmen der Marke Sony. Auf Dienstreisen, im Auto und im Flugzeug, kam das gute Stück zum Einsatz.

Zu weiteren engen Weggefährten gehörten neben den Sozialdemokraten Hans-Jürgen »Ben Wisch« Wischnewski und dem bärbeißigen, aber herzlichen Herbert Wehner, den an anderer Stelle erwähnten früheren Hamburger Bürgermeistern, dem geliebten »Erzfeind« Friedrich Nowottny – quasi als Kontrast – auch der Stahlindustrielle Otto Wolff von Amerongen. Er verschaffte dem Mann aus Langenhorn Zugang zum »Bilderberg-Kreis«, einer illustren Versammlung aufrechter Freigeister, zu denen sogar die Rothschilds und Rockefellers zählten. Wenn es um Fakten und hochkarätige Diskussionen ging, hatte der Verstorbene keine politischen Scheuklappen.

Und dann sind da noch all jene, die nicht zur Prominenz zählen, dem Staatsdiener a. D. dafür umso mehr ans Herz gewachsen waren. Die Leibwächter Ernst-Otto »Otti« Heuer sowie dessen Kollegen Millhahn und Seewald, Chauffeur Willi Jülich oder die langjährigen Sekretärinnen Lilo »Mutter Courage« Schmarsow, Rosemarie Niemeier, Marianne Duden und

Christina »Stina« Barth. Letztere versorgte den ehemaligen Bundeskanzler gelegentlich mit Birnensaft, Eis und Bockwürstchen. In einem seltenen Anfall von Übermut übte sich Helmut Schmidt mit ihr einstmals im Kirschkern-weit-Spucken. Fast zu schön, um wahr zu sein.

Diese und mancher andere arbeiteten viele, viele Jahre für Helmut Schmidt. Berufliche Treue hatte für ihn einen hohen Stellenwert – wenn sie mit absoluter Verschwiegenheit und Loyalität quittiert wurden. Als Altkanzler standen ihm lebenslang eine Referentin, zwei Sekretärinnen, ein Fahrer sowie Sicherheitspersonal zur Verfügung.

Zur Nachfeier seines 80. Geburtstages im Januar 1999 kommen 800 Ehrengäste im Thalia-Theater und im Rathaus zusammen. Dagegen wurde Loki und Helmut Schmidts eiserne Hochzeit am 27. Juni 2007 im kleinen Familienkreis zelebriert. Gemeinsam mit ihrem Ehemann Brian Kennedy reiste Tochter Susanne aus London an. Nach einem Essen fuhren alle gemeinsam dorthin, wo es ihrer Auffassung nach am schönsten war: an den Brahmsee.

Gemeinsam plauderte man über vergangene, glückliche Tage. Loki konnte sich rückblickend schlapplachen über Störenfriede, die anno 1977 für Wirbel am Rande des Dorfes Langwedel mit seinerzeit 1071 Einwohnern sorgten. Weil sie das berühmte Ferienhaus am drei Kilometer langen und 500 Meter breiten See aus nächster Nähe betrachten wollten. Bisweilen kehrten die Schmidts auf ein paar Bissen in den »Dörpskrog« oder in Bernhard Schmidts Fisch-Pinte ein. 1981 kam SPD-Stratege Klaus Matthiesen zum Schachspiel vorbei – mit hausgemachter Himbeermarmelade oder eingeweckten Pflaumen im Gepäck. Loki servierte den beiden Sozis dann Schwarzbrot mit Schinken. Verdammt lang her ist das. Und irgendwie überkommt einen bei der Erinnerung eine Gänsehaut, jetzt, da alles vorbei ist.

Zurück zu den Festivitäten der Schmidts. Große Feier angesagt war anlässlich Helmut Schmidts 90. Geburtstag im Januar 2009. Unter 400 Gästen in der Bucerius Law School in der Innenstadt befanden sich auch Richard von Weizsäcker, Valéry Giscard d'Estaing und Henry Kissinger. Alle erlebten eine ergreifende Ansprache von Susanne Schmidt-Kennedy. Im Jahr darauf, fünf Monate vor Loki Schmidts Tod, erhielt Helmut Schmidt den Henri Nannen Preis für sein Lebenswerk. Die Gäste erhoben sich von ihren Plätzen und ließen das Schauspielhaus erbeben. Bescheiden saß die Hauptperson im Rollstuhl vorn in der ersten Reihe. Ganz geheuer war ihm dieser Wirbel offensichtlich nicht.

Zu dieser Zeit befand sich der Christdemokrat Ole von Beust als Hamburgs Erster Bürgermeister in Amt und Würden. Aus seiner Hand erhielt Professorin Loki am 12. Februar 2009 auch den Ehrenbürgerbrief. »Ich habe mich mehrere Male mit Loki und Helmut Schmidt unterhalten, auch sehr privat«, sagte von Beust. Allerdings wollte er Diskretion wahren. Nur so viel: »Anlässlich einer Veranstaltung mit vielen Rednern fragte ich Helmut Schmidt, ob ihn der zunehmende Verlust der Hörfähigkeit nicht stören würde. Er meinte, dass sich das Zuhören ohnehin nicht lohne. Es sei also überhaupt kein Problem. Anstrengender sei es vielmehr, immer ein interessiertes Gesicht zu machen – obwohl er gar nicht wisse, was gerade gesprochen würde.«

Zu den vielen anderen namhaften Bürgern, wahrlich nicht nur aus der Hansestadt, die Helmut Schmidt schätzten und in Ehren halten werden, zählt auch Uwe Seeler. Zwar ist der unvergessene HSV-Mittelstürmer und Ehrenspielführer der deutschen Nationalmannschaft 18 Jahre später als Schmidt auf die Erde gekommen, doch trennten beide wahrlich keine Welten. »Wir verstanden uns – auch ohne viele Worte«, erinnert sich Seeler bei einem Kaffee im Restaurant La Veranda in Norderstedt kurz vor Erscheinen dieses Buches. Der Sportler wuchs in Eppendorf auf, der Politiker in Barmbek. Beide wurden später Ehrenbürger ihrer Heimatstadt Hamburg. Und beide, jeder für sich, standen und stehen für einen gradlinigen Charakter, für Anstand und ein offenes Visier.

Helmut Schmidt, Ehefrau Loki und Produzent Gyula Trebitsch, 1974.

Helmut Schmidt und Werner Otto bei der Auszeichnung des früheren
tschechischen Präsidenten Václav Havel mit dem Nationalpreis der
Deutschen Nationalstiftung, 2003.

Die SPD-Troika: Willy Brandt, Helmut Schmidt und Herbert Wehner.

Von wegen: Auch Herbert Wehner konnte herzhaft lachen –
wie hier in der SPD-Fraktion des Bundestages.

»Helmut Schmidt war eine Persönlichkeit erster Klasse«, sagt »Uns Uwe«, »ein aufrichtiger Mensch, der schlagfertig war und seine Meinung offensiv vertrat.« Natürlich kennt auch er aus jüngeren Jahren den Spitznamen aus aktiven Politikertagen: »Schmidt Schnauze«. Vortrefflich jedoch sei es, wenn einer nicht nur forsch sprechen, sondern auch elanvoll zur Sache gehen könne – im entscheidenden Moment. »Bei der Sturmflut 1962 hat Helmut Schmidt eine Goldmedaille verdient«, meint Seeler. »Er bewies Mut, Entschlossenheit und ergriff die richtigen Maßnahmen.« Das bleibt unvergessen.

Auch in der Familie Seeler wurde seinerzeit über die Bedrohung einer über die Ufer tretenden Elbe gesprochen. Das Leben am Strom zählte für die Seelers zum Alltag. »Vadder« Erwin Seeler, als Ewerführer und Stauer-Vize dem Fluss beruflich verbunden, fühlte sich traditionell als Sozialdemokrat. »Auch wenn wir früher zu Hause nicht oft über Politik redeten, war klar, auf welcher Seite Vadder stand«, erzählt Uwe Seeler. Er selbst habe »auch schon mal die Schwarzen gewählt«.

Zwar hielt er sich prinzipiell aus parteipolitischen Debatten heraus, doch macht er einen Grundsatz klar: »Wenn alle nur an sich denken, kann das auf Dauer nicht gut gehen!« Helmut Schmidts hellwacher Kopf und sein Engagement auch im Alter von weit über 90 Jahren habe auch Seelers Vorstellung von Gesellschaft und Solidarität entsprochen.

Uwe Seeler traf die Schmidts gelegentlich, hielt dann immer fröhlich Klönschnack mit den beiden, war aber nie in kleiner Runde mit ihnen zusammen. Man sah sich bei offiziellen Empfängen, nicht nur im Rathaus, bisweilen auch bei vornehmen Anlässen wie dem Matthiae-Mahl. »Herr Schmidt, das Schönste auf der Welt ist es doch, normal zu sein«, hat der Sportler Seeler einmal zum Politiker Schmidt gesagt. Antwort des Bundeskanzlers außer Dienst: »So ist es, Herr Seeler.«

»Die Chemie stimmte«, erinnert sich Seeler. »Wir tickten in ähnlicher Richtung.« Der gebürtige Barmbeker und spätere

Langenhorner hatte als Buttje zwar sonntags oft auf den Rasenplätzen in seiner Nachbarschaft gekiebitzt, war aber alles andere als ein Fußballfreak. »Natürlich halte ich zum HSV«, hatte er einmal gesagt und knurrend hinzugefügt: »Ist doch Ehrensache für einen Hamburger Jung.« Aber ins Stadion am Volkspark ging er eigentlich nicht. Als Uwe Anfang der 50er-Jahre des vergangenen Jahrhunderts Ecke Frickestraße/Winzeldorfer Weg in Eppendorf auf der Straße kickte, schickte sich Helmut an, in die große Politik einzusteigen. Damals kannte man sich noch nicht persönlich, sollte allerdings eine Menge voneinander hören. Anfangs aus der Zeitung ...

Später, als beide bereits einen Namen hatten, sah man sich dann Aug in Aug. An Loki Schmidt habe Uwe Seeler neben dem natürlichen Auftreten vor allem der fröhliche Geist imponiert, mit dem sie andere für sich einnahm. Doch es gibt weitere Parallelen: Die Schmidts waren bald sieben Jahrzehnte verbunden und kannten sich schon aus Schulzeiten. Als Hannelore 2010 verstarb, waren Uwe und seine Ilka mehr als ein halbes Jahrhundert verheiratet.

»Er war ein Ausnahmepolitiker«, resümiert Uwe Seeler nachdenklich. »Solche Charaktere und Typen sind rar gesät und werden immer seltener.« Fazit des glücklicherweise lebenden Hamburger Ehrenbürgers über den nunmehr leider verstorbenen: »Wer so viele Jahrzehnte wie Helmut Schmidt geistig rege und überall präsent war, verdient allerhöchsten Respekt. Er war mein Vorbild.« Und nach Helmut Schmidts Tod am 10. November 2015 sagte »Uns Uwe«: »Hamburg ist um eine große Persönlichkeit ärmer geworden.«

Mit dieser Auffassung steht Uwe Seeler wahrlich nicht allein da ...

DER HANSEAT

*Als namhafter Bürger legte der gebürtige
Barmbeker enorme Ehre ein für seine Hansestadt.
Getreu dem Motto Gorch Focks: mit der Heimat
im Herzen die Welt umfassen.*

So sieht ein Hanseat aus – nicht nur beim Sonntagsspaziergang:
Helmut Schmidt lustwandelt 1996 vor dem Ahrensburger Schloss.

H elmut Schmidts Vermächtnis soll und wird dafür Sorge tragen, das berühmte Doppelhaus in Langenhorn in Ehren zu halten. Wer mag, kann sich fortan, so die Planung, ein eigenes Bild machen von jenem Heim, das (Welt-)Geschichte schrieb. Da der Tod des Altkanzlers nach so vielen unter dem Strich gesegneten Jahren am 10. November 2015 letztlich nicht überraschend kam, sind die Vorbereitungen getroffen – in Lokis und seinem Sinne.

Bei aller Trauer hat sich natürlich auch Tochter Susanne auf die unvermeintliche »Zeit danach« einstellen müssen. Dass sie ihre Heimatstadt Hamburg unverändert und lebenslang im Herzen behält, steht außer Frage. Offen ist nur, wie oft sie in den kommenden Jahren an die Stätte ihrer Geburt zurückkehren kann und mag. Einige Tage vor dem Ableben ihres Vaters war sie selbstverständlich nach Langenhorn gekommen.

Nach wie vor bestehen enge Bindungen. In Kent, südöstlich Londons, fand die Bankmanagerin nicht nur beruflichen Erfolg, sondern auch privates Glück – und zwar an der Seite des irischen Bankers Brian Kennedy. Nach den Anfangsjahren bei der Deutschen Bank wechselte sie zu einem österreichischen Kreditinstitut, danach zu einer japanischen Investmentbank und letztlich als Moderatorin zum Fernsehsender Bloomberg TV.

Bei einem Treffen am Gänsemarkt im Frühjahr 2011, ein halbes Jahr nach dem Tod ihrer Mutter, erinnerte sich die Hanseatin an Details ihrer Kindheit und Jugend. Zum Beispiel an den roten Roller, den sie von ihren Eltern zum Geburtstag erhielt. Oder an wunderschöne Weihnachtsfeste. Meist gab es Kartoffelsalat und Würstchen. Und manchmal auch Musik: Vater Helmut am Klavier, Mutter Loki und Tochter Susanne mit Blockflöten.

Haften geblieben sind ebenso die »kleinen« Ferien zu Ostern oder im Herbst. Dann ging's gemeinsam hinaus in die Sommerfrische – nach Bosau am Plöner See. Das Grundstück am Brahmsee wurde erst später erworben. In einer kleinen Pension »mit Dorfanschluss« in Bosau bezogen die Schmidts zuvor

Quartier. Im See lernte Susanne das Schwimmen. Und in der kleinen Bücherei bei Minnie Detlefs, auch das ist unvergessen, lieh sich Susanne Bücher aus. Warme Gedanken beschert auch ein Rückblick an glückliche Zeiten in früheren Wohnungen der Familie. In der alten Villa an der Corinthstraße in Othmarschen wohnte auch Frau Fock. Wenn diese den schwarz-weiß gekachelten Fußboden reinigte, durfte Susanne auf dem Bohnerbesen stehen und damit ein bisschen Schlitten fahren.

Die alte Liebe zu Hamburg ist unverändert. Unabhängig von ihren berühmten Eltern hat sie sich längst einen eigenen Namen gemacht. Für ihr Buch »Markt ohne Moral – Das Versagen der internationalen Finanzelite« erhielt sie 2010 den Deutschen Wirtschaftsbuchpreis, als erste Frau. Und im März 2011 hielt sie bei den »Weimarer Reden« im Nationaltheater die Eröffnungsansprache. Was sie besonders sympathisch macht: Ihre Heimat trägt Susanne Schmidt nach wie vor auf der Zunge. Natürlich hegt sie daheim in Kent Erinnerungsstücke. Eines ist ein von Loki gestickter Lebensbaum mit Vögeln, den Susanne Schmidt eingerahmt hat.

Mit der Heimat im Herzen die Welt umfassen – dieses dem Sinn nach auf der Hamburger Abendblatt-Titelseite verewigte Motto Gorch Focks hatten Loki und Helmut Schmidt besonders intensiv verinnerlicht, wie immer wieder auch in diesem Buch belegt. Wenn es hinaus in die große Welt ging, nicht nur während der Kanzler-Ära, verspürten beide ein Glücksgefühl, wenn es dann wieder vom Flughafen Fuhlsbüttel aus die paar Meter weiter zum Neubergerweg ging: Hamburg, unser Hamburg!

Sie und er kannten praktisch jede Ecke der Hansestadt wie ihre Westentasche. Als Kinder streiften die beiden, noch auf getrennten Wegen, durch Barmbek und Hammerbrook, zu Schulzeiten bummelten sie gemeinsam durch den Stadtpark, später war Neugraben ihr Revier, dann Othmarschen, letztlich Langenhorn. Im Gegensatz zu seiner Ehefrau, die es soweit möglich in die Natur zog, war der Politiker fast immer auf einen gepanzerten Dienstwagen angewiesen. Spaziergänge gab es in den letzten Jahrzehnten seines langen Lebens fast nie. Einfach mal durch Hamburg zu bummeln ging leider nicht – aus Sicherheits-, am Schluss aus körperlichen Gründen. Das ist eine Kehrseite der Medaille.

Dabei fuhr Helmut Schmidt lange Zeit höchstpersönlich durch seine Geburtsstadt, ohne dass sich irgendjemand darum gekümmert hätte. Warum auch? Sein erstes Auto war ein VW Käfer, ein Vorkriegsmodell, für »ein paar Hundert Mark« gebraucht gekauft. Markenzeichen: ein durchgerostetes Bodenblech, der Schrecken eines jeden Beifahrers. »Bei Regen und nassen Straßen zischte das Wasser von unten auf den Bauch und sogar ins Gesicht«, erinnerte sich Schmidt mit geradezu diebischem Vergnügen an seine Pioniertage auf der Piste seiner Hansestadt.

Anno 1954 folgte ein gebrauchter Mercedes Diesel, auf Pump gekauft, mit dem der aufstrebende Jungpolitiker zwischen Hamburg und der damaligen Hauptstadt Bonn pendelte. Den Kaufpreis in Höhe von 5000 Mark stotterte er durch das Kilometergeld ab, das der Bundestag für diese Fahrten bezahlte. Das Vorglühen des Dieselmotors per Handschaltung beherrschte sogar er. An die Spitzengeschwindigkeit der unverwüstlichen Karosse erinnerte sich Helmut Schmidt bis ins hohe, nein höchste Alter: 104 Stundenkilometer. Da über weite Strecken keine taugliche Autobahn existierte, konnte dieses Tempo ohnehin kaum erreicht werden. Und Sicherheitsgurte waren Fehlanzeige.

1966, das Wirtschaftswunder kam gut in Fahrt, folgte Nummer drei der Automobile: ein Opel Rekord. Damit ging es Ende der Sechziger drei Wochen quer durch Osteuropa – via Nürnberg, Minsk, Leningrad und Finnland. Unterwegs lernte Helmut Schmidt nicht nur das erfolgreiche Hantieren mit Zündkerzen. »In den Hotels und Pensionen musste ich auch dreimal die Lokusse reparieren«, berichtete er. Aber das nur am Rande.

Volksfeststimmung 1979 auf dem Hamburger Dom. Loki und Helmut Schmidt
amüsieren sich an der Seite des Schaustellers Willy Rüth.

Bundeskanzler Helmut Schmidt und Ehefrau Loki bei einer Fahrt mit der
U-Bahn, sie unterhalten sich mit Fahrgästen, Mai 1982

Im gleichen Jahrzehnt gab er den Hanseaten ein Rätsel auf: In der »Welt« vom 28. Juli 1962 wurde ein langer, vierspaltiger Artikel abgedruckt, der liebevoll, aber durchaus kritisch mit Hamburg und den Hamburgern umging. In der Autorenzeile, und das machte die Sache noch spannender, waren nur drei Sterne zu entdecken. Wer mag dahinterstecken? Dieses kleine Geheimnis war unter dem Strich interessanter als der Beitrag selbst. Jedenfalls erreichte Anonymus sein Ziel: Nicht nur im Rathaus und in den Parteien war eine umfassende Diskussion in Gang gesetzt.

In dem »Brief an Hamburger Freunde« prangert der Verfasser, sich als Berliner tarnend, Selbstverliebtheit und Bequemlichkeit der Hamburger an. Diese sonnten sich im Glanze wirtschaftlichen Aufschwungs und früherer Erfolge, seien insgesamt allerdings zu träge. »Bonn als deutsche Hauptstadt ist ein trauriger Witz«, schrieb der anfangs nur einer Handvoll Insidern bekannte »Journalist«. Und Bürgermeister Nevermann, ebenso wie der Autor SPD-Genosse, sei insgesamt zu träge, über den Tellerrand Hamburgs hinauszublicken: »Dabei könnte er ein politisch führender Geist der deutschen Sozialdemokratie sein.« Bei aller Kritik schimmert zwischen den Zeilen eine enorme Sympathie für die Hansestadt durch. Und eines Tages war dann auch jedem klar, wer dahintersteckte – ein kluger Kopf. Dieser hatte sein Ziel erreicht, Anstöße zu geben.

Wer hätte vermuten können, dass dieser Mann 1983 zum Ehrenbürger seiner Heimatstadt ernannt wurde und mehr als 30 Bücher publizierte, die fast allesamt Bestseller wurden? Eine Ehrung folgte der nächsten. Wohlgemerkt Ehrungen, denn Schmidt hielt sich an das Motto der Altvorderen: »Ein Hamburger nimmt keinen Orden an.« Da war es nur konsequent, dass er bereits 1968 die Annahme des Bundesverdienstkreuzes mit Stern und Schulterband ablehnte – höflich, indes bestimmt.

Der Verstorbene repräsentierte nicht nur Hamburg, sondern auch Bonn, Bremerhaven, Berlin, Güstrow und sogar Schleswig-Holstein als Ehrenbürger, er erhielt eine Würdigung nach der anderen. Die Liste ist sehr lang. Einige Beispiele: Mann des Jahres der »Financial Times« (1975), Theodor-Heuss-Preis (1975), Nahum-Goldmann-Medaille (1980), Franklin-Delano-Roosevelt-Freiheitsmedaille (1988), Carlo-Schmid-Preis (1998), Henry-Kissinger-Preis (2007), Mendelssohn-Preis (2009) oder Henri-Nannen-Preis (2010). Hinzu kommen weit mehr als zwei Dutzend Ehrendoktorate. Nicht nur die Bundeswehr-Universität trägt seinen Namen. Keiner außer dem Verstorbenen selbst kennt die Zahl der Ablehnungen. »Bitte nicht noch mehr Publizität«, versicherte er gegen Ende seines Lebens immer glaubhafter. Kokettierte er früher gelegentlich mit diesem Spiel in der Öffentlichkeit und galt intern als durchaus eitel, fühlte er sich am Schluss am wohlsten, wenn er daheim am Neubergerweg die Türe schließen konnte. Zu Hause in Hamburg.

Auch wenn er nun ewige Ruhe fand, sei zum Schluss auf einen Beitrag von Helmut Schmidt im Magazin »Geschichte« der »Zeit« aus dem Oktober 2005 verwiesen. Die Überschrift sagt mehr als tausend Worte: »Mein Hamburg«. In dieser »ganz persönlichen Liebeserklärung« blickt der gebürtige Hamburger und Hanseat aus Prinzip auf die mehr als zwölf Jahrhunderte während Geschichte seiner Heimatstadt. Er preist das »hanseatische Selbstbewusstsein« und die »Schönheit der Alster«.

Gegen Ende des Beitrags macht Helmut Schmidt kein Hehl aus der Gunst seines Herzens: »Ich will meine Stadt nicht idealisieren. Wohl aber bekenne ich gern meine Treue zu ihr und meinen Stolz, den ich immer wieder empfinde, wenn ich von der Lombardsbrücke auf die Kirchtürme Hamburgs schaue, auf den Michel und den Rathausturm und auf die Kupferdächer rings um die Binnenalster.«

Es war ein schönes Gefühl.

IMPRESSUM

HERAUSGEBER Hamburger Abendblatt, Lars Haider
REDAKTION Jens Meyer-Odewald
PROJEKTLEITUNG Olaf Schulz
LEITUNG HAMBURGER ABENDBLATT MARKETING/NEUE PRODUKTE
Vivian Hecker
LEKTORAT Andrea Wolf, Gabriele Schönig
GESCHÄFTSFÜHRER HAMBURGER ABENDBLATT Ove Saffe

GESTALTUNG formlabor, Hamburg
FOTOREDAKTION Stephan Wallocha

BILDER Bildarchiv Hamburg: S. 40; J.H. Darchinger/Friedrich-Ebert-Stiftung: S. 293 u.;
dpa/picture alliance: S. 9 o. und u., S. 23 u., S. 32 o., S. 33 o., S. 59, S. 122, S. 132 o. und u.,
S. 137 o., S. 146 o., S. 172 o., S. 179 u., S. 190 o. und u., S. 211 o., S. 215 u., S. 228 u., S. 240,
S. 252, S. 256 o. und u., S. 263 u., S. 269 o. und u., S. 278 o. und u., S. 279 u., S. 292 o. und u.,
S. 293 o.; imago: S. 19 o. und u., S. 23 o., S. 60 u., S. 117, S. 279 o.; Falk Köhler: S. 301 u.;
Erwin Möller: S. 228 o.; Presse- und Informationsamt der Bundesregierung: Engelbert
Reineke: S. 6; Boness/Ipon: S. 161 u., S. 204, S. 210 u., S. 211 u., S. 272; Sven Simon: S. 44 o.,
S. 76; Staatsarchiv Hamburg/Conti-Press: S. 146 u, S. 147 o. und u., S. 152; ullstein bild:
S. 60 o., S. 66, S. 98 u., S. 116 u., Boness/Ipon: Titelbild, S. 12; BPA: S. 36, S. 41, S. 44 u.,
S. 84, S. 98 o., S. 201 u.; Beutner: S. 247 o.; Breuel Bild: S. 32 u.; C.T. Fotostudio: S. 160 u.,
S. 161 o., S. 301 o., Rücktitel; dpa: S. 140, S. 172 u.; Interfoto Rauch: S. 58; Kallabis: S. 263 o.;
Kuhnigk: S. 137 u.; Mehrens: S. 224; Poly-Press: S. 247 u.; Reuters: S. 18 u.; Sawatzki: S. 284;
Stark-Otto: S. 215 o., S. 246 u.; Steche: S. 210 o.; Sven Simon: S. 33 u., S. 48, S. 99 o. und u.,
S. 108, S. 160 o., S. 166, S. 179 o., S. 186, S. 194, S. 200, S. 246 o.; Werek: S. 201 o.; Zapf:
S. 296; Vintage Germany: S. 116 o.; Stephan Wallocha: S. 18 o., S. 234 o. und u., S. 235 o.
und u., S. 236 o. und u.; Michael Zapf: Autorenfoto Klappe

GESAMTHERSTELLUNG MedienSchiff Bruno, Hamburg, Printed in Germany
COPYRIGHT Zeitungsgruppe Hamburg GmbH/ Hamburger Abendblatt 2015

1. Auflage 2015
www.abendblatt.de

ISBN 978-3-95856-007-9